V&R

Institut für Traumatherapie
Oliver Schubbe (Hg.)

Traumatherapie
mit EMDR

Ein Handbuch für die Ausbildung

Unter Mitarbeit von
Oliver Schubbe, Ines Püschel, Karsten Gebhardt,
Monique Renssen und Steffen Bambach

Mit 28 Abbildungen
und 14 Tabellen

3. Auflage

Vandenhoeck & Ruprecht

Bibliografische Information der Deutschen Bibliothek

Die Deutsche Bibliothek verzeichnet diese Publikation in der
Deutschen Nationalbibliografie; detaillierte bibliografische Daten sind
im Internet über <http://dnb.ddb.de> abrufbar.

ISBN 978-3-525-46214-0
ISBN 978-3-647-46124-1 (E-Book)

© 2013, 2004, Vandenhoeck & Ruprecht GmbH & Co. KG, Göttingen /
Vandenhoeck & Ruprecht LLC, Bristol, CT, U.S.A.
www.v-r.de
Alle Rechte vorbehalten. Das Werk und seine Teile sind urheberrechtlich
geschützt. Jede Verwertung in anderen als den gesetzlich zugelassenen
Fällen bedarf der vorherigen schriftlichen Einwilligung des Verlages.

Printed in Germany.
Satz: KCS GmbH, Buchholz/Hamburg
Druck und Bindung: ⊕Hubert & Co, Göttingen

Gedruckt auf alterungsbeständigem Papier.

Inhalt

Einführung 9

Was ist EMDR? 11
Ein Fallbeispiel für eine akute Einmaltraumatisierung 12
Ein Fallbeispiel für eine komplexe Traumatisierung 13
Allgemeine Merkmale von EMDR 14
Entstehung 15
Praxis und Weiterentwicklung 16

Beschreibung des Ausbildungsprogramms 18

Teil I: Theorie
(Karsten Gebhardt und Oliver Schubbe)

1. Psychotraumatologie 23
Geschichte der Psychotraumatologie 24
Moderne Traumaforschung 28
Definition des psychischen Traumas 44
Wie wirkt sich eine Extremsituation auf unsere Psyche aus? 47

2. Posttraumatische Belastungsstörungen 52
Definition und Diagnose 53
Epidemiologie 62
Erklärungsansätze 67
Behandlungsansätze 77

3. Theoretische Erklärungsmodelle für EMDR 88
AIP-Modell von Shapiro 88
Aufmerksamkeitsmodell 90

Lerntheoretisches Modell 91
Neurobiologisches Modell 92

4. Indikationen/Gegenindikationen 94

5. Effektivitätsstudien 97
Störungsspezifische Befunde 97
Neurophysiologische Befunde 102
Die Wirksamkeit von EMDR zur Behandlung
posttraumatischer Störungen 103
EMDR als Behandlungsstandard für PTBS 105
Vergleich mit anderen Behandlungsmethoden für PTBS ... 106
Basiert EMDR auf einem neuen Prinzip? 108

Teil II: Praxis von EMDR

**6. Einordnung von EMDR in den allgemeinen
Therapieprozess** (Oliver Schubbe und Ines Püschel) 113

7. Phasen der EMDR-Behandlung
(Oliver Schubbe und Ines Püschel) 116
Phase 1: Anamnese und Behandlungsplanung 118
Phase 2: Stabilisierung und Vorbereitung 122
Phase 3: Einschätzung 128
Phase 4: Durcharbeiten 133
Phase 5: Verankerung 138
Phase 6: Körpertest 140
Phase 7: Abschluss 142
Phase 8: Neubewertung 145

8. Therapeutische Möglichkeiten bifokaler Stimulierung
(Ines Püschel) 152
Bifokale Stimulierung zur Erinnerungsverarbeitung
mit EMDR 153
Bifokale Stimulierung im assoziativen Suchprozess 153
Bifokale Stimulierung zur Akutentlastung in emotionalen
Überforderungssituationen 155

Inhalt 7

9. Der EMDR-Prozess (Ines Püschel) 157
Der EMDR-Prozess und die Steuerung der emotionalen
Distanz der Klientin zum belastenden Erinnerungsmaterial 157
Der EMDR-Prozess und der optimale Verarbeitungsbereich 159
Der EMDR-Prozess und seine therapeutischen
Beeinflussungsmöglichkeiten 160

**10. Die Rolle der Therapeutin und ihr therapeutisches
Werkzeug** (Ines Püschel und Oliver Schubbe) 162
Die Rolle der Therapeutin während einer ideal
verlaufenden EMDR-Sitzung 162
Die Rolle der Therapeutin, wenn die Klientin vor Beginn
des Prozesses zu distanziert ist (A) 166
Die Rolle der Therapeutin, wenn die Klientin vor Beginn
des Prozesses emotional zu involviert ist (B) 169
Die Rolle der Therapeutin, wenn die Klientin während
des inneren Prozesses auf Distanz geht (C) 171
Die Rolle der Therapeutin, wenn die Klientin während
des inneren Prozesses emotional überflutet wird (D) 171
Die Rolle der Therapeutin, wenn der innere Prozess
der Klientin blockiert ist (E) 176

11. Spezielle Anwendungen von EMDR
(Oliver Schubbe, Ines Püschel, Monique Renssen) 185
EMDR nach kurz zurückliegenden Traumatisierungen 188
EMDR nach einmaligen Traumatisierungen 192
EMDR bei komplexen Traumatisierungen 194
EMDR bei Phobien 199
EMDR bei Zwangsstörungen 204
EMDR zur Ressourcenentwicklung und -installation 206

12. Arbeitsmaterialien 210
Checkliste zur Arbeit mit EMDR 212
EMDR-Standardprotokoll 214
EMDR-Standardprotokoll – Kurzfassung 216
EMDR-Sonderprotokolle 218
EMDR-Vorbereitung 230
EMDR-Evaluationsbogen 231

Fehlerquellen bei der Anwendung von EMDR 234
Gruppenübung (für Dreier-Gruppen innerhalb der
Ausbildung) 236
Impact of Event Scale (IES) 238
Impact of Event Scale Revised (IES-R) 240
Lichtstrahlmethode 243
Sicherer Ort 246
5-4-3-2-1-Methode 248
1-2-3-4-5-Methode 254
Lehrmodul »Einstellen der optimalen inneren Distanz« ... 255
Techniken zur Distanzierung und Flashback-Kontrolle 256
Techniken zur Erdung (Grounding) 257

Literatur 259

Einführung

Dieses Trainingsmanual ist für Psychotherapeuten und Psychotherapeutinnen geschrieben, die sich für eine Ausbildung in der bifokalen Traumaverarbeitungsmethode EMDR (engl. *Eye Movement Desensitization and Reprocessing)* interessieren oder diese Methode in ihrer therapeutischen Arbeit bereits anwenden oder anwenden wollen. Es ist als Begleitliteratur zur EMDR-Ausbildung am Institut für Traumatherapie in Berlin gedacht und folgt dem dortigen Seminarplan.

Begleitliteratur zur EMDR-Ausbildung am Institut für Traumatherapie Berlin

Nach einführenden Worten zu EMDR und dem Aufbau des Ausbildungsprogramms finden Sie einen umfangreichen Theorieteil zur allgemeinen Psychotraumatologie und zum theoretischen Hintergrund von EMDR. Dort sind Informationen zu psychischen Traumata, zur historischen Sicht der Wissenschaft auf dieses Phänomen, seine Folgen sowie zur Diagnostik zusammengestellt. Beispielhaft werden verschiedene Behandlungsmöglichkeiten der Posttraumatischen Belastungsstörung (PTBS) beschrieben. Weiterhin wird über die Geschichte, die theoretischen Hintergründe und die empirischen Erfahrungen mit EMDR berichtet.

Theorieteil

Hauptschwerpunkt dieses Buches liegt auf der Beschreibung und Erläuterung der praktischen Durchführung von EMDR. Differenziert werden die Grundlagen der praktischen Anwendung, Sonderprotokolle und Umgangsweisen mit auftretenden therapeutischen Schwierigkeiten dargestellt.

Schwerpunkt Praxisteil

Besonderes Gewicht wird weiterhin auf ein professionelles Affektmanagement (Sicherungs- und Selbstschutztechniken) sowie ressourcenorientiertes Arbeiten gelegt.

Um das Lesen des fortlaufenden Textes nicht unnötig zu erschweren, werden im gesamten Manual Therapeuten und Therapeutinnen sowie Klienten und Klientinnen mit der grammatisch weiblichen Form angesprochen. Damit soll dem Umstand Rechnung getragen werden, dass es mehr Therapeutinnen und Klientinnen gibt und dass die grundlegende Arbeit zur wissenschaftlichen Entwicklung und weltweiten Verbreitung dieser Methode von Francine Shapiro geleistet wurde.

Was ist EMDR?

EMDR – Eye Movement Desensitization and Reprocessing oder Desensibilisierung und Neubearbeitung mit Augenbewegungen – ist eine psychotherapeutische Methode zur bifokalen Traumaverarbeitung in acht Schritten nach Shapiro (1998a, 2001), eine dafür notwendige therapeutische Grundhaltung und ein kleines Wunder. Die weiteren Entwicklungen durch Shapiro und andere Autoren gehören nicht zu der Methode, die eine Flut wissenschaftlicher Studien ausgelöst hat und heute durch deren Ergebnisse wissenschaftlich fundiert ist.

Vor einem humanistischen Hintergrund wurde von Francine Shapiro ein sehr strukturiertes und zielorientiertes Vorgehen entwickelt, um dysfunktionale Lernerfahrungen in funktionale verwandeln zu helfen. Ausgegangen wird davon, dass Menschen ein natürlicher Antrieb zu Wachstum und Integration von Erfahrung innewohnt, der sich in einer sicheren Beziehung entfalten kann. Der angeleitete EMDR-Prozess unterstützt die genaue Beobachtung und das differenzierte Erleben bewusstseinsfähiger innerer Prozesse und ein nachvollziehendes Verstehen und Akzeptieren von Zusammenhängen. Oft berichten die Klientinnen von spontanen inneren Einsichten, die sich mit den traumatischen Erinnerungen verbinden und anschließend zu neuen Gefühlen, Gedanken und Handlungen befähigen (Krystal et al. 2002). **Verstehen und Akzeptanz**

Auch wenn am Anfang vielleicht manches schematisch und starr wirkt, so werden Sie doch im Umgang mit dieser Methode bald die Kraft spüren, die dahinter steckt, den tiefen Glauben an unsere innere Heilfähigkeit und die große Bandbreite möglicher therapeutischer Flexibilität und Spontaneität.

Die Anwendung von EMDR erfordert auf Seiten der Therapeutin viel Vertrauen, Strukturiertheit und Wertungsfreiheit. Im Idealfall trifft die Klientin auf eine Atmosphäre voller Klarheit und **Vertrauen Struktur Wertungsfreiheit**

Sicherheit auf der einen Seite und voller liebevoller Akzeptanz all dessen, was ist, auf der anderen Seite. Beides zusammen ermöglicht es der Klientin, einen optimalen Abstand von dem belastenden, unverarbeiteten Erinnerungsmaterial herzustellen und aufrecht-zuerhalten. Einerseits muss dieser Abstand gering genug sein für ein auflösendes Hinsehen-Können und andererseits muss er groß genug sein, um die Kontrolle und die Gegenwartsorientierung sicherzustellen. Das Potenzial zur Heilung bringen die Klientinnen mit in die Praxis oder Klinik, den Zugang dazu zu finden und es zur Entfaltung zu bringen – das ist die gemeinsame Aufgabe von Klien-tin und Therapeutin während des gesamten Therapieprozesses.

Herstellung idealer inner-psychischer Ver-arbeitungsbedin-gungen

EMDR bietet für die Phase der Traumaverarbeitung ein sichе-res Gerüst und Werkzeug für die Therapeutin, um die idealen in-nerpsychischen Verarbeitungsbedingungen immer wieder neu her-zustellen, auf deren Basis der innere Heilungsprozess ablaufen kann.

Ein Fallbeispiel für eine akute Einmaltraumatisierung

Fallbeispiel

Eine junge Frau sucht nach einem Autounfall vor zehn Wochen eine Therapeutin auf, zu der sie früher regelmäßigen Kontakt hatte. Seit dem Unfall hat sie starke Kopf- und Nackenschmerzen, für die es nach Meinung der Ärzte keinen organischen Grund mehr gibt. Sie ist äußerst schreckhaft, insbesondere beim Autofahren, und sehr geräuschempfindlich. Laute Töne oder viele Geräusche gleich-zeitig versetzen sie in einen panikartigen, dissoziativen Zustand. Außerdem verfolgen sie die Bilder des Unfalls, insbesondere der Moment, als sie sich nicht bewegen konnte und kein Gefühl dafür hatte, ob sie noch lebt. Aufgrund der schon vorher bestehenden sta-bilen therapeutischen Beziehung und der bekannten persönlichen Vorgeschichte konnte schon in der ersten Sitzung mit der Verar-beitung dieses Unfalls begonnen werden.

Dazu wurde zunächst der spontan beschriebene belastendste Moment als Ausgangsbild gewählt. Zu dieser konkreten Situation wurde erfragt, wie die Klientin heute bei der Erinnerung daran über sich selbst denkt (*negative Kognition*: »Ich bin tot.«), was sie während der Schilderung fühlt (Schrecken, Hilflosigkeit) und welche Körperempfindungen sie bemerkt (Kopfschmerzen, starke Anspannung im Nacken, Schmerzen im linken Arm, Herzklopfen). Außerdem wurde ein *ideales Gegenstück* zu der negativen Selbstbeschreibung erarbeitet (»Ich habe überlebt.«).

Während des EMDR-Prozesses kamen vielfältige Eindrücke, Körperempfindungen und Bilder wieder an die Bewusstseinsoberfläche, die vorher nur schwach erinnerbar waren. In fast chronologischer Reihenfolge durchlief die Klientin den Unfall in ihrer Erinnerung nochmals vom Moment des Aufpralls an bis zum späteren Eintreffen zu Hause. Das Ende des Prozesses wurde durch eine deutliche Erschöpfung und das Verblassen des Anfangsbildes signalisiert. Körperlich war sie anschließend entspannt und schmerzfrei.

Das Resultat dieser 90-minütigen EMDR-Sitzung war das fast vollständige Verschwinden aller Symptome: keine Kopf- und Nackenschmerzen mehr, eine nur noch geringfügige Geräuschempfindlichkeit, die in den nächsten Wochen vollständig nachließ, eine den Gefahren des Straßenverkehrs angemessene Schreckhaftigkeit und keine sich aufdrängenden Unfallbilder mehr.

Es existieren mittlerweile viele Studien und Erfahrungsberichte von Therapeutinnen und Klientinnen, die die große Wirksamkeit von EMDR bei der Verarbeitung belastender Einzelerlebnisse belegen. In Fällen komplexer Traumatisierungen dauert der Verarbeitungsprozess erheblich länger, kann aber mittels EMDR gegenüber herkömmlichen Psychotherapieverfahren deutlich beschleunigt werden.

Ein Fallbeispiel für eine komplexe Traumatisierung

Eine 40-jährige Frau sucht Hilfe wegen chronischer Schmerzzustände, depressiver Einbrüche und Abgrenzungsschwierigkeiten, die alle sozialen Beziehungen erschweren. Ihre Kindheit war geprägt von emotionalen, körperlichen und sexuellen Misshandlungen.

Fallbeispiel

Im Lauf der Therapie spielt eine negative Lebensüberzeugung immer wieder eine Rolle: »Ich gehöre nicht hierher, ich bin nicht gewollt.« Anders lautende Aussagen der Mutter, aber auch der Kolleginnen und Freundinnen können diese Selbstbeschreibung nicht verändern. Außerdem berichtet die Klientin immer wieder von einem »dunklen Schatten«, der sie begleitet und ihr Angst macht, den sie sich aber nicht näher erklären könne.

Dieser »Schatten« wurde in einer EMDR-Sitzung innerhalb des gesamten Therapieprozesses zum Ausgangsthema gewählt und auf die oben beschriebene Art und Weise mit seinen momentanen Auswirkungen in der Sitzung bewusst gemacht. Innerhalb des EMDR-Prozesses erinnerte sich die Klientin auf der Körper- und Empfindungsebene an die Zeit im Mutterleib. Sie spürte erneut panikartiges Erschrecken als plötzlich ein bedrohliches »Ding« auf sie zukam und versuchte, sie zu ergreifen. Sie spürte die Begrenzung hinter ihrem Rücken als sie versuchte, dem zu entgehen. Plötzlich konnte sie noch eine weitere Gestalt neben sich schemenhaft erkennen, die von dem »Ding« nach »draußen« gezogen wurde. Diese Eindrücke waren mit tiefen Gefühlen der Angst, des Ausgeliefertseins und des Verlorenseins verbunden. In einem späteren Gespräch mit ihrer Mutter konnte die Klientin in Erfahrung bringen, dass eigentlich noch ein Zwilling existiert hatte, der aber abgetrieben worden war. Dieses Ereignis war ihr bis dahin verschwiegen worden. Im weiteren Therapieverlauf konnte diese Erinnerung mit vielen jetzigen Überzeugungen und Gefühlen in Beziehung gebracht werden. Gefühle der Trauer, aber auch der Stärke, nicht allein zu sein, tauchten auf und konnten integriert werden.

Allgemeine Merkmale von EMDR

Als EMDR wird eine spezielle, im Folgenden ausführlich dargestellte Methode im Rahmen psychologischer Interventionen bezeichnet, die eine beschleunigte Verarbeitung traumatischer, eingefrorener Erinnerungen und eine Auflösung starrer Verhaltensmuster möglich macht.

Fokussieren der belastenden Vorstellungen + bifokale Stimulierung

Die Neubearbeitung von belastenden Erinnerungen und mit ihnen verbundenen unangepassten Kognitionen erfolgt dadurch, dass die Klientin sich zeitgleich auf ihr inneres Erleben beim Fokussieren der belastenden Vorstellungen konzentriert und ihre Aufmerksamkeit auf einen äußeren Wahrnehmungsreiz (die bifokale Stimulierung) richtet.

Entscheidend für die Effektivität des dadurch ausgelösten inneren Prozesses ist, dass es der Klientin gelingt, sich in eine Beobachterrolle zu begeben, von der aus sie alles, was mit ihr geschieht, wahrnehmen und wieder gehen lassen kann.

innerer Prozess
Beobachterrolle

Die aktive und intensive Begleitung dieses inneren Prozesses der Klientin macht eine therapeutische Einzelarbeit notwendig.

Entstehung

Francine Shapiro, eine amerikanische Psychologin, experimentierte bei einem Parkspaziergang mit dem Phänomen, dass belastende Gedanken verschwanden und sich ihre negativen Wirkungen verringerten, wenn sie gleichzeitig ihre Augen von rechts nach links bewegte. Die Ursache für diesen Umstand vermutete sie in raschen spontanen diagonalen Augenbewegungen (Sakkaden), die sie an sich beobachtete. Sie versuchte also, diese Augenbewegungen absichtlich auszuführen, während sie sich auf belastende Gedanken konzentrierte.

EMD

Da sich auch hierbei positive Veränderungen zeigten, begann sie, bei Freunden und Bekannten ohne pathologische Störungen mit solchen induzierten Augenbewegungen zu experimentieren. Sie sollten sich dabei auf negative Gedanken und die zugehörigen Affekte konzentrieren und mit den Augen den Bewegungen der Finger folgen. Durch die Erfolge ermutigt, arbeitete sie im Lauf eines halben Jahres ein Standardverfahren mit einem einleitenden und einem abschließenden Teil aus. Da ihre Probanden bei diesen Experimenten oft an Angstgefühlen arbeiten wollten, bezeichnete sie ihr Verfahren als »Eye Movement Desensitization – EMD«.

Ende 1987, so berichtet sie, habe sie die Wirksamkeit von EMD empirisch prüfen wollen. Als klinische Stichprobe wählte sie Patienten mit diagnostizierter Posttraumatischer Belastungsstörung (PTBS). Die publizierten Ergebnisse ihrer Studie (S. 97ff.) zeigten bei der Versuchsgruppe eine deutliche Abnahme der Belastungen gegenüber der Kontrollgruppe.

Praxis und Weiterentwicklung

In der Folgezeit stellte es sich heraus, dass bei einer Vielzahl von Störungen und therapeutischen Situationen das bisherige Standardprotokoll (Einschätzung, Desensibilisierung, Verankerung) nicht ausreichte. Es wurden Ergänzungen vorgenommen, die sich beispielsweise auf die therapeutische Beziehung, die Körperempfindungen oder die Behandlungsplanung richteten. Aus klinischen Berichten ging hervor, dass der dauerhafte Erfolg der Behandlung nicht allein von der Desensibilisierung abhing, sondern ein wesentliches Kriterium im Ausmaß der erfolgten kognitiven Adaption bestand. Aus diesem Grund wurde die um mehrere Phasen und verschiedene spezielle Protokolle erweiterte Methode von Shapiro ab 1991 als »Eye Movement Desensitization and Reprocessing – EMDR« bezeichnet. Der theoretische Hintergrund war dabei von einem Paradigmenwechsel von einfachen lerntheoretischen Erklärungen zu Konzepten assoziativer Netzwerke und der Informationsverarbeitung gekennzeichnet.

EMDR

Das Logo des EMDR-Instituts von Francine Shapiro ist als Bildmarke geschützt, und der Name für die Methode ist weltweit bekannt. Obwohl dieser Name heute der Methode nicht mehr gerecht wird, bleibt er aus diesem Grund bestehen.

Ausbildung

Das EMDR-Institut von Francine Shapiro in Kalifornien ist zusammen mit seinen gleichnamigen Filialen vor dem Institut für Traumatherapie der größte Anbieter von EMDR-Ausbildungen. Daneben gibt es weltweit über 40 weitere Ausbildungsinstitute für EMDR, die sich den Standards der internationalen Fachgesellschaft EMDR International Association (EMDRIA) beziehungsweise EMDR-Europa verpflichtet haben. In den meisten europäischen Ländern gibt es EMDR-Fachgesellschaften, in denen sich EMDR-Anwender zusammengeschlossen haben. Für EMDR-Trainer gibt es das internationale »Network for EMDR Trainers« (NOET).

Im März 1990 leitete Francine Shapiro den ersten Ausbildungskurs mit 36 Teilnehmern. Inzwischen sind es weit über 50 000 Therapeuten, die in EMDR ausgebildet sind. In Europa wird EMDR in den Niederlanden seit 1994, in Deutschland seit 1995 und in Österreich seit 1999 gelehrt.

Anerkennung der Methode

Während der Methode in der Anfangszeit und in Deutschland noch darüber hinaus viel Skepsis entgegengebracht wurde, hat sie

Praxis und Weiterentwicklung

sich durch ihre empirisch nachgewiesene Effektivität und ihre zeitliche wie finanzielle Ökonomie inzwischen fest etabliert. Keine andere psychotherapeutische Methode ist so gut auf ihre Wirksamkeit zur Therapie von PTBS untersucht. Durch die American Psychological Association (APA) wurde EMDR 1997 in den Katalog empirisch bewährter Verfahren zur Behandlung Posttraumatischer Belastungsstörungen aufgenommen. Sie wird mittlerweile sowohl im Ausbildungshandbuch der Verhaltenstherapie als auch der tiefenpsychologisch fundierten Psychotherapie beschrieben (Wöller et al. 2001; Linden u. Hautzinger 2000).

Das Spektrum der Indikationen von EMDR hat sich seit dem **Indikationen** ersten klinischen Einsatz bei PTBS-Patienten wesentlich erweitert (s. S. 94). Es wurde und wird eine Vielzahl störungsspezifischer Protokolle entwickelt, die auch zunehmend nach Patientengruppen differenziert werden. Die spezifischen Anwendungen reichen bis zum Einsatz therapeutischer Geschichten in Verbindung mit EMDR bei Kindern mit Missbrauchserfahrungen (Schubbe 1997; Lovett 1999).

Beschreibung des Ausbildungsprogramms

Ausbildungsdauer Die EMDR-Ausbildung am Institut für Traumatherapie wird in drei Blöcken zu je zwei Tagen durchgeführt: Grund-, Praxis- und Fortgeschrittenenkurs. Jeder Kursteil umfasst 17 Unterrichtseinheiten (UE) à 45 Minuten, von denen mindestens 5 UE in supervidierten Praxisübungen bestehen. Der Praxiskurs enthält mindestens 4 UE Fallsupervision zwischen dem Grund- und Fortgeschrittenenkurs, die mindestens vier Monate auseinander liegen.

Gruppengröße Die Gruppengröße beträgt 18 bis 33 Personen, wobei in allen Praxisteilen ein Ausbilder-Teilnehmer-Verhältnis von 1:9 (maximal 1:11) gewährleistet wird und die Zusammensetzung der Gruppe erhalten bleibt.

Richtlinien Die Ausbildung ist nach den Richtlinien der EMDR International Association, EMDR-Europe Association, EMDRIA Deutschland e. V., der Ärztekammer und der Psychotherapeutenkammer konzipiert.

Ziel Ziel dieser Ausbildung ist es, alle Trainingsteilnehmerinnen dazu zu befähigen, das EMDR-Standardprotokoll und die aktiveren EMDR-Varianten selbstständig, angemessen und wirksam einzusetzen.

Hierzu gehört die Vermittlung der therapeutischen Grundhaltung, von Maßnahmen zur Klientensicherheit, zur Integration von EMDR in einen Behandlungsplan sowie die angeleitete Einübung aller Komponenten und Varianten von EMDR für die verschiedenen Anwendungsgebiete. Es werden Videobeispiele psychotherapeutischer EMDR-Sitzungen mit Klienten gezeigt und Live-Demonstrationen angeboten.

Ausbildungs- Die Überleitung in die Praxis wird durch intensive Fallbe-
inhalte sprechungen begleitet. Im Einzelnen werden folgende Inhalte entsprechend den Richtlinien der EMDR-Europe Association und EMDRIA Deutschland e. V. vermittelt:

Beschreibung des Ausbildungsprogramms

- wissenschaftliche Belege für die Wirksamkeit von EMDR bei verschiedenen Klientengruppen,
- das EMDR-Modell zur Informationsverarbeitung,
- auf EMDR und posttraumatische Störungsbilder bezogene Theorie, sofern EMDR bei diesen Störungsbildern indiziert ist,
- rechtliche, berufsethische und wissenschaftliche Themen im Kontext des Einsatzes von EMDR,
- Vorgehensweisen zur spezifischen Anamnese und Behandlungsplanung, die zu Auswahl, Einsatz und Reevalutation von EMDR benötigt werden,
- das EMDR-Standardprotokoll und die Verfahrensschritte für EMDR mit Typ-I-Trauma-Klienten; insbesondere Problemgeschichte, Therapieplanung, Vorbereitung auf EMDR, Einüben stabilisierender Techniken und »Sicherer-Ort-Übung«, Anamnese, Desensibilisierung, Verankerung, Körpertest, Abschluss und Neubewertung,
- Unterschiede zwischen EMDR und Hypnose, Expositionsverfahren und Kognitiver Psychotherapie, auch von der Indikation her,
- Grundlagen und Verfahren zu Diagnose und Aufbau von Kompetenzen zu Affekttoleranz und -management, einschließlich herkömmlicher Stabilisierungsverfahren und der Sicherer-Ort-Übung, sowie Methoden zur Indikationsstellung für solche Verfahren,
- Indikation, Gegenindikation, Vorsichtsmaßnahmen und Nebenwirkungen von EMDR,
- fortgeschrittenes Affektmanagement, Ressourcenentwicklung und Installation,
- Protokoll und Verfahrensschritte für empirisch validierte Anwendungen von EMDR bei spezifischen Patientengruppen (insbesondere verschiedenen Arten komplexer posttraumatischer Störungsbilder) mit Nennung des Grades der wissenschaftlichen Validierung. Die Darstellung soll genaue Information über Traumaanamnese und Behandlungsplan, die Vorbereitung für EMDR, die Sicherer-Ort-Übung, die Neubewertung in der Folgesitzung, die Anfangseinschätzung, Desensibilisierung, Verankerung der Positiven Selbstüberzeugung, den Körpertest und den Abschluss der Sitzung beinhalten,
- Grundlagen und Vorgehensweise für die Einschätzung, Erken-

nung und Regulation von dissoziativen und Angstzuständen sowie Methoden zur Einschätzung und Verringerung von selbstverletzenden und spannungsreduzierenden Verhaltensweisen,

- Grundlagen und Vorgehensweise zum Umgang mit Blockierungen im Verarbeitungsprozess (einschließlich Kognitives Einweben),
- Übungen zum Aufbau von Erfahrung und Kompetenzen zum Einsatz fortgeschrittener EMDR- und EMDR-bezogener Vorgehensweisen.

Abschluss Zwischen Grund- und Fortgeschrittenenkurs wird die Kompetenz der Teilnehmerinnen, das EMDR-Protokoll originalgetreu anzuwenden, anhand einer auf Video dokumentierten EMDR-Klientensitzung in Einzelsupervision geprüft und die Ausbildung zertifiziert.

Intervisions-gruppen Während und nach der Grundausbildung können die Teilnehmerinnen an kostenlosen regionalen EMDR-Intervisionsgruppen teilnehmen oder solche neu bilden. Die ersten 10 Intervisionstreffen ab 6 Personen werden vom Institut für Traumatherapie fachlich begleitet, indem eine Person aus der Intervisionsgruppe jeweils zwischen den Treffen Supervision erhält.

Curriculum Psychotrauma-therapie Die EMDR-Ausbildung ist Bestandteil des »Curriculum Spezielle Psychotraumatherapie«, das nach den Richtlinien der deutschsprachigen Gesellschaft für Psychotraumatologie e. V. erstellt wurde, und kann in diesem Rahmen mit einem Supervisionswochenende fortgesetzt und mit einem Abschlusskolloquium beendet werden.

Genauigkeit bestimmt die Wirksamkeit Die Genauigkeit, mit der das EMDR-Protokoll von guten Therapeutinnen durchgeführt wird, bestimmt die Wirksamkeit der Methode. Aus diesem Grund bietet das Institut für Traumatherapie Vertiefungsseminare und Supervision mit dem Ziel, die originalgetreue Anwendung von EMDR ständig weiter zu verfeinern.

Teil I: Theorie
(Karsten Gebhardt und Oliver Schubbe)

1. Psychotraumatologie

In vielen Bereichen des Lebens sind Menschen früher wie auch heute Situationen ausgesetzt, die sie extrem belasten. Unser Körper ist im Lauf der Evolution mit hervorragenden Eigenschaften ausgestattet worden, um solchen Beanspruchungen zu genügen. Überschreiten die Belastungen jedoch gewisse Grenzen, so kommt es zu Verletzungen: Sehnen und Muskeln reißen oder Knochen brechen.

Wie aber ist es mit unserer Psyche, unserer Seele, wenn der Stress in einer Situation zu sehr ansteigt, wenn Dinge geschehen, die wir bis zu diesem Zeitpunkt für unmöglich hielten? Alles, was ein Mensch in seinem bisherigen Leben an Möglichkeiten erlernt hat, um mit Stress umzugehen, muss in diesem Moment und in der Folge mobilisiert werden, um solche Erfahrungen in das Bild von der Welt, den anderen und von sich selbst zu integrieren. Oft sind diese Möglichkeiten jedoch zu begrenzt, so dass es zu innerlichen Brüchen kommt. Die Verletzung brennt sich förmlich in das Gedächtnis des Menschen, ohne dass dieser darauf angemessen reagieren kann.

psychische Traumata

Das Erleben einer solchen, als *traumatisch* bezeichneten Situation erschüttert den Menschen seelisch zutiefst – es hinterlässt ein *psychisches Trauma*.

> → Zu viele Eindrücke in zu kurzer Zeit, verbunden mit einer objektiv oder subjektiv existenzbedrohenden Botschaft – daraus bestehen potenziell traumatisierende Situationen.

Kommen dann auf der Seite der Betroffenen noch das Erleben von (Todes-)Angst, Kontrollverlust und Handlungsunfähigkeit dazu, kann im weiteren Verlauf mit einer traumatischen Reaktion als natürlichem Verarbeitungsweg der zugrunde liegenden »unnormalen« Erfahrung gerechnet werden.

Notfallprogramm

Unsere Psyche muss ihr *Notfallprogramm* starten, das da heißt:
→ weitere Angriffe und Übergriffe (von innen oder außen) verhindern
→ Erlebtes verarbeiten und integrieren, um die durch die traumatische Erfahrung und deren Aufrechterhaltung gebundenen Energien wieder frei verfügbar zu haben

Der Wissenschaftszweig, der sich mit den Vorbedingungen, dem Situationsgeschehen, seinen Folgen und den therapeutischen Hilfen für traumatisierte Menschen beschäftigt, wird heute als *Psychotraumatologie* bezeichnet (vgl. Everly 1993; Fischer u. Riedesser 1998).

Dieses Gebiet richtet seine Aufmerksamkeit auf das »verletzbare, sich empfindende und sich verhaltende menschliche Individuum, wenn es in seinen elementaren Lebensbedürfnissen bedroht und verletzt, in seiner menschlichen Würde und Freiheit mißachtet wird« (Fischer u. Riedesser 1998, S. 18).

Geschichte der Psychotraumatologie

Rituale
Religionen

Seelische Verletzungen sind so alt wie die Menschheit selbst – ebenso alt dürften die Versuche der Menschen sein, Erklärungen für Naturkatastrophen, plötzlichen Tod oder Unfälle zu suchen. Gleichzeitig entwickelten sie aber auch vielfältige Rituale, die dem Individuum und der Gruppe helfen sollten, die Folgen des Erlebten zu verarbeiten. Mythen und insbesondere die Religionen enthalten wesentliche Anteile, die präventiv wie kurativ Traumatisierungen entgegenwirken sollen.

Literatur

Immer wieder haben auch Dichter Menschen in Extremsituationen und in ihren Versuchen, diese zu bewältigen, beschrieben. Fischer und Riedesser (S. 30f.) führen mehrere Beispiele von Autoren an, die eigene traumatische Erfahrungen literarisch verarbeiteten (z. B. J.-P. Sartre in seiner Autobiographie »Die Wörter«, 1964).

Zur Illustration kann der vor rund 2000 Jahren geführte Streit zwischen Plato und Aristoteles dienen, bei dem Aristoteles die Tragödie gegen den Vorwurf der bloßen Erregung von Leidenschaften

Geschichte der Psychotraumatologie

verteidigt. Vielmehr führe sie beim Publikum zu einer Art von Katharsis: »Die Tragödie ..., die Jammer und Schaudern hervorruft und hierdurch eine Reinigung von derartigen Erregungszuständen bewirkt« (Aristoteles, Ausg. 1996, S. 19).

Die wissenschaftliche Auseinandersetzung mit traumatischen Erlebnissen und deren Folgen ist eng an historische Ereignisse wie die beiden Weltkriege, die systematische Vertreibung und Ermordung der Juden während der Zeit des Nationalsozialismus in Deutschland, den Vietnamkrieg oder technische und Naturkatastrophen in den letzten Jahrzehnten gebunden. Weniger laut, aber dennoch unüberhörbar waren die Stimmen der Opfer sexuellen Missbrauchs, krimineller Gewalt oder systematischer Folter, die nach Hilfe und Unterstützung suchen.

Kriege
Holocaust
Katastrophen
Gewaltopfer

Immer stärker rücken auch präventive wie therapeutische Interventionen für die Mitarbeiter von Rettungs- und Katastrophendiensten in den Mittelpunkt des Interesses, da jene bei ihrer Arbeit häufig schockierende Eindrücke bewältigen müssen.

Rettungsdienste

An dieser Stelle soll auf das Wirken von P. Janet, S. Freud und H. Selye eingegangen werden, die als wichtige Pioniere auf dem Weg zu einer modernen Psychotraumatologie gelten.

Pierre Janet (1859–1947)

Janet, der wie Freud an der Pariser Salpêtrière bei Charcot arbeitete, versuchte, die Symptome psychiatrischer Patienten dadurch zu erklären, dass diese bestimmte Erinnerungen an traumatische Ereignisse verdrängten.

Das Bewusstsein ist bei der Verarbeitung der Erinnerungen an die traumatische Situation überfordert. Dieser Umstand hat zur Folge, dass sie vom Bewusstsein überhaupt abgespalten, dissoziiert werden. Dennoch sind sie wirksam als Kognitionen, innere Bilder, emotionale oder physiologische Zustände oder reinszeniertes Verhalten. Janet beschreibt Amnesien und Hypermnesien, die sich auf das traumatische Erleben beziehen. Janet nahm an, dass die Furchtinduktion verringert wird, wenn über die Erfahrung gesprochen werden kann.

Dissoziation
Gedächtnis-störungen
Reinszenierung

Doch bereits damals wies er darauf hin, dass die traumatische

nichtsprachliche Äußerungen

Erfahrung oft gar nicht benannt werden kann, sich aber dennoch auf anderen, nichtsprachlich organisierten Ebenen äußert. Die einzelnen Bruchstücke der Erfahrung können also über verschiedene Repräsentationsebenen verteilt sein. Heute findet sich dieser Ansatz zum Beispiel im Modell des Traumaschemas von Fischer und Riedesser (1998) (s. Abb. 1, S. 31) oder in der Untersuchung zur Fragmentierung traumatischer Erinnerungen von van der Kolk und Fisler (1995) wieder.

Sigmund Freud (1856–1939)

Abwehr durch Verdrängung

Freud nimmt nicht eine einfache Überforderung des Bewusstseins als Ursache dafür an, dass traumarelevante Erinnerungen nicht verfügbar sind. Sein Konzept der Abwehr geht davon aus, dass solche Inhalte aktiv verdrängt werden, da sie unangenehme Affekte hervorrufen.

kindliches Trauma Neurosen Nachträglichkeit

Während er in seinem frühen Werk zur Hysterie stets von einer realen Traumatisierung, vorwiegend von sexuellen Verführungen im Kindesalter (Verführungstheorie), ausging, stellte er später Triebwünsche und Phantasien als Ursachen der Neurosen Erwachsener heraus. Diese könnten auch nachträglich traumatisieren, wenn Heranwachsenden zum Beispiel frühere Situationen als erotisiert bewusst und rückwirkend neu bewertet werden.

Damit erhält der Traumabegriff eine zeitliche Dimension, die weit über das aktuelle Geschehen hinausweist. Freud ging mit diesem Traumabegriff ursprünglich nicht nur von intrapsychischen, sondern auch von den äußeren Faktoren der traumatischen Situation aus. Nach einem überstarken äußeren Reiz, einer Verletzung des natürlichen Reizschutzes durch übermäßige Energie, ist es die Aufgabe der Psyche, die eindringenden Reize zu binden und die normale lustorientierte Funktion wiederherzustellen.

inakzeptabler Triebimpuls

Später fügte er der Erklärung von Neuroseentstehung einen zweiten Traumabegriff hinzu, der sich wesentlich stärker auf intrapsychische Aspekte bezieht. Es handelt sich dabei um Traumatisierungen durch Triebwünsche, die inakzeptabel und doch äußerst intensiv sind. Ob daraus ein Trauma erwächst, hängt von der Lebensgeschichte (Fixierungen in der Persönlichkeitsentwicklung), von der Geschichte der Triebwünsche (Triebschicksal) und den

Lebenszielen ab. Interne und externe pathologische Faktoren kön- *präexistente*
nen wechselseitig aufeinander einwirken und sich aufschaukeln, bis *neurotische*
sie einen kritischen Schwellenwert überschreiten. Das Trauma kann *Struktur vs.*
dabei eine potenzielle neurotische Struktur aktivieren (auslösendes *Symptom-*
Moment) oder selbst symptomprägend wirken (inhaltliche Ent- *determinierung*
sprechung von Trauma und Symptom).

Diese psychoanalytischen Traumakonzepte wurden in der Folge *Weiter-*
weiterentwickelt und finden sich unter anderem bei Kardiner *entwicklung*
(»Physioneurose« bei Soldaten im Zweiten Weltkrieg), Winnicott
(kindliche Allmachtsillusion als Grundlage der gesunden Entwicklung der Tätigkeit des Selbst) oder Bowlby (Bindungstheorie).

Hans Selye (1907–1982)

Selye wird vielfach als der Pionier der Stressforschung bezeichnet.
Als Internist und Biochemiker verfügte er über die Forschungsmit-
tel und -methoden, um empirisch körperliche Veränderungen bei
der Reaktion auf Belastungen nachzuweisen.

Nach seinen eigenen Angaben (Selye 1991) ist er zufällig bei **Stresssyndrom**
Untersuchungen zur Wirkung von Hormongaben und Intoxikatio-
nen seiner Versuchstiere auf ein Syndrom körperlicher Reaktionen
gestoßen. Seine erste Veröffentlichung über das von ihm benannte
»Stress-Syndrom« erfolgte 1936. Weitere übliche Bezeichnungen
für das Phänomen sind »Allgemeines Anpassungssyndrom« beziehungsweise »General Adaptation Syndrom (GAS)«. Bereits in seinem ersten Aufsatz schlug er eine Unterteilung des der Belastung
folgenden Prozesses vor.

Allgemeines Anpassungssyndrom		**Allgemeines Anpassungs- syndrom**
Alarmphase:	Bereitstellungsreaktion, die nur kurz aufrechterhalten werden kann	
Widerstandsphase:	Mobilisierung der Reserven des Kör- pers, Depotbildung der Nebennieren- hormone wie Cortison, Blutzuckerstoff- wechsel steigt	
Erschöpfungsphase:	Zusammenbruch der Anpassung	

Einwirkung der Stressoren

Während in der zweiten Phase eine Anpassung des Organismus an den Stressor stattfindet, ist die Widerstandskraft während der Alarmphase und des Erschöpfungsstadiums geringer als normal. Wenn die Einwirkung der Stressoren zu lange andauert, können irreversible Schädigungen am Organismus auftreten. Fischer und Riedesser (1998, S. 39) nennen beispielhaft Beeinträchtigungen der Reproduktions- und Sexualfunktionen, Störungen des Wachstums und des Immunsystems.

Inzwischen ist bekannt, dass es auf verschiedene Reize auch spezifische physiologische Reaktionen gibt.

Psychosomatik

Selyes Arbeiten zu den Anpassungskrankheiten (z. B. Bluthochdruck, Herz- und Gefäßkrankheiten, Entzündungen, Allergien etc.) haben großen Einfluss auf die Entwicklung der psychosomatischen Medizin gehabt.

Moderne Traumaforschung

Entwicklung der Traumaforschung

Durch die intensive Forschung über psychische Traumatisierungen, die sich infolge des Zweiten Weltkriegs und des Holocaust insbesondere im angloamerikanischen Sprachraum entwickelte, sind die Erkenntnisse über Traumata, ihre Folgen und deren therapeutische Behandlung heute in sehr spezifischer Form weit fortgeschritten. Wissenschaftshistorisch ist der Aspekt herauszustellen, dass deutsche Wissenschaftler sich an dieser Forschung aufgrund der Verantwortung, die Deutschland sowohl für den Krieg als auch insbesondere für die Verfolgung, Inhaftierung und systematische Ermordung der europäischen Juden hatte, kaum beteiligten und auch von der internationalen Forschungsgemeinschaft bei Fachtagungen und Kongressen nicht einbezogen wurden.

Als Beispiele für die Entwicklung hin zu einer modernen Psychotraumatologie sollen hier exemplarisch die Ansätze der Stressforschung von Lazarus und Launier und das Verlaufsmodell psychischer Traumatisierung von Fischer und Riedesser dargestellt werden.

Stressforschung Lazarus und Launier

In der späteren Entwicklung wurde das Stresskonzept von Selye, das Stress an den äußeren Reiz bindet, durch die Berücksichtigung kognitiver Bewertungsprozesse (cognitive appraisal) und individueller Bewältigungsstile (coping) ergänzt. Lazarus und Launier (1981) gehen davon aus, dass Stress weder auf Faktoren der Person noch auf Faktoren der Situation allein zurückzuführen ist, sondern »anhand beider definiert werden« muss (S. 214). Dabei reagiert die Person nicht nur auf die Umwelt, sondern sie versucht, diese langfristig aktiv zu ändern, was wieder auf die Person zurückwirkt.

transaktionales Stressmodell

»Bei Trauer z. B. verändert sich der Stresscharakter mit der Zeit genauso wie die Bewältigungsaufgaben, die die Person erfüllen muß. Wenn dies nicht so wäre, gäbe es keine erfolgreiche Anpassung. Nach den Beschreibungen von klinischen Forschern stellen sich wahrscheinlich zunächst Schock und Zweifel über den Verlust ein, verbunden mit Verhaltensweisen und Phantasien, die als Versuche interpretiert werden können, die verlorene geliebte Person zu behalten oder zurückzubringen. Die Rückmeldung von der Umwelt macht es jedoch dem Trauernden zunehmend deutlich, daß die geliebte Person tot ist und niemals zurückkehren wird. Sie liegt im Sarg, ein Grabstein wird errichtet …, das Haus oder die Wohnung enthalten nicht mehr die lebendige Gegenwart oder die Stimme des Verstorbenen, und die vielfältigen täglichen Aktivitäten und Beziehungen schließen die geliebte Person nicht mehr in gewohnter Weise ein. Wenn der erste Schock und die Erstarrung nachlassen, nehmen Depression, Zorn, Schuld, Angst und andere Affekte ihren Platz ein. Die Bewältigungsaufgabe besteht nun darin, den Verlust zu akzeptieren und sich schließlich wieder neuen Liebesobjekten, Werten und Aktivitäten zuzuwenden. Dies verändert die psychologische Umwelt. Zweifellos ist Kummer eine lange und komplexe Folge von Prozessen, die viele selbstinduzierte Veränderungen in der Person-Umwelt-Beziehung und in den kognitiven und Bewältigungsprozessen einschließen, …« (Lazarus u. Launier, S. 218). Die Autoren differenzieren die ständig erfolgende individuelle kognitive primäre Bewertung eines gegebenen Ereignisses folgendermaßen:

Leugnung
affektive Entladung
Akzeptanz
Neuorientierung

primäre Bewertung	Individuelle kognitive primäre Bewertung eines gegebenen Ereignisses: ➡ irrelevant ➡ günstig/positiv ➡ stressend (Schädigung/Verlust, Bedrohung, Herausforderung)
sekundäre Bewertung	Die sekundäre Bewertung bezieht sich auf: ➡ Bewältigungsfähigkeiten (der eigenen Person) ➡ Bewältigungsmöglichkeiten (Ressourcen)

Neubewertung Die Art der primären Bewertung kann dabei auf die sekundäre zurückwirken, wie auch umgekehrt. Diese Wechselwirkungen und rückgekoppelte Informationen über eigene Reaktionen, Reflexionen und die Umwelt führen zu einer permanenten Neubewertung des Ereignisses, die auch Leugnung oder Distanzierung durch Intellektualisierung beinhalten kann. Die Bewältigungsversuche des Individuums können darauf zielen, die gestörte Interaktion zu ändern oder die Emotion zu regulieren.

Verlaufsmodell psychischer Traumatisierung

Verlaufsmodell von Fischer und Riedesser

Als Beispiel für einen aktuellen Ansatz in der Psychotraumatologie soll das Verlaufsmodell von Fischer und Riedesser (1998) vorgestellt werden. Die Autoren gehen davon aus, dass nicht nur einfach »das« Trauma und »die« Posttraumatische Belastungsstörung (hier als »basales psychotraumatisches Belastungssyndrom – bPTBS« bezeichnet) untersucht werden müssen, sondern dass alle Komponenten in ihrem Zusammenwirken und im Rahmen eines zeitlich verlaufenden Prozesses (»traumatischer Prozess«) zu betrachten sind.

basales psychotraumatisches Belastungssyndrom

Die wichtigsten Elemente ihres Verlaufsmodells psychischer Traumatisierung sollen an dieser Stelle zum Verständnis der folgenden Ausführungen graphisch dargestellt werden (Abb. 1; Fischer u. Riedesser, S. 11).

Moderne Traumaforschung 31

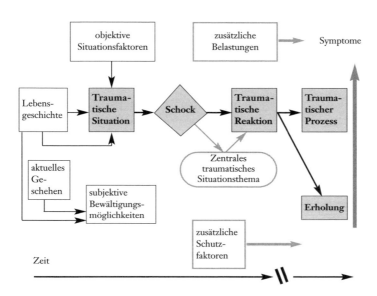

Abbildung 1: Verlaufsmodell psychischer Traumatisierung

> Fischer und Riedesser gehen entsprechend den üblichen Klassifikationen bei der PTBS von der Symptomtrias
> → intrusive Erinnerungsbilder,
> → Verleugnung/Vermeidung und
> → erhöhtes physiologisches Erregungsniveau
> als basale Dimensionen der Störung aus.

Symptomtrias

»Basal« bedeutet in diesem Zusammenhang, dass nach ihren Beobachtungen einzelne Symptome nicht jederzeit, sondern im Prozess nur zu bestimmten Zeiten sichtbar sein können, während die zugrunde liegenden Ursachen auch sonst unsichtbar existent sind.

Ausprägung eines einzelnen Symptoms

Wenn man beachtet, dass Diagnostik stets nur eine Momentaufnahme innerhalb eines Prozesses sein kann, so fordern die Autoren, dass nicht nur bei gleichzeitigem Vorliegen der Einzelsymptome, sondern auch bei extremer Ausprägung eines einzelnen Symptoms von der oben genannten Störung auszugehen ist.

Fischer und Riedesser nehmen an, dass eine Traumatisierung auch nachträglich eintreten kann, nämlich dann, wenn eine Person einem Erleben erst im Nachhinein die Bedeutung existenzieller

Nachträglichkeit

Bedrohung verleiht, durch eine Wiederholung von traumatischen Situationskomponenten, durch kritische Lebensereignisse oder Anforderungen im Lebenszyklus.

ökologisch-dialektischer Ansatz

Die Autoren bezeichnen ihren Ansatz als »ökologisch-dialektisch«, weil sie zum einen die Wechselwirkungen von Individuum und Umwelt sowie zum anderen die Beziehungen der existierenden Widersprüche integrieren und in den Mittelpunkt ihrer Forschungen zur Psychotraumatologie stellen wollen. Diese Widersprüche sind dem Verlauf immanent, und die betroffene Person versucht, sie im Hegel'schen Sinn aufzuheben.

Als Prämissen ihrer Untersuchungen psychotraumatologischer Fragestellungen nennen Fischer und Riedesser (S. 61) unter anderem

dynamischer Verlauf

– »Die traumatische Erfahrung muss als dynamischer Verlauf untersucht werden.

Paradoxien

– Das bewegende Moment des Traumaverlaufs ist die inhärente Paradoxie von existenziell bedrohlichen Handlungssituationen, die jedoch kein adäquates Verhalten zulassen; von Handlungsbemühungen, emotionalen und kognitiven Bewältigungsversuchen, die in sich zum Scheitern verurteilt sind; von Lebensentwürfen, die um den unbewältigten, traumatischen Erfahrungskomplex herum organisiert sind.

soziales Umfeld

– Die traumatische Erfahrung findet im psychoökologischen Bezugssystem des sozialen Netzwerks statt. Dieses umfasst neben Angehörigen, Freunden und Bekannten der Betroffenen die Täter(Verursacher)-Opfer-Beziehung ebenso wie die jeweilige soziale Makrogruppe, in deren Einflusssphäre es zur Traumatisierung kommt.«

drei Komponenten im Traumaverlauf

Im Verlauf eines psychischen Traumas unterscheiden die Autoren drei Komponenten, von denen sie jedoch annehmen, dass diese nicht in einem zeitlichen, sondern in einem dynamischen Zusammenhang stehen: Sie gehen auseinander hervor, durchdringen sich und können parallel ablaufen. Das folgende Modell (Abb. 2) zeigt diese Komponenten.

Moderne Traumaforschung

dynamischer Verlaufsprozess

Traumatische Situation — Situation
Die Situation erzwingt eine angemessene Handlung, es ist aber keine subjektiv angemessene Reaktion möglich. Im Zusammentreffen von Situationsfaktoren und subjektiver Bedeutungszuweisung bildet sich aus den gespeicherten Informationen das Traumaschema.

Traumatische Reaktion — Reaktion
Wenn die traumatische Erfahrung verarbeitet und in bestehende Schemata integriert wird, kommt es zur Erholung. Ansonsten kommt es zu einem biphasigen Wechsel von Intrusion und emotionaler Abwehr.

Traumatischer Prozess — Prozess
Die Betroffenen bemühen sich, die überwältigende, physisch oder psychisch existenzbedrohende Erfahrung zu begreifen, sie in ihren Lebensentwurf, ihr Selbst- und Weltverständnis zu integrieren. Es kommt zu einer dynamischen Spannung zwischen dem Traumaschema und dem als Selbstschutz entwickelten traumakompensatorischen Schema, durch die die PTBS-Symptome hervorgerufen werden.

Wechselbeziehungen von Individuum und Gesellschaft

Abbildung 2: Komponenten im Verlauf eines psychischen Traumas

Traumatische Situation

Eine Situation wird in diesem Modell als eine umgrenzte Einheit von äußeren Gegebenheiten, Erleben, Verhalten und sozialer Interaktion verstanden, die durch ein quantitatives Ausmaß der Reizeinflüsse und qualitativ durch ein vorherrschendes Thema (im Modell als »zentrales traumatisches Situationsthema – ZTST« bezeichnet) bestimmt ist. Ihre Bestandteile können auch zusammenfassend als »Skript« bezeichnet werden. Traumatische Situationen sind äußerlich oft dadurch gekennzeichnet, dass sie keinen offenen Horizont besitzen, eine involvierte Person also keinen Ausweg erkennt oder hat. Das ZTST wird sowohl aktualgenetisch (z. B. Verkehrsunfall) als auch lebensgeschichtlich (z. B. frühe Kindheitserfahrungen)

zentrales traumatisches Situationsthema

Skript

maximale Interferenz bestimmt, genau an der Stelle, wo sich beide überschneiden (»Punkt maximaler Interferenz«; s. Abb. 3).

Abbildung 3: Zentrales traumatisches Situationsthema

Retraumatisierung/sequenzielle Traumatisierung Die traumatische Situation kann sich durch die oft erfolgende Generalisierung auch als exemplarische Situation mit Modellcharakter für das Verhältnis der traumatisierten Person zur Welt erweitern. Sie kann nicht zwangsläufig als beendet angesehen werden, wenn objektiv von außen betrachtet die Bedrohung zu Ende ist. Vielmehr kann sie über die Zeit fortwirken, beispielsweise bei Retraumatisierungen oder sequenziellen Traumatisierungen.

Zur Erklärung des zirkulären Bezugs von Umwelt und Individuum und des Zusammenwirkens verschiedener Systemebenen (Umwelt, psychische und physische Faktoren) ziehen die Autoren das Modell des »Situationskreises« von v. Uexküll und Wesiack (1998, S. 225) heran (Abb. 4).

Merken und Wirken Durch »Merken« (Bedeutungserteilung) wird Umgebung zur Umwelt, ohne dass in jedem Fall ein reales Verhalten (»Wirken« als Bedeutungsverwertung) daraus resultiert. Gerade die Möglichkeit

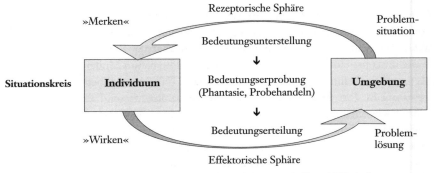

Abbildung 4: Situationskreis nach von Uexküll und Wesiack

Moderne Traumaforschung

der Sprache führt beim Menschen als semiotische (Bezeichnung für symbolische, ineinander übersetzbare Zeichensysteme) Stufe die Möglichkeit von Probehandeln, den Entwurf von Plänen und antizipierten Handlungsergebnissen in der Phantasie ein.

Der zirkuläre Bezug äußert sich darin, dass durch die von innen heraus entstehenden Bedürfnisse bei einem Ungleichgewicht von Individuum und Umwelt (Problemsituation) eine spezifische Wahrnehmung der Umgebung vorstrukturiert wird. Dies ist für die Bedeutungserteilung entscheidend. Durch die Bedeutungsverwertung können Alternativen generiert, gegeneinander abgewogen und ausgewählt werden, so dass durch ein angemessenes Einwirken auf die Umgebung das Gleichgewicht in befriedigender Weise wiederhergestellt werden kann.

zirkulärer Bezug von Umwelt und Individuum

Die Verhaltens- und Affektregulation beruht auf Schemata, die rezeptorische (wahrnehmende) und effektorische (handelnde) Aspekte miteinander verbinden. Die entsprechenden Mechanismen der Anpassung bei Widersprüchen werden als Assimilation (Anpassung der Umwelt an ein bestehendes Schema) und Akkommodation (Reorganisation des Schemas entsprechend der Umwelterfahrung) bezeichnet. Die Autoren schlagen eine Unterscheidung von Beziehungsschemata (sozial-emotionales Wissen) und Gegenstandsschemata (sachbezogenes Wissen) vor. Die Regulation dieser Schemata erfolgt in Anlehnung an das Modell von v. Uexküll und Wesiack für Beziehungsschemata durch das kommunikative, für Gegenstandsschemata durch das pragmatische Realitätsprinzip. Bedeutsam sei eine solche Unterscheidung bei der Betrachtung der Folgen der Traumata, die durch menschliches Wirken entstehen, in Abgrenzung zu jenen, die durch Naturkatastrophen verursacht sind.

Schemabegriff

Beziehungs- und Gegenstandsschemata

kommunikatives/ pragmatisches Realitätsprinzip

Weiterhin verweisen Fischer und Riedesser für die Untersuchung traumatischer Situationen in Anlehnung an Selye auf das Bestreben des Menschen, in Stresssituationen adaptiv zu reagieren und die belastende Situation durch Bewältigungsversuche (Coping) zu beenden. Gelingt dies nicht, so wird durch die anhaltende Überlastung eine tief greifende und lang andauernde Schädigung bewirkt. Wenn das Individuum in keiner Weise angemessen in einer bedeutsamen bedrohlichen Situation reagieren kann, so gestaltet sich diese Situation als potenziell traumatisch. Sowohl affektorische als auch effektorische Komponenten der Mensch-Umwelt-Regulation werden stark beeinträchtigt oder ganz außer Kraft gesetzt. Im

Stressreaktion

unterbrochene Handlung

effektorischen Bereich kommt es zu einer »unterbrochenen Handlung«, die sich in einer katatonen Starre oder in panischer Bewegung (»basale Traumareaktionen«) äußern kann. Die spätere Tendenz zum Abschluss solcher unterbrochener Handlungen führt zu typischen Symptomen der PTBS.

veränderte Wahrnehmungsschemata

Existierende Wahrnehmungsschemata werden peritraumatisch scheinbar strukturell verändert. Besonders deutlich wird dies bei Berichten Betroffener über dissoziatives Erleben in der traumatischen Situation. Prinzipiell scheint es hier einen Ersatz der physisch unmöglichen Flucht durch eine psychische Distanzierung von der Wahrnehmung (daneben stehen, darüber schweben, Tunnelblick) zu geben.

Depersonalisierung

Durch Depersonalisierung wird die Reafferenz, also die afferente Rückmeldung über das Ergebnis des eigenen Handelns, im Sinn eines Selbstschutzes unterbrochen.

Handeln ohne Effekt

Auf der Handlungsebene kann es Veränderungen hin zu Leerlaufhandeln (stereotype Bewegungsabläufe) und Pseudohandeln (so tun, als ob) geben, die ergebnislos in Bezug auf eine Umweltveränderung sind, jedoch zumindest biologisch sinnvoll scheinen und das psychische Befinden kurzzeitig teilweise stabilisieren können.

Generalisierung der situativen Hilflosigkeit

In einer traumatischen Situation kommt es nach dem Modell des Situationskreises wie auch im Alltag zunächst zur Wahrnehmung spezifischer Umweltmerkmale, die mit Bedeutung belegt werden und für die Handlungsalternativen generiert und ausgewählt werden. Durch die rückgemeldete Wirkungslosigkeit entsteht ein Gefühl des Ausgeliefertseins und der Hilflosigkeit. In der Folge kann es durch den Versuch der Aufarbeitung zu einer Generalisierung im Sinn erlernter Hilflosigkeit kommen. Wird die Erfahrung als repräsentativ für das kommunikative oder pragmatische Realitätsprinzip erachtet, können daraus Hoffnungslosigkeit und Depression resultieren.

Das Situationskreismodell soll peritraumatische Reaktionen in verschiedenen Sphären erklären, gleichzeitig soll es ermöglichen, pathogene Faktoren zu finden, die das Störungsbild verfestigen und dauerhaft aufrechterhalten. Dazu soll neben dem Situationskreis ein Hierarchiemodell mehrerer Systemebenen dienen (Abb. 5), das ebenfalls auf die Arbeiten von v. Uexküll und Wesiack zurückgeht, von Fischer und Riedesser jedoch modifiziert wurde (1998, S. 27).

Selbst wenn man bei einem Trauma nur eine Ebene in den

Moderne Traumaforschung

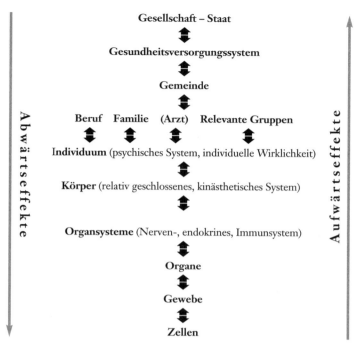

Abbildung 5: Hierarchiemodell

Mittelpunkt der Betrachtungen stellt (z. B. »erlernte Hilflosigkeit« auf psychischer oder Veränderungen in Transmittersystemen auf neurobiologischer Ebene), muss man nach diesem Modell immer die Auf- und Abwärtseffekte beachten, über die die Ebenen miteinander gekoppelt sind. Die Traumadefinition von Fischer und Riedesser (s. S. 30f.) umfasst deshalb mehrere Ebenen.

Die Autoren gehen von einem Konzept des »Informationstraumas« aus, bei dem es nicht wie bei Freud nur um ein Übermaß an einströmender Energie (»Energietrauma«) geht, sondern bei dem ein Trauma eine andauernde Störung der Informationsverarbeitung auf mehreren Ebenen verursachen kann.

Informationstrauma

Bildlich lassen sich beide Konzepte in Anlehnung an Freud und Lindy etwa wie folgt darstellen: Freud (1920) beschreibt als Metapher für die Wirkung eines Traumas die Psyche als »lebendes Bläschen« mit durch anflutende Energie zerrissener Schutzhülle (»Reizschild«; vgl. Abb. 6).

Reizschild

Abbildung 6: Zerrissene Schutzhülle

Bedeutung eingehender Informationen Bei Lindy (1993) geht es hingegen um den Verlust der Fähigkeit der äußeren Membran, zwischen Nähr- und Schadstoffen, also der Bedeutung eingehender Information zu unterscheiden (vgl. Abb. 7). Für das Modell des Informationstraumas spricht, dass beispielsweise traumatische kognitive Informationen nicht in bestehende Schemata integriert oder eintreffende Umweltreize nur in vermindertem Maß differenziert und angemessen beantwortet werden können (vgl. Kolb 1987; s. a. S. 74f.).

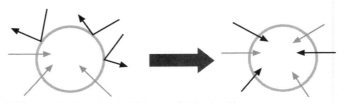

Abbildung 7: Eingehende Nähr- und Schadstoffe

»frozen in time« Ein weiteres Beispiel wäre die dysfunktionale Koppelung der zustandsspezifischen Erinnerungen (»frozen in time«) mit bestimmten, über die Amygdala und den Hypothalamus vermittelten Erregungsmustern, durch die die Filterfunktionen von Hippocampus und cingulärem Kortex eingeschränkt werden. Die Folge davon sind massive Störungen der Wahrnehmung der Situation, eingehende Informationen werden nicht mehr kategorisiert und als beziehungslose Fragmente gespeichert (vgl. van der Kolk u. Fisler 1995; s. S. 72f.).

Zur Veranschaulichung sollen eine Übersicht (Tab. 1) über die Eigenschaften der Hirnhemisphären (vgl. Fischer u. Riedesser 1998, S. 90) und die Ergebnisse einer Studie dienen.

Hinweise auf eine solche gestörte Informationsverarbeitung fanden Rauch et al. (1996) in einem Experiment zur Untersuchung von

Moderne Traumaforschung

Tabelle 1: Eigenschaften der Hirnhemisphären

Eigenschaften der
Hirnhemisphären

Linke Hemisphäre	Rechte Hemisphäre
• sequenzielle Verarbeitung von Informationen • operatives, problemlösendes Denken • übersetzt Erfahrung in Worte und Symbole • Kategorisierung durch Abstraktion • generiert neue Bedeutungen und Symbole	• Ausdruck und Verständnis nonverbaler und emotionaler Kommunikation • ganzheitliche Kodierung über verschiedene Sinnesmodalitäten hinweg • eher Auswertung von Reizen mit emotionaler Relevanz • rudimentäre Fähigkeiten zu Syntax, Rationalität und Analyse

Traumapatienten mittels PET (Positronen-Emissions-Tomographie).

Acht Patienten mit PTBS wurden in verschiedenen Durchgängen Tonbandaufnahmen mit traumatischen und neutralen Situationsskripts vorgespielt. Bei Konfrontation mit ihrem Traumaskript ließ sich eine übermäßig rechtshemisphärische Aktivität nachweisen, während das Sprachzentrum (Broca-Zentrum) in der linken Hemisphäre nur gering aktiviert wurde.

Experiment
Rauch 1996

Weitere Studien, die sich im Zusammenhang mit psychischen Traumata mit Amnesien, fragmentarischer Speicherung, morphologischen und funktionellen Veränderungen des ZNS beschäftigen, werden an anderer Stelle vorgestellt.

Traumatische Reaktion

Die traumatische Reaktion wird als Abwehrvorgang verstanden, der der unmittelbaren Exposition folgt. Es geht darum, ob die oft aktuell dissoziierte Erfahrung der Ausnahmesituation posttraumatisch verarbeitet und integriert werden kann. Fischer und Riedesser lehnen sich an das biphasige Modell von Horowitz an, das psychodynamische und kognitive Ansätze in sich vereinigt. In Anlehnung an Fischer und Riedesser (1998, S. 95) kann das Modell wie folgt skizziert werden (Abb. 8).

Der Exposition folgt eine Zeit, die noch unmittelbar durch die Überflutung von affektiven und Sinneseindrücken gekennzeichnet ist (I). Dem schließt sich eine Phase der Verleugnung an, in der die Person das Erlebte nicht wahrhaben will (II). Der dritten Phase ent-

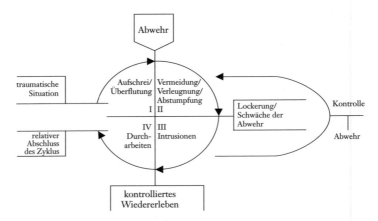

Abbildung 8: Biphasiges Modell von Horowitz

Überflutung
⇕
Verleugnung
⇕
Intrusionen
⇕
Durcharbeiten
⇕
Abschluss

spricht in diesem Modell ein beständiger Wechsel unwillkürlich einströmender Bilder und Gedanken (Intrusionen) sowie deren aktive Verleugnung (III). Nach Horowitz äußert sich in diesen immer wieder eintretenden Intrusionen ein natürliches Bestreben der Psyche, eine unterbrochene Handlung zum Abschluss zu bringen (Vollendungstendenz, »Zeigarnik-Effekt«). Bei dem Verlaufsmodell von Fischer und Riedesser kommt es darauf an, dass auch dann eine PTBS vorliegen kann, wenn zum Zeitpunkt der Diagnosestellung nur Symptome auftreten, die entweder nur dem Quadranten II oder nur dem Quadranten III entsprechen. Wenn es der Person nicht gelingt, das Erlebte Schritt für Schritt erfolgreich durchzuarbeiten (IV) und angemessen abzuschließen, so kommt es zu psychosomatischen Symptomen und charakterlichen Veränderungen, die den Versuch darstellen, mit der nicht integrierten Erfahrung (Traumaschema) zu leben.

Traumaschema
amnestischer Schleier

Der im vorgestellten Modell (vgl. Fischer u. Riedesser, S. 351) zentrale Begriff des Traumaschemas umfasst die in der traumatischen Situation aktivierten Wahrnehmungs- und Handlungsschemata, die zu einer Flucht- oder Kampfreaktion tendieren, aufgrund ihrer Unmöglichkeit jedoch als unterbrochene Handlung langfristig im Gedächtnis gespeichert werden. Es umfasst den Ereignisablauf, die erlebten Emotionen und körperlichen Phänomene sowie das Bild des hilflosen Subjekts. Die vollständige Erinnerung ist explizit durch die neuronalen Blockaden nicht zugänglich (amnestischer Schleier), wirkt aber implizit auf allen Ebenen mit der nachdrücklichen Tendenz, einen Abschluss zu finden.

Traumatischer Prozess

Wenn die Kontrollmöglichkeiten einer Person zur Beherrschung des Traumaschemas nicht ausreichen, so kommt es durch die immer wieder auftretenden Intrusionen und den daraus folgenden Erregungszuständen zu den Symptomen einer PTBS.

➡ Die Person kann aber auch symptomfrei weiterleben, ohne dass das Traumaschema durchgearbeitet und abgeschlossen wurde. Es wird in diesem Fall praktisch wie mit einer Schutzhülle (»Einkapselung«) versehen, die es als Fremdkörper integrierbar macht.

Einkapselung des Traumaschemas

Um das zu erreichen, sind jedoch oft innerhalb der Person umfangreiche Umstrukturierungen von Schemata notwendig, die die sozialen Beziehungen regulieren oder emotionales Wissen zum Inhalt haben. Durch nachträgliche Erklärungsversuche (naive Ätiologie), retrospektive Prävention (z. B.: »Wäre ich zu dieser Zeit nicht an diesem Ort gewesen/Hätte ich mich anders verhalten/etc., so wäre mir nichts passiert.«) und Handlungsentwürfe zur künftigen Traumavermeidung kommt es nach den Autoren zur Entwicklung des individuellen traumakompensatorischen Schemas. So wird ein System korrespondierender Schemata entwickelt, dessen Ziel darin besteht, eine Wiederholung der traumatischen Erfahrung in jedem Fall zu vermeiden. Im Mittelpunkt steht eine Überarbeitung des »zentralen traumatischen Situationsthemas (ZTST)«. In Frage gestellte Beziehungsschemata können beispielsweise durch den Wunsch, an Macht und Stärke des äußeren Objekts beteiligt zu sein, umgekehrt werden.

traumakompensatorisches Schema

Ein Beispiel könnte ein misshandeltes Kind sein, das zunächst glaubt, es hätte die Misshandlung vermeiden können, wenn es nur braver gewesen wäre. In der Folge kann es zu einer hohen Ausprägung von Konformität kommen, verbunden mit der Vorstellung, durch diese grundlegende soziale Beziehungsgestaltung Zugang zu den Instrumenten der Gewalt zu erhalten.

Identifikation mit der Macht

> ➡ Eine gravierende Folge traumatischer Erfahrung besteht in der Desillusionierung über die Welt, die bisher zumindest in gewissem Umfang als gut, beeinflussbar und erkennbar galt.

Desillusionie-rungsschema

Im traumatischen Prozess kann daraus – nach Fischer und Riedesser – ein übergreifendes Desillusionierungsschema entstehen, das als Grundlage kognitiver irrationaler Überzeugungen gelten kann. Für die Therapie ist es wichtig zu berücksichtigen, dass irrationales Denken und Handeln unter den Bedingungen der traumatischen Situation durchaus zweckdienlich gewesen sein kann. Dieser rationale Aspekt sollte als Voraussetzung für eine erfolgreiche Integration gemeinsam mit der Klientin gewürdigt werden, bevor zum Beispiel mit Methoden kognitiver Therapien eine Überprüfung und Restrukturierung der »irrational beliefs« erfolgt.

> ➡ Im traumatischen Prozess versucht der Mensch, die Folgen des Traumas durch die Aufrechterhaltung eines dynamischen Gleichgewichts zwischen Traumaschema und traumakompensatorischem Schema zu kontrollieren.

minimales kontrolliertes Handlungsfeld

Auf diese Weise entsteht eine Konstellation spezifischer Denk- und Verhaltensweisen (Symptome), die sich nach Fischer und Riedesser in einem »minimalen kontrollierten Handlungsfeld« äußern. In ihm werden wichtige affektive Aspekte und die Auswirkungen der unterbrochenen Handlung des Traumaschemas auf der einen Seite und der Versuch der Wiederherstellung der Kontrolle über Erleben und Verhalten auf der anderen Seite miteinander verbunden. Oft äußert sich in diesem Feld der Versuch, die traumatische Erfahrung unter kontrollierbaren Bedingungen zu wiederholen. Inwieweit ein funktionierendes traumakompensatorisches Schema ausgebildet und umgesetzt werden kann, hängt von den individuellen Ressourcen der Person und der sozialen wie materiellen Umgebung ab. Bereits an dieser Stelle soll ausdrücklich darauf hingewiesen werden, dass im Rahmen therapeutischer Interventionen eine bewährte Traumakompensation in der Regel eher gestärkt als in Frage gestellt werden sollte.

Moderne Traumaforschung

> ➡ Durch die bestehende Dynamik zwischen Traumaschema und traumakompensatorischem Schema kommt es in der Person zu Strukturveränderungen.

Fischer und Riedesser sprechen dabei von Änderungen des »zentralen organisierenden Ich-Selbst-Systems«, das die Einheit der Person situations- und zeitübergreifend aufrechterhält. Gemeint ist damit die Besonderheit von traumatisierten Menschen, im Lauf der Zeit in unterschiedliche Erlebniszustände (»states of mind«) zu geraten, die scheinbar unabhängig voneinander sind.

Strukturveränderung des zentralen Ich-Selbst-Systems

Die einzelnen Zustände repräsentieren spezifische Konfliktdynamiken zwischen beiden Schemata. Der Bezug zwischen solchen Zuständen kann auch für die betroffene Person verloren gehen, das integrierende Selbstkonzept besteht nicht mehr einheitlich. Die Kontrolle darüber, wann der Wechsel erfolgt, scheint nicht in der Person zu liegen, gleichwohl ergeben sich aber für eine Person typische Muster von Abfolgen (z. B.: Wunsch nach Nähe → Partnersuche → Angst vor Nähe → Trennung → Wunsch nach Nähe …).

Die Autoren vergleichen solche szenischen Übergänge mit einem »Drehbühnenmodell«, bei dem immer nur ein Bild eines zusammengehörigen Stücks verfügbar ist. Die Ursache der Drehungen sehen sie in einer im Freud'schen Sinn unbewussten Operation, durch die die Repräsentation des Traumaschemas vom Ich verdrängt wird (Verlust des Selbstbezugs). Sie verwenden hierfür den Begriff »vertikale Fragmentierung integrierender Strukturen«.

Drehbühnenmodell

Die Segmentierung der ursprünglich einheitlichen Erfahrung erfolgt durch das Kontrollprinzip der »horizontalen Fragmentierung«, bei der eine Zerlegung des Traumaskripts in erträgliche Einzelszenen erfolgt, die nicht gleichzeitig erinnert werden können (Dissoziation). Gleichzeitig können in einzelnen Erlebniszuständen die Fragmente des Traumaskripts durch solche des traumakompensatorischen Skripts überlagert werden.

Kontrolloperation der vertikalen und horizontalen Fragmentierung

In extremen Varianten, so äußern die Autoren, können die Fragmentierungen die gesamte persönliche Identität betreffen, so dass es zu Borderline-Störungen oder Dissoziativen Persönlichkeitsstörungen mit weitgehender Aufhebung der räumlichen und zeitlichen Kontinuität im Selbsterleben kommen kann.

Definition des psychischen Traumas

S. Freud

Freud ging in seiner frühen Schaffenszeit davon aus, dass die Hysterie eine Folge traumatischer Erfahrungen sei, die »ganz häufig … Ereignisse aus der Kinderzeit« (Breuer u. Freud 1895/1996, S. 28) darstellten. Ein solches Ereignis stellt nach seiner Überzeugung einen starken emotionalen Schock dar:

»Bei der traumatischen Neurose ist ja nicht die geringfügige körperliche Verletzung die wirksame Krankheitsursache, sondern der Schreckaffekt, das *psychische Trauma*. In analoger Weise ergeben sich aus unseren Nachforschungen für viele, wenn nicht für die meisten hysterischen Symptome Anlässe, die man als psychische Traumata bezeichnen muss. Als solches kann jedes Erlebnis wirken, welches die peinlichen Affekte des Schreckens, der Angst, der Scham, des psychischen Schmerzes hervorruft, und es hängt begreiflicherweise von der Empfindlichkeit des betroffenen Menschen … ab, ob das Erlebnis als Trauma zur Geltung kommt« (S. 29f.). Das DSM-IV (1998, S. 487) gibt folgende Erklärung für eine traumatische Situation:

Definition des DSM-IV

➡ »Das traumatische Ereignis beinhaltet das direkte persönliche Erleben einer Situation, die mit dem Tod oder der Androhung des Todes, einer schweren Verletzung oder einer anderen Bedrohung der körperlichen Unversehrtheit zu tun hat, oder die Beobachtung eines Ereignisses, das mit dem Tod, der Verletzung oder der Bedrohung der körperlichen Unversehrtheit einer anderen Person zu tun hat, oder das Miterleben eines unerwarteten oder gewaltsamen Todes, schweren Leids oder Androhung des Todes oder einer Verletzung eines Familienmitgliedes oder einer nahestehenden Person.«

unmittelbare/ mittelbare Betroffenheit

Außerordentlich wichtig an dieser Definition ist die Tatsache, dass im Vergleich zu vorhergehenden Ausgaben des DSM nicht nur die Opfer, sondern ebenso mittelbar Betroffene, also auch freiwillige Helfer und Angehörige der Einsatzkräfte von Feuerwehren, Rettungsdiensten, Polizei, Katastrophenschutz und so weiter einbezogen werden.

Fischer und Riedesser (1998, S. 122ff.) geben eine Übersicht

Definition des psychischen Traumas

über die Schwere der psychosozialen Belastungsfaktoren bei Erwachsenen in Anlehnung an das DSM-III-R, die hier leicht verändert wiedergegeben wird (Tab. 2).

Tabelle 2: Beispiele für Belastungsfaktoren

Schwere der Belastung

Schweregrad	akute Ereignisse	andauernde Lebensumstände
leicht	Auseinanderbrechen einer Freundschaft; Schulabschluss, Kind verlässt Elternhaus	beengte Wohnsituation; familiäre Streitigkeiten
mittel	Heirat; Trennung der Ehepartner; Arbeitsplatzverlust; Fehlgeburt	Eheprobleme; schwerwiegende finanzielle Probleme; allein erziehender Elternteil
schwer	Scheidung; Geburt des ersten Kindes	Erwerbslosigkeit; Armut
sehr schwer	Tod des Ehepartners; Opfer einer Vergewaltigung	schwere chronische Erkrankung; fortdauernde Misshandlung oder sexueller Missbrauch
katastrophal	Tod eines Kindes; Suizid eines Ehepartners; Naturkatastrophe	Geiselnahme; KZ-Haft

Außerdem verweisen die Autoren als Prädiktoren für die spezifischen Folgen eines Traumas auf das bestehende Verhältnis zwischen Täter und Opfer sowie auf die möglichen verursachenden Situationsfaktoren, zum Beispiel Verletzung, Todesgefahr, Konfrontation mit Verstümmelung, Verlust etc.

Maercker (1997, S. 5f.) schlägt eine Einteilung der Vielfalt von Traumata nach der Verursachung (menschlich verursacht vs. zufällig) und ihrer zeitlichen Einwirkung (kurz- vs. langfristig) vor (Tab. 3).

Bei den Typ-II-Traumata kann es sich um einander sukzessiv oder simultan ergänzende Polytraumatisierungen handeln.

Das Konzept des kumulativen Traumas von Khan (1997, S. 50ff.) bezeichnet schwerwiegende belastende Erfahrungen, die einzeln für sich genommen noch keine dauerhaften Folgen haben. Durch die Unterbrechung der Erholungsphasen kommt es über die Zeit hinweg jedoch zu einer Verringerung der Bewältigungsmöglichkeiten und zu traumatischen Beeinträchtigungen.

kumulatives Trauma

Unter sequenzieller Traumatisierung (Keilson 1979) versteht

Tabelle 3: Einteilung von Traumata

Klassifikation ... nach Verursachung	**Menschlich verursachte Traumata**
	• Sexuelle und körperliche Misshandlungen in der Kindheit, • kriminelle und familiäre Gewalt, • Vergewaltigungen, • Kriegserlebnisse, • zivile Gewalterlebnisse (z. B. Geiselnahme), • Folter und politische Inhaftierung, • Massenvernichtung (KZ-Vernichtungslagerhaft).

Katastrophen, berufsbedingte und Unfalltraumata

- Naturkatastrophen,
- technische Katastrophen (z. B. Giftgaskatastrophen),
- berufsbedingte (z. B. Militär, Polizei, Feuerwehr),
- Arbeitsunfälle (z. B. Grubenunglück),
- Verkehrsunfälle.

... nach Dauer der Einwirkung

Kurz dauernde traumatische Ereignisse (Typ-I-Traumata)

- Naturkatastrophen,
- Unfälle,
- technische Katastrophen,
- kriminelle Gewalttaten wie Überfälle, Schusswechsel.

Länger dauernde, wiederholte Traumata (Typ-II-Traumata)

- Geiselhaft,
- mehrfache Folter,
- Kriegsgefangenschaft,
- KZ-Haft,
- wiederholte sexuelle oder körperliche Gewalt in Form von Kindesmissbrauch, Kindesmisshandlungen sowie wiederholten Vergewaltigungen.

sequenzielle Traumatisierung

man eine Folge von traumatischen Ereignissen, die auseinander hervorgehen, wie Kriegs-, Flucht-, und Exiltraumatisierungen. Zeitlich sind diese traumatischen Belastungen zwar voneinander getrennt, subjektiv werden sie aber als zusammenhängende traumatische Belastung erlebt, die schubweise erfolgt. Kessler, Sonnega, Bromet, Hughes und Nelson (1995) weisen darauf hin, dass für einzelne Untergruppen die Traumagefahr in gleichartigen Situationen unterschiedlich ist: Bei körperlichen Angriffen ist die Traumatisierungswahrscheinlichkeit bei Frauen mehr als fünfzehnmal so hoch wie bei Männern. Eine klare Kategorisierung von Situationen in traumatische und nichttraumatische ist daher schwierig.

Die im deutschsprachigen Raum derzeit treffendste und umfassendste Traumadefinition stammt von Fischer und Riedesser (1998, S. 79):

># Wie wirkt sich eine Extremsituation auf unsere Psyche aus?

>»(Ein psychisches Trauma ist ein) ... vitales Diskrepanzerlebnis zwischen bedrohlichen Situationsfaktoren und den individuellen Bewältigungsmöglichkeiten, das mit Gefühlen von Hilflosigkeit und schutzloser Preisgabe einhergeht und so eine dauerhafte Erschütterung von Selbst- und Weltverständnis bewirkt.«

Traumadefinition von Fischer und Riedesser

Oder anders ausgedrückt:

>Ein Erlebnis kann dann zu einem psychischen Trauma führen, wenn sich eine Person einer *für sie bedeutsamen Situation*
>➡ *wehrlos, hilflos und unentrinnbar* ausgesetzt fühlt und
>➡ diese mit ihren bisherigen Erfahrungen *nicht bewältigen* kann.

Wie wirkt sich eine Extremsituation auf unsere Psyche aus?

Eine potenziell traumatisierende Situation ist dadurch gekennzeichnet, dass zu viele und zu schlimme Informationen gleichzeitig auf unser Gehirn einströmen.

Da diese Informationen hauptsächlich mit Angst verbunden sind, werden die einzelnen Sinneseindrücke nicht als zusammenhängende Erinnerungsgeschichte in unserem normalen, expliziten Gedächtnis gespeichert, sondern sie werden als wilde Sammlung von Bildern, Stimmen, Geräuschen, Gerüchen, Geschmacksempfindungen, körperlichen Empfindungen, Gefühlszuständen und Verhaltensmustern im *impliziten Langzeitgedächtnis* abgelegt.

Das *explizite Gedächtnis* enthält alle bewusst abrufbaren Erinnerungen, wie Fakten, Lebensereignisse und so weiter. Auch Gefühle werden in ihm nur als sachliche Fakten abgelegt. Es funktioniert nur, wenn wir uns in einem psychisch stabilen Zustand befinden. Wird der Stress zu groß, schaltet es einfach ab.

explizites Gedächtnis

Im Gegensatz dazu arbeitet das implizite Gedächtnis, das so genannte Traumagedächtnis, umso besser, je stärker unsere Gefühle sind. Hier werden alle Erlebnisse gespeichert, die mit starken Affekten verbunden sind. Im Unterschied zum expliziten Gedächtnis arbeitet es bereits unmittelbar nach unserer (psychischen) Geburt.

implizites Trauma-Gedächtnis

48 Psychotraumatologie

Tabelle 4: Auswirkungen von Speicherungen im Gedächtnis

	Auswirkungen der Speicherung im expliziten Gedächtnis	Auswirkungen der Speicherung im impliziten Gedächtnis (Traumagedächtnis)
Abrufbarkeit	• Erinnerung kann bewusst abgerufen werden.	• Es ist kein willkürlicher Zugriff auf Erinnerungen möglich. Erinnerungen werden durch äußere Reize, die mit der Extremsituation zusammenhängen, ausgelöst.
Kontrolle	• Erinnerung kann willentlich unterbrochen werden und wir sind in der Lage, uns bewusst anderen Dingen zuzuwenden.	• Erinnerungen überfluten uns und sind nicht steuerbar.
Verbindung Bedeutung Veränderbarkeit	• Die einzelnen Sinneseindrücke werden in einem langsamen Verarbeitungsprozess zu einer Erinnerungsgeschichte mit einem Anfang und einem Ende zusammengefügt und versprachlicht. Sie können dadurch im Lauf der Zeit verändert, sozialen Erwartungen angepasst, erweitert oder verdichtet werden. Sie unterliegen somit einem Lernprozess, und wir sind in der Lage, aus diesen Erfahrungen Schlussfolgerungen zu ziehen.	• Die Einzelreize werden ohne Verbindung zueinander gespeichert. Der Sinn dieser Speicherung besteht darin, die Psyche vor einer Erfassung der Gesamtbedeutung des Ereignisses zu bewahren, da ansonsten das psychische Gleichgewicht nicht zu gewährleisten ist. Die einzelnen Fragmente bleiben manchmal sogar über Jahre und Jahrzehnte stabil und erscheinen in der Erinnerung so frisch, wie am ersten Tag. Aus traumatischen Erfahrungen können wir nicht lernen und auch keine Schlussfolgerungen ziehen.
Gefühle	• Die explizit gespeicherte Erinnerung hat kaum einen emotionalen Einfluss auf unser aktuelles Fühlen und Handeln, das heißt, sie ist eine bloße Erinnerung an etwas Vergangenes ohne aktuell dadurch hervorgerufene Affekte.	• Bei im Traumagedächtnis gespeicherten Erinnerungen kann das Gehirn zwischen Gegenwart und Vergangenheit nicht unterscheiden, das heißt, erinnerte Gefühle, Handlungen und Körperempfindungen werden wieder gegenwärtig real erlebt, ohne dass es dafür einen aktuellen Auslöser gibt.
Kopplung an Sprache	• Explizite Erinnerungen sind an Sprache gekoppelt.	• Im Traumagedächtnis abgelegte Erinnerungen werden als nichtsprachliche Sinneseindrücke gespeichert. Sie können somit kaum verbal beschrieben werden.

In Tabelle 4 sind die Auswirkungen der unterschiedlichen Speicherung von Informationen auf unsere Psyche zusammengestellt. Die Verarbeitung eines Traumas bedeutet, die im impliziten Gedächtnis gespeicherte Information kontrolliert und in sicherer Umgebung ins Bewusstsein zu heben und so in das explizite Gedächtnis zu überführen.

In einer Extremsituation werden wir mit zu vielen und emotional überfordernden Reizen überflutet. Die traumatische Erfahrung führt zu einer nachhaltigen Erschütterung des eigenen Welt- und Selbstbildes des Betroffenen. Um eine seelische Überforderung zu vermeiden, ist es deshalb in der Akutsituation notwendig und sinnvoll, die Einzelreize getrennt abzuspeichern.

Erschütterung des Welt- und Selbstbildes

Die Verarbeitung des Erlebnisses (= Zusammenfügen der Einzelerinnerungen zu einer abgeschlossenen Erinnerungsgeschichte) kann hier, im Gegensatz zu Normalsituationen, nicht sofort oder kurzfristig erfolgen, sondern wird sozusagen auf später verschoben. Zur Verarbeitung der belastenden Eindrücke, zur Wiederherstellung des inneren Gleichgewichts und zur Reorganisation des Welt- und Selbstverständnisses, ist es Aufgabe der Psyche, die wahrgenommenen Erlebnisse anschließend so zu bearbeiten, dass sie angemessen in unsere bisherigen Erfahrungen eingebaut werden können (Integration).

Um diese Anforderung bewältigen zu können, hat die Psyche spezielle Mechanismen (= Symptome) entwickelt. Diese sind in der Tabelle 5 dargestellt.

Tabelle 5: Bewältigungsmechanismen der Psyche

WAS muss nach dem Akutereignis getan werden? = Aufgabe der Psyche	WIE macht unsere Psyche das? = Mechanismen (Symptome)	Aufgaben der Psyche nach traumatischen Erlebnissen
Schützen		
1. Während der Extremsituation wurde man nicht nur mit zu vielen, sondern auch mit für unsere Psyche nicht aushaltbaren, gefährlichen Eindrücken überflutet. Eine wichtige Aufgabe ist	Das führt • während der Extrembelastung zur Abspeicherung vieler Informationen im Traumagedächtnis, • im Anschluss zur Vermeidung aller Reize, die an das Erlebnis	**Schutz vor Erinnerungen**

deshalb Schutz vor den Erinnerungen, die uns emotional überfordern.

erinnern könnten (Orte, Gefühle, Menschen ...),
- zur Suche nach Ablenkungsmöglichkeiten,
- zum Aktionismus,
- zur Kompensation durch verändertes Ess-, Trink-, Rauch- und Arbeitsverhalten,
- zur Unfähigkeit, zur Ruhe zu kommen und sich zu entspannen.

Schutz vor erneuten Übergriffen

2. Weitere Traumatisierungen müssen verhindert werden. Deshalb werden ähnliche Reize immer wieder als extrem gefährlich eingestuft werden, obwohl sie es eigentlich gegenwärtig nicht sind. Unser Gehirn ist nicht mehr in der Lage, zwischen vergangener und aktueller Gefahr zu unterscheiden.

Der Organismus steht dadurch unter Dauerstress – alle nomalen Stressreaktionen/Stressfolgen können hier ohne gegenwärtigen Auslöser auftreten, zum Beispiel:
- Schreckhaftigkeit,
- Reizbarkeit,
- Nervosität,
- Schlafstörungen,
- Erschöpfungszustände,
- Übelkeit.

Verarbeiten

Sortieren und Bewerten der Eindrücke

1. In der traumatischen Situation angesammelte Eindrücke müssen im Gehirn erst einmal gesichtet, »beschriftet«, sortiert, bewertet und abgelegt werden.

Das führt zu
- einer geringen Konzentrationsfähigkeit,
- einer eingeengten Wahrnehmung auf eigenes Erleben,
- starken Stimmungsschwankungen,
- Fragen nach dem Warum, nach Informationen, Schuld usw.,
- einer nicht abstellbaren gedanklichen Beschäftigung damit,
- zum Rückzug aus Beziehungen.

Auflösung der Speicherung im impliziten Gedächtnis

2. Die im impliziten Gedächtnis (Traumagedächtnis) gespeicherten Erinnerungen müssen in das explizite Gedächtnis überführt werden. Es gilt, die überfordernde Erfahrung in das bisherige Selbst- und Weltbild zu integrieren, um Lebendigkeit, Selbstwertgefühl, Kontrolle, Handlungsfähigkeit und Vertrauen wiederherzustellen.

Das führt
- zu unkontrollierten Rückblenden auf Bilder, Gerüche usw. (Flashbacks, Albträume), in denen das traumatisierende Ereignis immer wieder neu und wie real erlebt wird,
- zur bewussten Auseinandersetzung/Konfrontation mit den Erinnerungen,
- zum unbewussten Wiederaufsuchen oder Wiedererschaffen ähnlicher Situationen,
- zur häufigen gedanklichen Beschäftigung mit der Auslösesituation.

Wie wirkt sich eine Extremsituation auf unsere Psyche aus? 51

Die genannten Mechanismen sind kurzfristig sehr sinnvoll und normal, um das verloren gegangene psychische Gleichgewicht wiederherzustellen. Die Phasen von Schützen/Vermeiden und Verarbeiten/Auseinandersetzen wechseln sich dabei meist mehrfach ab. Gelingt es der Klientin aber nicht, die traumatisierenden Eindrücke mit den zur Verfügung stehenden Bewältigungsmöglichkeiten, in den Griff zu bekommen, kommt es zu einer *langfristigen Verfestigung* der Mechanismen. Damit verlieren sie ihre eigentliche Funktion und werden zu Hemmfaktoren der lebendigen, gegenwartsbezogenen Lebensgestaltung und weiterer Entwicklung. Es kommt zur Entstehung einer pathologischen Symptomatik, der PTBS.

von sinnvollen zu hemmenden Mechanismen

2. Posttraumatische Belastungsstörungen

Unter dem Begriff der Posttraumatischen Belastungsstörung (PTBS) werden verschiedene Symptome zu einem Syndrom zusammengefasst, die typischerweise bei einer Vielzahl von Menschen auftreten, die extremen psychischen Belastungen ausgesetzt waren.

gemeinsame Endstrecke traumatischer Erlebnisse

Während die Merkmale der auslösenden Situation stark variieren können, sind die Folgen sehr ähnlich; Maercker (1997, S. 4) spricht von einer »gemeinsamen Endstrecke« traumatischer Erlebnisse. Die Symptomatik ist keine Erfindung der Neuzeit, durch ihre massenhafte Erscheinung nach Kriegen oder Naturkatastrophen und die zunehmende wissenschaftliche Forschung und Therapie ist sie jedoch in den vergangenen Jahrzehnten zunehmend in den Mittelpunkt des Interesses gerückt. Früher verwendete Bezeichnungen der gleichen Symptomatik waren zum Beispiel »railway spine«, »Kriegsneurose«, »Granatenschock« oder »Posttraumatische Neurose«.

einfache und komplexe PTBS

In der therapeutischen Praxis ist die Unterscheidung der einfachen Posttraumatischen Belastungsstörung (Typ I) von der komplexen Posttraumatischen Belastungsstörung (Typ II) wichtig, da sich beide unterschiedlich darstellen und auch zu behandeln sind. In der Literatur wird unter Posttraumatischer Belastungsstörung häufig lediglich die einfache PTBS verstanden.

Erst 1980 wurde die PTBS von der APA (American Psychiatric Association) als anerkannte und definierte psychische Störung in das DSM-III aufgenommen und in den folgenden Ausgaben dem aktuellen Forschungsstand angeglichen. Von PTBS spricht man bei Personen, die extrem belastenden Situationen ausgesetzt waren. Da viele Menschen auf eine solche Überforderung jedoch nicht oder nur kurzzeitig reagieren, ist für eine Diagnosestellung weiterhin das Auftreten späterer langfristiger Symptome wie Vermeidungsverhalten in alltäglichen Situationen, Intrusionen, Affektveränderungen oder eine dauerhafte vegetative Übererregung notwendig. In den folgenden Abschnitten wird auf Diagnostik, Epidemiologie, Erklärungs- und Behandlungsansätze näher eingegangen.

Definition und Diagnose

Einfache Posttraumatische Belastungsstörung

Für die Stellung der Diagnose einer einfachen Posttraumatischen Belastungsstörung (PTBS) bieten sich die in der Praxis allgemein verwendeten aktuellen Klassifikationssysteme der American Psychiatric Association (APA), das DSM-IV, oder der Weltgesundheitsorganisation (WHO), der ICD-10 an.

Im *DSM-IV (1998)* werden für die Diagnose einer einfachen PTBS im Rahmen der Angststörungen unter 309.81 folgende Kriterien aufgeführt:

Diagnostik nach DSM-IV

A) Die Person wurde mit einem traumatischen Ereignis konfrontiert, bei dem die beiden folgenden Kriterien vorhanden waren:

 (1) Die Person erlebte, beobachtete oder war mit einem oder mehreren Ereignissen konfrontiert, die tatsächlichen oder drohenden Tod oder ernsthafte Verletzung oder eine Gefahr der körperlichen Unversehrtheit der eigenen Person oder anderer Personen beinhalten. Die Reaktion der Person umfasste intensive Furcht, Hilflosigkeit oder Entsetzen.

traumatisches Erlebnis

B) Das traumatische Ereignis wird beharrlich auf mindestens eine der folgenden Weisen wiedererlebt:

 (1) wiederkehrende und eindringliche belastende Erinnerungen an das Ereignis, die Bilder, Gedanken oder Wahrnehmungen umfassen können,

 (2) wiederkehrende belastende Träume vom Ereignis,

 (3) Handeln oder Fühlen, als ob das traumatische Ereignis wiederkehrt (beinhaltet das Gefühl, das Ereignis wieder-

Wiedererleben

zuerleben, Illusionen, Halluzinationen und dissoziative Flashback-Episoden, einschließlich solcher, die beim Aufwachen oder bei Intoxikation auftreten),

(4) intensive psychische Belastung bei der Konfrontation mit internalen oder externalen Hinweisreizen, die einen Aspekt des traumatischen Ereignisses symbolisieren oder an Aspekte desselben erinnern,

(5) körperliche Reaktionen bei der Konfrontation mit internalen oder externalen Hinweisreizen, die einen Aspekt des traumatischen Ereignisses symbolisieren oder an Aspekte desselben erinnern.

Vermeidung emotionale Abflachung C) Anhaltende Vermeidung von Reizen, die mit dem Trauma verbunden sind, bzw. eine Abflachung der allgemeinen Reagibilität (vor dem Trauma nicht vorhanden, mindestens drei Symptome)

(1) bewusstes Vermeiden von Gedanken, Gefühlen oder Gesprächen, die mit dem Trauma in Verbindung stehen,

(2) bewusstes Vermeiden von Aktivitäten, Orten oder Menschen, die Erinnerungen an das Trauma wachrufen,

(3) Unfähigkeit, einen wichtigen Aspekt des Traumas zu erinnern,

(4) deutlich vermindertes Interesse oder verminderte Teilnahme an wichtigen Aktivitäten,

(5) Gefühl der Losgelöstheit oder Entfremdung von anderen,

(6) eingeschränkte Bandbreite des Affekts (z. B. Unfähigkeit, zärtliche Gefühle zu empfinden),

(7) Gefühl einer eingeschränkten Zukunft (z. B. erwartet nicht, Karriere, Ehe, Kinder oder normal langes Leben zu haben).

Hyperarousal D) Anhaltende Symptome erhöhten Arousals (vor dem Trauma nicht vorhanden, mindestens zwei Symptome):

(1) Schwierigkeiten, ein- oder durchzuschlafen,

(2) Reizbarkeit oder Wutausbrüche,

(3) Konzentrationsschwierigkeiten,

(4) übermäßige Wachsamkeit (Hypervigilanz),

(5) übertriebene Schreckreaktion.

Definition und Diagnose   55

E) Das Störungsbild (Symptome unter Kriterium B, C und D)
   dauert länger als einen Monat.

F) Das Störungsbild verursacht in klinisch bedeutsamer Weise
   Leiden oder Beeinträchtigungen in sozialen, beruflichen oder
   anderen wichtigen Funktionsbereichen.

   Akut: Wenn die Symptome weniger als 3 Monate andauern.
   Chronisch: Wenn die Symptome mehr als 3 Monate andauern.
   Mit verzögertem Beginn: Wenn der Beginn der Symptome
   mindestens 6 Monate nach dem Belastungsfaktor liegt.

In den Forschungskriterien des *ICD-10 (1994)* werden unter F43.1   **Diagnostik**
folgende Kriterien für eine einfache Posttraumatische Belastungs-   **nach**
störung genannt: **ICD-10**

A) Die Betroffenen sind einem kurz oder lang anhaltendem Ereignis oder Geschehen von außergewöhnlicher Bedrohung
   oder mit katastrophalem Ausmaß ausgesetzt, das nahezu bei
   jedem tiefgreifende Verzweiflung auslösen würde.

B) Anhaltende Erinnerungen oder Wiedererleben der Belastung
   durch aufdringliche Nachhallerinnerungen (Flashbacks), lebendige Erinnerungen, sich wiederholende Träume oder durch
   innere Bedrängnis in Situationen, die der Belastung ähneln
   oder mit ihr in Zusammenhang stehen.

C) Umstände, die der Belastung ähneln oder mit ihr in Zusammenhang stehen, werden tatsächlich oder möglichst vermieden. Dieses Verhalten bestand nicht vor dem belastenden
   Erlebnis.

D) Entweder 1. oder 2.
   1. Teilweise oder vollständige Unfähigkeit, einige wichtige
      Aspekte der Belastung zu erinnern.
   2. Anhaltende Symptome einer erhöhten psychischen Sensi-
      tivität und Erregung (nicht vorhanden vor der Belastung)
      mit zwei der folgenden Merkmale:

a. Ein- und Durchschlafstörungen
b. Reizbarkeit oder Wutausbrüche
c. Konzentrationsschwierigkeiten
d. Hypervigilanz
e. Erhöhte Schreckhaftigkeit

E) Die Kriterien B), C) und D) treten innerhalb von sechs Monaten nach dem Belastungsereignis oder nach Ende einer Belastungsperiode auf. (In einigen speziellen Fällen kann ein späterer Beginn berücksichtigt werden, dies sollte aber gesondert angegeben werden.)

Differenzial-diagnostik
Differenzialdiagnostisch ist eine Anpassungsstörung auszuschließen. Eine Prüfung dahin gehend ist indiziert sowohl bei Vorliegen der Symptomatik ohne vorhergehendes Trauma als auch bei andersartiger Symptomatik infolge einer Traumatisierung. Weiterhin sollte überprüft werden, inwieweit Symptome bereits vor der Traumatisierung auftraten. Akute Belastungsstörungen (DSM-IV 308.3) treten innerhalb von vier Wochen nach dem Trauma auf, und es erfolgt innerhalb dieses Zeitraums auch eine Remission.

Weiterhin wird nach dem DSM-IV (1998, S. 49f.) empfohlen, folgende Erkrankungen auszuschließen:
– Zwangsstörung,
– Schizophrenie und andere psychotische Störungen,
– affektive Störungen mit psychotischen Merkmalen,
– Delir,
– substanzinduzierte Störungen.

Zum Schluss sollte überprüft werden, ob die Klientin finanzielle, versicherungsrechtliche oder forensische Interessen hat, die sie zur Simulation einer PTBS bewegen könnten.

Komplexe Posttraumatische Belastungsstörung

Die Zusammenstellung der Symptome und Symptomkonstellationen der komplexen PTBS in Tabelle 6 wurde Maercker (1997, S. 17) entnommen:

Definition und Diagnose 57

Tabelle 6: Symptome der komplexen Posttraumatischen Belastungsstörung

Kurzbezeichnung	Erläuterung	
		komplexe Traumatisierungen nach Maercker 1997
Gestörte Affekt- und Impulsregulation	Keine Feinabstufung der Gefühlsausdrücke möglich. Leichte Erregbarkeit in zwischenmenschlichen Situationen und Kommunikationen. Ärger und Zorn dominieren. Eigene selbstzerstörerische Tendenzen (z. B. erhöhte Suizidneigung).	
Dissoziative Tendenzen	Anhaltende Aufmerksamkeitsstörungen und wiederholte psychogene Bewusstseinseintrübungen. Häufige Amnesien und zeitweises Depersonalisationserleben.	
Somatisierungsstörungen und körperliche Erkrankungen	Häufige psychogene Beeinträchtigungen oder manifeste Krankheiten, z. B. Verdauungsstörungen, chronische Schmerzen, kardiopulmonale Symptome, Konversionssymptome und gestörte Sexualität.	
Beeinträchtigtes Identitätsgefühl	Ausgeprägte Überzeugung, ein beschädigtes Leben zu führen, dass nicht mehr zu reparieren ist bzw. ausgeprägte Überzeugung, im Leben etwas falsch gemacht zu haben, dafür verantwortlich zu sein. Permanente Schuld- und Schamgefühle anderen Personen gegenüber.	
Interpersonelle Störungen	Gestörte Wahrnehmung des Täters/Angreifers bis hin zu dessen Idealisierung. Exzessive Beschäftigung mit Rachephantasien. Unfähigkeit zur gleichberechtigten partnerschaftlichen Interaktion. Anfälligkeit für überspannte Ansichten.	
Reviktimisierungsneigung	Exzessives Risikoverhalten erzeugt häufige Gefährdungssituationen mit der gleichen Traumatisierungsgefahr. Drang, die Plätze zu besuchen, an denen das Trauma geschah und die immer noch gefährlich sein können. Mögliche Tendenz, andere zu Opfern zu machen (z. B. Vergewaltigungsopfer werden später zu Vergewaltigern).	
Allgemeiner Sinnverlust	Verlust früherer Orientierungen, Hoffnungen, Motivstrukturen und persönlichkeitsstabilisierender Überzeugungen.	

Die Darstellung der komplexen Posttraumatischen Belastungsstörung stammt von Herman (1992). Die deutsche Übersetzung findet sich in Fischer und Riedesser (1998, S. 47f.).

Herman 1992

Neben der Posttraumatischen Belastungsstörung enthält das ICD-10 eine weitere traumaspezifische Kategorie, die »Andauernde Persönlichkeitsstörung nach Extrembelastung«. Maercker (1997, S. 23 f.) weist ausdrücklich darauf hin, dass bei einem überwiegenden Teil der Menschen mit PTBS-Diagnose weitere Störungen vorliegen, die oft ebenfalls mit dem Trauma in Verbindung stehen.

komorbide Störungen

Komorbide Störungen bei Posttraumatischen Belastungsstörungen

➨ Angststörungen,
➨ Depressionen,
➨ Suizidalität,
➨ Medikamenten-, Alkohol- und Drogenmissbrauch oder -sucht,
➨ Somatisierungsstörungen und
➨ Herz-Kreislauf-Erkrankungen.

Diagnostik einer PTBS

Diagnostikverfahren

Prinzipiell lassen sich die bei der Diagnostik einer PTBS üblichen Verfahren unterscheiden als:

– Strukturierte Interviews (z. B. DIPS, Mini-DIPS, M-CIDI),
– psychometrisch entwickelte Verfahren (Bsp. IES, IES-R, PDS) und
– psychophysiologische Messungen.

Letztere werden im Bereich psychologischer Interventionen kaum zum Einsatz kommen, während sie in der Forschung sehr bewährt sind, etwa als Messungen von Kreislaufwerten, Hautwiderstand, Hormonkonzentrationen oder bei bildgebenden Verfahren zur Untersuchung der Hirnaktivität.

FDS

Hilfreiche Explorationsanleitungen finden sich bei Fiedler (2002). Dieser Leitfaden kann genauso wie der Fragebogen zu Dissoziativen Symptomen (FDS, Freyberger, Spitzer u. Stieglitz 1998) gut zur Diagnose von dissoziativen Störungen eingesetzt werden, die bei der Arbeit mit EMDR von großer Bedeutung sind. Beim FDS handelt es sich um ein Screeningverfahren zur Erfassung ver-

Definition und Diagnose   **59**

schiedener dissoziativer Phänomene mit den Subskalen Amnesie, Absorption, Derealisation und Konversion.

Bei Birck, Winter und Koch (2001, S. 51) findet sich eine Auswahl von strukturierten Interviews und Fragebogen zur Selbstbeurteilung, die in der Literatur häufig erwähnt wurden und sich bewährt haben.

So werden beispielsweise folgende deutschsprachige Verfahren erwähnt:

- Clinician-Administered PTSD Scale (CAPS) (dt. Schnyder   **CAPS** u. Moergeli 2002, orig. Blake et al. 1990, 1995, basiert auf DSM-IV) Quelle: National Center of PTSD, ncptsd@ ncptsd.org

  Bei der CAPS handelt es sich um ein strukturiertes Interview zur Erstellung der Diagnose PTBS. Sie misst die sechs Diagnosekriterien des DSM-IV, die Stärke der Symptome sowie folgende Begleitsymptome: Schuldgefühle, Enttäuschung von Autoritätspersonen, homizidale Gefährdung, Hoffnungslosigkeit, Traurigkeit/Depression, Vergesslichkeit und Gefühle des Überflutetseins.

- Münchener Composite International Diagnostic Interview   **M-CIDI** (M-CIDI; Wittchen und Pfister 1997)

  M-CIDI erfasst die diagnostischen Kriterien aller psychischen Störungen. Mit dem Teil SKID für PTBS kann eine klare Diagnose gestellt werden. Es sollte als Ganzes durchgeführt werden oder andere mögliche Störungen müssen mit überprüft werden (Anpassungsstörung, akute Belastungsstörung, kurze psychotische Störung, Depression, Angst- und Panikstörungen, Suchtkrankheiten etc.).

- Impact of Event Scale Revised (IES-R, deutsch: Maercker u.   **IES-R** Schützwohl 1998, org. Weiss u. Marmar 1996)

- Außerdem sei auf das Interview zur komplexen PTBS (IK-   **IK-PTBS** PTBS) von Sack und Hofmann (2001) verwiesen. Dabei handelt es sich um eine deutsche Übersetzung auf der Grundlage des SIDES-Interviews (van der Kolk 1997; Pelcovitz et al. 1997). Quelle: MHH Hannover, Dr. med. M. Sack, sack.martin@mh-hannover.de

  Der SIDES erfasst die folgenden sieben Dimensionen: 1. Veränderungen der Affektregulation, 2. Veränderungen der Aufmerksamkeit des Bewusstseins, 3. Veränderungen in der Selbstwahrnehmung, 4. Veränderungen in der Wahrnehmung des Täters,

5. Veränderungen in der Beziehung zu anderen, 6. Somatisie-
rung, 7. Veränderung von Grundüberzeugungen. Er dient der
Stellung der Zusatzdiagnose zum PTBS/PTSD: »Disorder of
Extreme Stress not Otherwise Specified« beziehungsweise
»komplexe posttraumatische Belastungsstörung« nach Herman
(1992). Das Vorliegen dieser zugehörigen Merkmale gibt Auskunft über eine mögliche Chronifizierung der Störung und liefert wertvolle Hinweise zur Behandlungsplanung.

Stellvertretend werden hier die »Impact of Event Scale – IES« und
die revidierte Version »Impact of Event Scale Revised – IES-R«, das
»Diagnostische Interview psychischer Störungen – DIPS« und das
»Diagnostische Kurz-Interview psychischer Störungen – Mini-
DIPS« vorgestellt.

IES Impact of Event Scale und Revision
Die »Impact of Event Scale – IES« wurde von Horowitz, Wilner
und Alvarez (1979) im Zusammenhang mit seinem Phasenmodell
entwickelt, um inter- und intrapsychische Unterschiede des Erlebens und Verhaltens nach belastenden Ereignissen zu messen. Zu
ihr gehören als Subskalen die Bereiche »Intrusion« und »Vermeidung«. Die deutsche Version der IES von Ferring und Filipp (1994)
umfasst für jede Subskala 15 Items, bei denen sich die Probandin auf
einer vierstufigen Skala bezüglich der vergangenen sieben Tage
selbst beurteilen soll. Die teststatistischen Werte können als gut
eingeschätzt werden, der Test kann zur Bestimmung inter- und
intraindividueller Varianzen eingesetzt werden.
    Im Folgenden werden einzelne Items beispielhaft genannt (s. a.
Arbeitsmaterialien, S. 238f.):

Item 1:   Ich dachte daran, ohne dass ich es wollte.
Item 6:   Immer wieder kamen heftige Gefühle in Bezug auf das
          Ereignis auf.
Item 10: Ich versuchte, nicht darüber zu reden.
Item 12: Alle möglichen anderen Dinge erinnerten mich immer
          wieder daran.

Definition und Diagnose   **61**

Item 16: Meine Gefühle in Bezug auf das Ereignis waren wie abge-
stumpft.

Die Auswertung erfolgt durch Zusammenzählen der Punktwerte.   **IES-R**
Für Personen, die ein traumatisches Ereignis erfahren hatten, nennt
Horowitz einen durchschnittlichen Score von 44 Punkten. Ein
Kennwert für die Diagnose PTBS ist jedoch nicht angegeben, so
dass zur Diagnosestellung weitere Verfahren anzuwenden sind. Als
Erweiterung kam in einer revidierten Form der IES (IES-R; Weiss
u. Marmar 1996) eine Subskala »Übererregung« mit sieben Items
zum Einsatz. Die deutsche Übersetzung liegt von Maercker und
Schützwohl (1998) vor (s. Arbeitsmaterialien, S. 240f.). Die Auswertung erfolgt anhand einer Schätzformel (Regressionsgleichung),
die die Abschätzung einer Verdachtsdiagnose auf PTBS ermöglicht.

Diagnostisches Interview psychischer Störungen   **DIPS**
Das DIPS (Margraf, Schneider u. Ehlers 1991) stellt eine Weiterentwicklung und Adaption der aus den USA stammenden ADIS-R
dar, einer für Forschung und Psychotherapie entwickelten Kombination der Datenerhebung und kategorialer Diagnostik auf der
Grundlage des DSM-III-R, wobei eine Überführung in die Kategorien der ICD-10 ermöglicht wird. Anhand eines vorgegebenen
Leitfadens erfragt die Therapeutin in Gesprächsform zielgerichtet
Informationen, die die Zuordnung einer Patientin zu einzelnen
Störungsbildern und gleichzeitig eine effektive Therapieplanung
ermöglichen. Erfasst werden durch das DIPS alle Angststörungen,
affektive Störungen, somatoforme Störungen und Essstörungen,
zusätzlich erfolgt ein Ausschluss-Screening für Psychosen. Außerdem wird nach demographischen Angaben, nach Substanzmiss-
brauch, Medikamentengebrauch, Familienanamnese oder körperlichen Krankheiten gefragt. Die Antworten der Patientin werden
dichotom (»nicht vorhanden« vs. »vorhanden«) kodiert. Die Durchführung und Auswertung des DIPS setzen eine entsprechende Schu-
lung voraus, unter dieser Bedingung sind Reliabilität und Validität
gut gesichert.
    Für den Bereich PTBS werden einzelne Symptome abgefragt,
die den diagnostischen Kriterien des DSM-III-R entsprechen. Bei
Zustimmung der Klientin auf eine Frage wird empfohlen, nähere

Angaben zu Schweregrad der Belastung, Häufigkeit und Dauer zu stellen. Gefragt wird zum Beispiel nach:
- wiederkehrenden und eindringlichen Erinnerungen,
- psychischer Belastung bei Jahrestagen oder Ereignissen, die das Trauma symbolisieren oder ihm ähnlich sind,
- körperlicher Erregung bei Erinnerung an das Trauma,
- Unfähigkeit, Einzelheiten des Traumas zu erinnern,
- Einschlaf- und Durchschlafschwierigkeiten,
- Konzentrationsschwierigkeiten und
- übermäßiger Schreckhaftigkeit.

Mini-DIPS Das Mini-DIPS (Margraf 1994) ist eine Kurzfassung des DIPS, das gestrafft wurde und die häufigsten für eine Psychotherapie relevanten Störungen erfasst. Es zeichnet sich ebenfalls durch gute teststatistische Werte aus. Bei der Prüfung der Sicherheit der Diagnosezuordnung durch unabhängige Auswerter ergab sich für die Diagnose der PTBS eine Interrater-Reliabilität von 98 Prozent. Die Diagnosen werden nach Abschluss der Erhebung gestellt, wobei für die Vergabe die Erfüllung jeweils aller abgefragten Kriterien Voraussetzung ist. Der Autor empfiehlt vor der Durchführung des Mini-DIPS ein entsprechendes Training. Die durchschnittliche Dauer beträgt etwa 30 Minuten, so dass das Verfahren sehr ökonomisch ist.

Epidemiologie

Lebenszeit-prävalenz Für die Verbreitung der Posttraumatischen Belastungsstörung gibt es unterschiedliche Angaben. Dies hängt bereits damit zusammen, dass das individuelle Risiko, traumatische Situationen überhaupt zu erleben, stark von regionalen (z. B. Erdbebengefahr) oder politischen (z. B. Bürgerkrieg) Faktoren abhängt. Für Risikogruppen (z. B. Kriegsveteranen) werden Prävalenzraten bis zu 58 Prozent genannt (DSM-IV 1998, S. 490).

USA 7,8 Prozent Während früher nur geringe Prävalenzraten gefunden wurden, geben Kessler et al. (1995) auf der Grundlage einer umfassenden Studie (National Comorbidity Survey) für die USA eine Lebens-

Epidemiologie

zeitprävalenz von 7,8 Prozent an, wobei Frauen doppelt so oft betroffen sind wie Männer. Breslau, Davis, Andreski und Peterson (1991) nennen für ihre Stichprobe junger Erwachsener (21 bis 30 Jahre) eine Lebenszeitprävalenz von 9,2 Prozent. Sie haben in ihrer Untersuchung herausgefunden, dass 39,1 Prozent der Personen ihrer Stichprobe traumatische Situationen erlebt hatten. Von diesen Personen zeigten 23,6 Prozent Symptome einer PTBS.

Das vollständige Erscheinungsbild einer PTBS zeigten für die Altersgruppe von 14 bis 24 Jahren 2,2 Prozent bei weiblichen und 1 Prozent bei männlichen Befragten in einer bundesdeutschen Untersuchung (Perkonigg et al. 2000), wenngleich die Jungen (26 Prozent) öfter als Mädchen (17,7 Prozent) angaben, wenigstens ein traumatisierendes Ereignis erlebt zu haben. Die Unterschiede zu den amerikanischen Untersuchungen sind wohl auf soziokulturelle, klimatische und politische (z. B. Kriminalitätsrate, Naturkatastrophen oder militärische Kampfeinsätze) Ursachen zurückzuführen.

BRD 2,2 Prozent

Eine traumatische Erfahrung nach der Definition des DSM-IV (s. S. 53 ff.) kann allein noch kein Anhaltspunkt für die tatsächliche Entwicklung einer PTBS sein. Es zeigt sich, dass der spezielle Charakter der erlebten Situation hierfür ein wichtiger Prädiktor ist. Für eine repräsentative Stichprobe der USA-Bevölkerung finden sich bei Kessler et al. (1995) differenziertere Angaben, die in Tabelle 7 auszugsweise nach der Wahrscheinlichkeit einer entstehenden PTBS geordnet sind (Männer und Frauen gemittelt).

Tabelle 7: Wahrscheinlichkeiten der Entstehung einer PTBS (USA)

Trauma	Trauma-häufigkeit (%)	PTBS Lebenszeitinzidenz (%)	PTBS-Häufigkeit nach Traumata (USA)
Vergewaltigung	5,5	55,5	
Krieg	3,2	38,8	
Misshandlung in der Kindheit	4,0	35,4	
Vernachlässigung in der Kindheit	2,7	21,8	
Sexuelle Belästigung	7,5	19,3	
Körperliche Gewalt	9,0	11,5	
Unfälle	19,4	7,6	
Zeuge von Unfall/Gewalt	25,0	7,0	
Irgendein Trauma	60,0	14,2	

Geschlechterverteilung

Nach dem Geschlecht aufgeteilt zeigt sich, dass Frauen mit 10,4 Prozent eine etwa doppelt so hohe Lebenszeitprävalenz wie Männer mit 5 Prozent haben. Butollo, Krüsmann und Hagl (1998, S. 84) erklären dies mit dem auch bei Angststörungen und Depression erhöhten Erkrankungsrisiko für Frauen sowie mit dem Umstand, dass Frauen insbesondere gerade Opfer sexueller Gewalttaten sind. Eine vergleichbare Übersicht für Deutschland findet sich bei Perkonigg und Wittchen (zit. nach Maercker 1997), die 3021 Jugendliche und junge Erwachsene (14 bis 24 Jahre) aus München untersuchten.

Tabelle 8: Wahrscheinlichkeiten der Entstehung einer PTBS (Deutschland)

PTBS-Häufigkeit nach Traumata (Deutschland)

Art	Trauma-häufigkeit (%)	Störungshäufigkeit (Lebenszeit-inzidenz) nach Trauma (%)
Vergewaltigung	1,3	50,0
Sexueller Missbrauch in der Kindheit	1,9	30,6
Krieg	0,2	25,0
Zeuge (von Unfällen/Gewalt)	4,2	2,4
Körperliche Gewalt	9,6	1,7
Schwere Unfälle	7,5	0
Naturkatastrophen	0,5	0
Gefängnishaft, Geisel	0,1	0
Andere Traumata	1,8	15,5
Irgendein Trauma	27,2	7,8

situative Risikofaktoren

An die Situation gebundene Prädiktoren für die Wahrscheinlichkeit einer PTBS (vgl. Ehlert 1999; vgl. DSM-IV) sind:
– Schwere, Dauer und die Nähe der Person bei Konfrontation,
– Schweregrad körperlicher Verletzung bei Unfallopfern und
– das Auftreten weiterer belastender Lebensereignisse.

personale Risikofaktoren

Personengebunde Risikofaktoren für die Entwicklung einer PTBS nach einem traumatischen Erlebnis (Breslau et al. 1991; Kessler et al. 1995; vgl. Ehlert 1999) sind:
– weibliches Geschlecht,
– frühe Trennung von den Eltern,
– kindliche Missbrauchserfahrungen,

Epidemiologie
65

- Neurotizismus,
- Introversion,
- geringe Fähigkeit zum Ausdruck von Emotionen,
- vorher bestehende Angststörung oder Depression und
- familiäre Vorbelastung mit Angststörungen.

Daneben gibt es jedoch auch Einflussfaktoren, die bei Menschen nach traumatischen Erlebnissen das Risiko der Entwicklung einer PTBS vermindern können. Dazu zählen (Kazak et al. 1998; vgl. Ehlert 1999):

protektive Faktoren

- ein hohes Maß sozialer Unterstützung und
- eine grundsätzlich positive Einstellung gegenüber dem Leben.

Ausgehend von Antonovskys salutogenetischem Konzept konnten Frommberger, Stieglitz, Nyberg, Straub und Berger (1998) in einer Untersuchung an Verkehrsunfallopfern zeigen, dass ein hohes Ausmaß von Kohärenzgefühl (Sense of Coherence – SOC) negativ korrelierte mit Ängsten und Befürchtungen bezüglich der Zukunft, zu nach dem Unfall aufgetretenen Ängsten im Straßenverkehr und zur Entwicklung von PTBS-Symptomen.

Sense of Coherence

Egle, Hoffmann und Joraschky (1997, S. 19) nennen als biographische Schutzfaktoren psychischer/psychosomatischer Krankheiten:

biographische Schutzfaktoren

- dauerhafte gute Beziehung zu mindestens einer primären Bezugsperson,
- Großfamilie, kompensatorische Elternbeziehungen, Entlastung der Mutter,
- gutes Ersatzmilieu nach frühem Mutterverlust,
- überdurchschnittliche Intelligenz,
- robustes, aktives und kontaktfreudiges Temperament,
- sicheres Bindungsverhalten,
- soziale Förderung,
- verlässlich unterstützende Bezugsperson(en) im Erwachsenenalter,
- lebenszeitlich späteres Eingehen »schwer auflösbarer Bindungen« und
- geringe Risiko-Gesamtbelastung.

Berufsfeuerwehr 18,2 Prozent

Bei Igl und Müller-Lange (1998) wird nach einer unveröffentlichten Dissertation von Corneil (1993) angegeben, dass 16 Prozent der Mitarbeiter der städtischen Feuerwehr im Lauf ihrer Berufsausübung eine PTBS erleiden können. Für die Bundesrepublik Deutschland liegt der Anteil der Angestellten der Berufsfeuerwehr in Rheinland-Pfalz mit Symptomen einer PTBS bei 18,2 Prozent (Wagner, Heinrichs u. Ehlert 1999).

Das Risiko, überhaupt mit traumatischen Situationen konfrontiert zu werden, ermittelten Teegen, Domnick und Heerdegen (1997) bei Einsatzkräften von Feuerwehr, Polizei und Rettungsdienst mit 100 Prozent!

Die Diagramme zeigen für die BRD die Verteilungen des Erlebens traumatisierender Situationen und der Prävalenz von PTBS in der Gesamtbevölkerung (nach Perkonigg u. Wittchen 1999; Abb. 9) und unter der Risikogruppe von Mitarbeitern bei Feuerwehren, Polizei und Rettungsdiensten (Wagner et al. 1999; Teegen et al. 1997; Abb. 10).

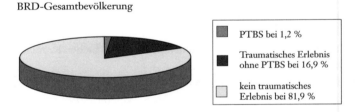

Abbildung 9: Prävalenz von Traumatisierungen und PTBS

Abbildung 10: Prävalenz von Traumatisierungen und PTBS bei Einsatzkräften

Erklärungsansätze

Um zu erklären, warum manche Menschen nach traumatischen Erlebnissen Störungen im Sinn einer PTBS entwickeln und andere nicht, oder was überhaupt das Traumatische an der Situation und den Reaktionen darauf ausmacht, gibt es unterschiedliche wissenschaftliche Ansätze. Für diesen Forschungsbereich ergibt sich das Dilemma, dass Untersuchungen methodische Grenzen gesetzt sind. Zum einen verbietet es sich, psychische Traumata bei Menschen experimentell zu evozieren, zum anderen lassen sich Ergebnisse aus Tierexperimenten nur beschränkt auf den Humanbereich übertragen.

Methodische Grenzen der Traumaforschung

An dieser Stelle sollen als Beispiel für einen lerntheoretischen Ansatz das Modell der Furchtstrukturen nach Foa und Kozak (1986), als Beispiel für den kognitiven Ansatz die Ideen von Horowitz, biologische Ansätze und ein multifaktorielles Rahmenmodell in Anlehnung an Maercker kurz dargestellt werden. Es sei auch auf das weiter oben (s. S. 30ff.) ausführlich dargestellte Verlaufsmodell von Fischer und Riedesser verwiesen.

Das Modell der Furchtstrukturen nach Foa und Kozak

Im Modell von Foa und Kozak (1986, vgl. Maercker 1997, S. 25 ff.) werden in einem Zustand starker Erregung und enormer Angst sonst getrennte oder nur locker verbundene Gedächtnisinhalte buchstäblich miteinander verschweißt und in Form eines Netzwerks als Gedächtnisinhalte überdauernd gespeichert. Bestandteile dieser Strukturen sind die der Entstehungssituation immanenten:

Furchtstruktur nach Foa

- Kognitionen (Gedanken, Wahrnehmungen etc.),
- physiologischen Reaktionen (Starre, Angstschweiß, Weinen etc.) und
- die zugewiesenen emotionalen Bedeutungen (Angst vor Verstümmelung, Verlust, Tod etc.).

Dieses als *Furchtstruktur* bezeichnete Netzwerk ist von jedem Knotenpunkt (Element) aus leicht in Schwingung zu versetzen, so dass minimale Schlüsselreize zur vollen Aktivierung ausreichen. Je größer die Anzahl der enthaltenen Elemente ist, desto öfter und desto leichter wird eine solche Aktivierung möglich sein.

Im Normalfall löst sich diese Struktur im Lauf der Zeit von selbst wieder auf. Bleiben die Furchtstrukturen jedoch erhalten, kann ihre Aktivierung zur PTBS-Symptomatik führen (Intrusion, Vermeidung, Abflachung, Hyperarousal).

Vor dem Trauma bestehende Unterschiede in der allgemeinen Erregbarkeit und Konditionierbarkeit, der Grad der subjektiven Gefährdung in der Situation sowie Größe und Zusammenhalt der aktivierten Gedächtnisstrukturen sollen erklären, ob und in welchem Ausmaß Personen nach traumatischen Erlebnissen PTBS ausbilden.

Die übermäßige affektive Erregung durch die Furchtstruktur einerseits und die zugehörige physiologische Reaktion andererseits sollen die übliche Informationsverarbeitung behindern, was Amnesien und Dissoziationen erklären könnte.

Die Theorie der Furchtstrukturen ist durch empirische Befunde belegt worden: Bei der Lösung von Aufgaben, die die vermutete Furchtstruktur aktivieren würden, wurden die Reaktionszeiten von traumatisierten Menschen mit und ohne PTBS-Symptomen verglichen. Aus den längeren Reaktionszeiten der ersten Gruppe konnte das Vorhandensein einer Furchtstruktur abgeleitet werden.

Ein kognitiver Ansatz von Horowitz

Modelle über posttraumatisch veränderte kognitive Schemata und dysfunktional wirkende Kognitionen versuchen, typische PTBS-Symptome wie Intrusion und Vermeidung sowie gestörte Vorstellungen über sich, andere und die Welt zu erklären.

psycho-dynamisch-kognitives Modell von Horowitz Horowitz (1997, S. 146ff.), dessen Modell bereits in den siebziger Jahren entstand, geht davon aus, dass durch das traumatische Erleben Selbst- und Rollenschemata grundlegend verändert werden können. Wenn sie nicht in die bestehenden, lebensgeschichtlich erworbenen Schemata integrierbar sind, bleiben sie ständig weiter aktiviert. Diese aktiven Schemata streben selbstständig zu einer vollständigen Verarbeitung und Integration (Zeigarnik-Effekt). Auf diese Weise kommt es immer wieder zu Intrusionen von Gedanken und Vorstellungsbildern, die mit den der Traumasituation entspre-

Erklärungsansätze

chenden belastenden Affekten verbunden sind. Als sekundäre Antwort auf die Intrusionen kommt es zur Vermeidung möglicher Auslöser, zu Verleugnung und einer affektiven Gefühllosigkeit. Nach Horowitz ergibt sich daraus ein Kreislauf (Oszillation) von Intrusion und Abwehr, der erst durch einen spontanen oder therapeutischen Prozess der Durcharbeitung der dysfunktional veränderten Schemata aufgelöst werden kann. Die Erinnerungen verlieren dabei ihre Lebendigkeit, und die emotionalen Reaktionen auf sie schwächen sich ab.

Das folgende Modell (Abb. 11) soll normale und pathologische Reaktionen auf belastende Ereignisse verdeutlichen (vgl. Horowitz, S. 147).

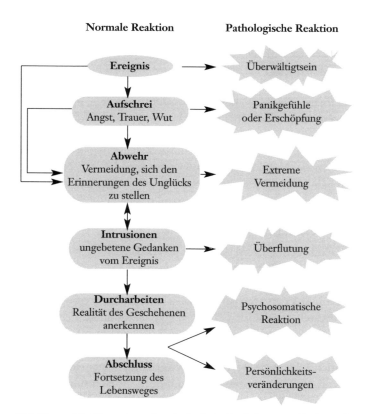

normale vs. pathologische Reaktionen

Abbildung 11: Normale und pathologische Reaktionen auf belastende Ereignisse

Es ist empirisch abgesichert, dass negative Zuschreibungen zur eigenen Person und bezüglich des Vertrauens in die Welt typische Folgen traumatischer Ereignisse sind, die in verschiedenen Untersuchungen mit der posttraumatischen Symptomatik hoch korrelierten.

Eine universelle Abfolge der obigen Phasen, eine grundlegende Tendenz zur Vervollständigung bei der Verarbeitung traumatischer Ereignisse oder des beständigen Wechsels von Intrusion und Vermeidung sind bisher nicht nachgewiesen. Die vegetativen Symptome des Hyperarousals werden durch die Theorie nicht spezifisch erklärt.

Der therapeutische Ansatz von Horowitz wird noch vorgestellt (s. S. 81f.).

Biologische Ansätze und ein multifaktorielles Rahmenmodell

Dem Phänomen von Veränderungen der vegetativen, psychoendokrinen und neurobiologischen Erscheinungen bei PTBS-Patientinnen gegenüber Menschen ohne PTBS und der Ansprechbarkeit der Symptomatik auf medikamentöse Behandlung wenden sich verschiedene Autoren zu, die psychobiologische Aspekte in den Mittelpunkt ihres Interesses rücken. Die Untersuchungen richten sich besonders auf hormonelle und strukturelle Besonderheiten des limbischen Systems und der Neurotransmitter sowie auf die so verursachte Spezifik traumatischer Erinnerungen.

Maercker (1997, S. 31) gibt eine Übersicht (Tab. 9) über physiologische und biochemische Veränderungen bei Patienten mit PTBS.

Koppelung von Erinnerung mit Erregungszustand Zentral bei der PTBS ist der besondere Umstand, dass Erinnerungen in starkem Maß von den zum Lernzeitpunkt vorherrschenden Affekten (state dependent learning) mit geprägt werden. Im Fall traumatischen Erlebens findet die Speicherung der Informationen in einem Zustand höchster affektiver Erregung statt, wobei durch evolutionär bedingte Mechanismen eine Koppelung von Erinnerung mit dem Erregungszustand stattfindet, die dazu führt, dass die Wiedererinnerung stets von den ursprünglichen Affekten und vegetativen Erscheinungen begleitet wird. Man spricht von einer zustandsspezifischen Erinnerung (vgl. Fischer u. Riedesser 1998).

Erklärungsansätze

Tabelle 9: Physiologische und *biochemische* Veränderungen bei Patienten mit PTBS

Physiologische Veränderungen bei PTBS-Patienten	physiologische Veränderungen

- Erhöhtes allgemeines autonomes »arousal« (Sympatikon) mit abnormaler Schreckreaktion, langsamere Habituation an wiederholte Reize,
- erhöhtes spezifisches »arousal« für mit dem Trauma assoziierte Reize (z. B. Fotos oder Geräusche des Geschehens),
- reduzierte Muster kortikaler evozierter Potenziale auf neutrale Stimuli und
- Veränderungen in der Schlafphysiologie.

Biochemische Veränderungen bei PTBS-Patienten	biochemische Veränderungen

- Unterfunktion der Hypothalamus-Hypophysen-Nebennierenrinden-Achse mit vermindertem Cortisolspiegel in Blut und Urin,
- gesteigerte noradrenerge Aktivität mit erhöhtem Metabolitenspiegel (Katecholamine) in Blut und Urin und
- Dysregulationen im System endogener Opiate mit einer allgemeinen Senkung der Schmerzschwelle unter Ruhebedingungen und Anheben der Schmerzschwelle unter Stress (stressinduzierte Analgesie).

Bei 10 bis 30 Prozent der Betroffenen von psychischen Traumata entwickeln sich Hypermnesien, bei denen durch Trigger so genannte Nachhallerinnerungen »überfallartig in das Wachbewusstsein ein(dringen)« (Galley u. Hofmann 1999, S. 220). Andererseits gibt es Amnesien, die jedoch insofern unvollständig sind, als Bruchstücke so erinnert werden, als hätte man sie im Traum erlebt. Möglicherweise beruhen solche Gedächtnisstörungen auf generellen Zugriffsstörungen und nicht auf einer Löschung der Inhalte.

Gedächtnisstörungen

Als Besonderheiten traumatischer Erinnerungen nennen van der Kolk, Burbridge und Suzuki (1998, S. 59), dass

Besonderheiten traumatischer Erinnerungen

- »sie sich in erster Linie sinnlich und gefühlhaft einprägen, wobei es durchaus möglich ist, daß neben Rückblenden der Sinneserfahrung auch eine semantische Repräsentation der Erinnerung vorhanden ist,
- diese Sinneserfahrungen oft über die Zeit hinweg stabil und von anderen Lebenserfahrungen unberührt bleiben,
- sie durch ähnliche Erlebnisse ausgelöst werden können und das ganze Leben lang jederzeit so lebhaft wiederkehren können, als ob die betroffene Person die Erfahrung gerade aktuell durchlebt, und daß
- diese sensorischen Rückblenden häufig in einem Geisteszustand auftreten, in dem die Opfer unter Umständen nicht präzise ausdrücken können, was sie gerade fühlen und denken.«

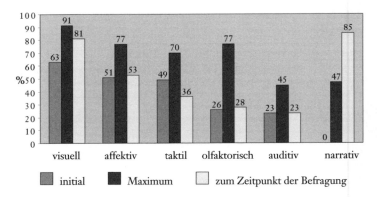

Abbildung 12: Fragmentarische Erinnerungen an erlebte Traumata (nach van der Kolk u. Fisler 1995)

Van der Kolk und Fisler (1995) heben die Unterschiedlichkeit der Erinnerungen an belastende und an traumatische Ereignisse hervor. Sie befragten 46 Personen mit PTBS nach ihren Erinnerungen an ein bedeutsames nichttraumatisches Ereignis und an vorhandene Traumata zu verschiedenen Zeitpunkten.

Alle Personen konnten sich problemlos an nichttraumatische Geschehnisse erinnern, sie hatten auch keine Intrusionen oder Amnesien. Die traumatischen Erinnerungen riefen teilweise Amnesien und Intrusionen hervor, sie manifestierten sich in unterschiedlichen Sinnesmodalitäten und eine explizite Erinnerung im Sinne der Fähigkeit, zusammenhängend über das Erlebte zu berichten (narrativ), entstand erst nach und nach.

Noch nicht geklärt ist, wie und wo genau diese Informationen gespeichert werden, die oft einerseits nicht bewusst abrufbar sind, aber dennoch offensichtlich in unserem Gedächtnis existieren. Diskutiert werden eine reduzierte kortikale Kontrolle durch Funktion des Locus coeruleus und die Verringerung der gezielten Aufmerksamkeit durch Funktion des vorderen Gyrus cinguli (vgl. Galley u. Hofmann 1999). Andere Erklärungen gehen davon aus, dass die Informationen im Trauma zwar den Hippocampus, der an der Gedächtnisbildung beteiligt ist, durchlaufen, dieser währenddessen aber nicht aktiviert wird.

Amygdala Eine besondere Rolle bei der Koppelung von Erinnerung und Affekt kommt der Amygdala zu, einer Hirnregion, die wahrschein-

Erklärungsansätze

lich für die Speicherung traumarelevanter Informationen im impliziten Gedächtnis ohne eine entsprechende Kategorisierung von Raum, Zeit und Kausalität verantwortlich ist. Markowitsch (1999) hebt die Bedeutung der rechten Amygdala für die Verarbeitung autobiographisch-emotionaler Informationen hervor.

Bei Stressreaktionen kommt es besonders zu einer Aktivierung des noradrenergen Systems und der Hypothalamus-Hypophysen-Nebennierenachse (HHNA) mit den verstärkt ausgeschütteten Hormonen CRH (Corticotropin-Releasing-Hormon), ACTH (adrenocorticotropes Hormon) und Cortisol. Die Hormonprofile von Personen mit PTBS unterscheiden sich in typischer Weise von denen ohne PTBS (vgl. Ehlert 1999). Reaktionen auf psychische Traumata beruhen auf dem Zusammenwirken der Transmittersysteme, wobei vermutlich jedes einzelne spezifische Symptome hervorruft. So hat das adrenerge System beispielsweise Einfluss auf Ängste und Übererregung oder das serotogene System auf die Bildung der zustandsspezifischen Erinnerungen (vgl. Hofmann 1999).

Hormonprofile

Einige empirische Befunde zur Neurophysiologie und -anatomie sollen an dieser Stelle näher dargestellt werden.

neurophysiologische und -anatomische Befunde

Rauch et al. (1996) fanden im Rahmen einer Untersuchung von PTBS-Patienten mittels PET, dass es bei ihnen gegenüber Kontrollbedingungen bei der akustischen Darbietung ihres Traumaskripts zu einer starken Zunahme der Hirnaktivität im rechten vorderen temporalen Kortex, in der Insula, der Amygdala und im rechten sekundären visuellen Kortex kommt. Der Bereich des Broca-Zentrums war hingegen stärker bei der Kontrollbedingung, der Konfrontation mit einem akustisch dargebotenen neutralen Skript aktiviert.

Van der Kolk et al. (1998) verweisen aber darauf, dass sie bei ihren PET-Untersuchungen im Rahmen der Evaluation von EMDR feststellten, dass über die Amygdala hinaus auch weitere Regionen im hinteren cingulären und im rechten vorderen Kortex bei der Unterscheidung eintreffender Informationen als traumatisch oder nicht traumatisch beteiligt sein können.

Van der Kolk und Saporta (1993) gehen davon aus, dass es während der traumatischen Situation zu einer massiven Ausschüttung körpereigener Opiate (Endorphine) kommt, durch die eine Schmerzunempfindlichkeit (Analgesie) hervorgerufen wird. Es ent-

Endorphine

stehe eine Abhängigkeit von diesen Endorphinen, verbunden mit einer konditionierten Ausschüttung bei der Konfrontation mit traumaassoziierten Reizen. Durch die nun relativ beständige Analgesie komme es zum Symptom der emotionalen Taubheit, während eine körperliche Abhängigkeit erklären könnte, warum manche Patientinnen mit PTBS suchtartig immer wieder Stimuli aufsuchen, die mit dem Trauma verbunden sind. Es ist belegt, dass Personen mit PTBS mehr Endorphine ausschütten als traumatisierte Menschen, die keine PTBS entwickelten.

gegen Löschung resistente Konditionierungen

Pitman (1989) fragt, warum die durch das Trauma entstandenen Konditionierungen so resistent gegen Löschung sind. Er vermutet, dass die extreme Aktivierung des Anpassungsmechanismus statt Adaptation Pathologie erzeuge. Er beschreibt ein Phänomen, bei dem nicht nur die unmittelbare Wirkung des Traumas, sondern auch die Intrusionen hormonelle Veränderungen bewirken. So entstehe ein Teufelskreis, der nicht nur eine normale Verarbeitung der Erinnerungen verhindert, sondern jede Intrusion führe zu einer Hormonausschüttung, die die Einprägung traumatischer Erinnerungen in das Gedächtnis sogar noch verstärkt.

Reaktivierung gespeicherter Informationen

Kolb (1987) vermutet, dass die exzessive und andauernde peritraumatische Stimulation unmittelbar zu neuronalen und synaptischen Veränderungen des Kortex führt. Er nimmt an, dass in deren Folge eine dauerhafte Übererregung adrenergen Ursprungs auftritt. Die Kontrolle der Funktion des Kortex durch tiefer gelegene Hirnstrukturen, etwa den Locus coeruleus, wird verringert, wodurch es zu einer Reaktivierung der gespeicherten Informationen in Form von Intrusionen kommen kann. Die von Kolb untersuchten Kriegsveteranen mit PTBS zeigten eine signifikant erhöhte vegetative Grunderregung und eine verringerte Diskriminationsfähigkeit zwischen neutralen und Bedrohungsreizen (Kriegsgeräusche) sowie eine erschwerte Habituation.

Cortisolspiegel

Yehuda et al. (1995) untersuchte Holocaust-Überlebende mit und ohne PTBS sowie Personen ohne PTBS, die dem Holocaust nicht ausgesetzt waren. Die Autoren berichten von einem signifikant erniedrigten Cortisolspiegel im Urin von Patienten mit PTBS. Ein wichtiges Ergebnis der Untersuchung besteht darin, dass zwischen Überlebenden des Holocaust, die keine PTBS hatten, und der Kontrollgruppe keine signifikanten Unterschiede beobachtet werden konnten. Daraus ist ableitbar, dass die Senkung der Hor-

Erklärungsansätze

monwerte nicht an die Exposition der traumatischen Situation, sondern an die Symptomatik der PTBS, insbesondere an die Ausprägung von Vermeidung, gebunden ist.

Als »kindling« (dt. etwa Entzünden) wird ein Phänomen bezeichnet, das bei Patientinnen mit PTBS auftreten kann. Durch die wiederholte Stimulation mit Reizen, die mit dem Trauma in Verbindung stehen, wird das limbische System zunehmend sensibilisiert, so dass bei Einnahme von Pharmaka aufgrund der erniedrigten Erregungsschwelle traumatische Erinnerungen und Zustände reaktiviert werden können (vgl. Maercker 1997).

kindling

Durch Cortisol induzierte Zellatrophien führen langfristig zu einem verringerten Volumen des Hippocampus bei PTBS-Patienten (Bremner et al. 1995). Er untersuchte mit Magnet-Ressonanz-Tomographie (MRT) parallelisierte Gruppen von Personen mit und ohne PTBS. Dabei fand er bei den PTBS-Patienten eine Reduktion des Volumens des rechten Hippocampus um 8 Prozent. Korrespondierend zeigten sich bei den Patienten Defizite im Kurzzeitgedächtnis.

Reduktion des Hippocampus

Maercker (1997, S. 33ff.) schlägt zur Erklärung der differenziellen Auswirkungen traumatischer Erfahrungen ein Modell (Abb. 13) vor, das verschiedene psychosoziale Einflussfaktoren einbezieht.

Zu den Ereignisfaktoren führt er an, dass die Schwere des Traumas mit der Stärke der PTBS-Symptome zusammenhängt und etwa mit r = .20 – .30 korreliert. Wenn eine extreme Belastung unerwartet auftritt, so ist die physiologische Erregung besonders hoch, was sich wiederum auf das Ausmaß von Intrusionen und Vermeidung auswirkt. Das Gefühl, eine Situation wenigstens teilweise kontrollieren zu können, kann zu geringerer Symptomatik führen, als wenn sich eine Person vollständig ausgeliefert fühlt.

Ereignisfaktoren

Ein hohes individuelles Kohärenzgefühl im Sinne Antonovskys »Sense of Coherence – SOC« bewirkt offensichtlich eine Verringerung der Symptomatik im Gegensatz zu Menschen, die die Welt als nicht berechenbar, nicht kontrollierbar und nicht sinnvoll erleben. Eine vergleichbare Wirkung hat ein hoher Grad sozialer Unterstützung nach dem Trauma, wobei emotionaler Rückhalt deutlichere Effekte als instrumentelle Hilfe zeigt. Als günstige Bewältigungsstrategie hat sich das offene Reden über das Erlebte erwiesen, wodurch Befindlichkeit und physiologische Stabilität verbessert werden können.

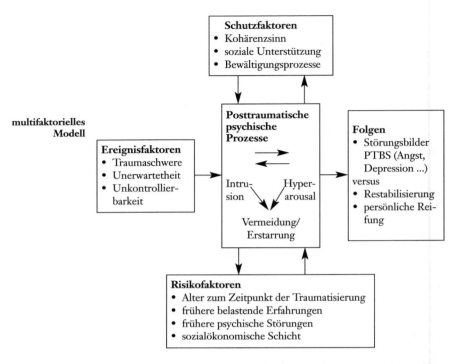

Abbildung 13: Psychosoziale Einflussfaktoren bei traumatischen Erfahrungen

Risikofaktoren für PTBS

Als Risikofaktoren für die Entwicklung einer PTBS können das Alter (Kindheit, sensible Übergangsphasen etc.), vorhergehende Belastungen oder psychiatrische Störungen und die Zugehörigkeit zu einer niedrigen sozioökonomischen Schicht wirken.

Folgen eines Traumas

Oft spontan eintretende Folgen eines Traumas, zum Beispiel die erfolgreiche Integration der Erfahrung als Wachstum und persönliche Reifung, können Ziele therapeutischer Intervention bei einer PTBS sein.

Behandlungsansätze

Es gibt Untersuchungen über das Auftreten von Spontanremissionen bei Personen, bei denen PTBS-Symptome diagnostiziert wurden, ohne dass eine Behandlung erfolgte. Kessler et al. (1995) haben dazu die folgenden Ergebnisse gefunden (Abb. 14):

Spontanremissionen

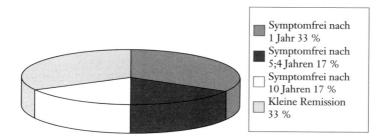

Abbildung 14: Spontanremissionen bei PTBS

Für Personen, die irgendeine Form von Therapie erhielten, geben die Autoren an, dass die Symptomfreiheit zwar eher eintritt (nach 36 Monaten), aber nach sechs Jahren gibt es kaum Unterschiede zur Gruppe Unbehandelter. Das bedeutet, dass auch bei einem Drittel herkömmlich psychologisch behandelter Patienten letztlich keine Besserung der Symptomatik eintritt.

Seitdem die Forschung zunehmend physiologische Korrelate bei Patienten mit PTBS untersucht, wächst die Bedeutung der primären Behandlung mit Psychopharmaka (vgl. Bauer u. Priebe 1997). Häufig probieren Patienten, mit Hilfe frei verkäuflicher Schlaf- und Beruhigungsmittel Kontrolle über die Symptome zu gewinnen. Wenn eine medikamentöse Behandlung in Erwägung gezogen werden soll, empfehlen Bauer und Priebe ein vorausgehendes medikamentenfreies Intervall und eine Monotherapie.

Psychopharmakatherapie

Nach den Autoren (S. 181ff.) kann eine Pharmakotherapie bei PTBS wirksam sein bei:
– wiederkehrenden und belastenden, sich aufdrängenden Erinnerungen an das Ereignis,
– Flashback-Episoden, Alpträumen,
– Schlafstörungen,
– Depressionen,

- Panikattacken, Angstzuständen,
- erhöhtem Arousal (Übererregtheit) und
- psychotischem Erleben (Wahn, Wahrnehmungsstörungen, Halluzinationen).

Als die Mittel der Wahl werden Antidepressiva, insbesondere selektive Serotonin-Wiederaufnahme-Hemmer (SSRI), empfohlen, die über einen Zeitraum von mehreren Monaten eingenommen werden sollen. Bei akut psychotischen Zuständen oder extremen Schlafstörungen kommen befristet Neuroleptika und Benzodiazepine zum Einsatz.

Es existieren nur wenige Studien zur Wirkung psychopharmakologischer Therapien bei Patienten mit PTBS. Bei placebokontrollierten Doppelblindstudien zeigte sich eine Besserung bei der Behandlung mit Antidepressiva gegenüber den Placebos. Schlussfolgernd votieren die Autoren für eine ergänzende medikamentöse Behandlung nur bei starker Symptomausprägung, die von einem Facharzt durchgeführt wird.

Phasen der Traumabehandlung

Prinzipiell sollen Therapien zur Behandlung von Traumaopfern drei wesentliche Phasen umfassen, die zunächst modellhaft dargestellt und im Folgenden kurz erläutert werden sollen.

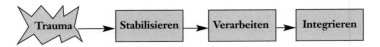

Abbildung 15: Phasen in der Traumatherapie

Stabilisieren Menschen, die gerade ein traumatisches Erlebnis hatten, sollen in erster Linie stabilisiert werden. Sie sollten den unmittelbaren Ort des Geschehens erst einmal verlassen, sie brauchen Wärme (Decke etc.), die physiologischen Grundbedürfnisse müssen befriedigt werden (Essen, Trinken etc.), ihnen muss das Gefühl von wiederkehrender Sicherheit (Trost und Zuwendung) vermittelt werden. Zu Beginn einer therapeutischen Begleitung müssen diese Bedingun-

Behandlungsansätze

gen praktisch nachträglich gewährleistet werden, also in Form von
Annahme, sicherem Beziehungsangebot, Raumgestaltung.

Im Anfangsstadium der Therapie soll das traumatische Ereignis
nicht forciert thematisiert werden. Die Klientinnen sollen ein
Gefühl von Kontrolle über ihre Symptome vermittelt bekommen,
zum Beispiel durch die Installation des »Sicheren Orts« (s. Arbeitsmaterialien, S. 246ff.) bei der EMDR-Therapie oder das Erlernen
von Techniken zur Flashback-Kontrolle, wie zum Beispiel durch die
»Lichtstrahlmethode«, Erdungstechniken oder die »5-4-3-2-1-
Methode« (s. Arbeitsmaterialien).

*Spannungs-
reduktion*

Als weitere Möglichkeiten der Stabilisierung nennt Schubbe
(2000):
- Psychoedukation über mögliche posttraumatische Symptome,
- Darstellung der individuellen Reaktion als normal,
- Aktivieren innerer Ressourcen (Sicherer Ort, Innere Helfer, Lö-
  sungsorientiertes Fragen, Beobachtung von Fortschritten) und
- Aktivierung gegenwärtiger Ressourcen (Einordnung von Flashbacks, 5-4-3-2-1-Methode, Grounding, korrektive Realerfah-
  rungen).

Erst wenn diese Voraussetzungen erfüllt sind, kommt die Phase der
Traumaverarbeitung. Die dabei verwendeten Methoden werden in
den nächsten Abschnitten dargestellt.

Verarbeiten

Den Abschluss einer erfolgreichen Traumatherapie bildet die
Integration der Erfahrung. Hier gilt es, die Klientin in der Trau-
erarbeit der Desillusionierung oder über reale Verluste sowie bei
der Neuorientierung an der Realität zu unterstützen.

Integrieren

Psychodynamische Therapien

Nachdem Freud ursprünglich die Hypnose zur Behandlung der
Folgen traumatischer Erlebnisse einsetzte, entwickelte er im Rahmen seiner Psychoanalyse die Methode der freien Assoziation. Die
Erinnerungen werden für jedes Symptom wiedererweckt, und die
zugehörigen Affekte können neu durchlebt werden. Bereits an dieser Stelle finden wir Hinweise für eine Unterscheidung des kognitiven Inhalts der Erinnerung an sich und des als zugehörig gespeicherten Affekts.

»Wir fanden nämlich …, *dass die einzelnen hysterischen Symptome sogleich und ohne Wiederkehr verschwanden, wenn es gelungen war, die Erinnerung an den veranlassenden Vorgang zu voller Helligkeit zu erwecken, damit auch den begleitenden Affekt wachzurufen, und wenn dann der Kranke den Vorgang in möglichst ausführlicher Weise schilderte und dem Affekt Worte gab*« (Breuer u. Freud 1996, S. 30).

Fokaltherapie nach Lindy Als analytisch orientierte Psychotherapie geht die *Fokaltherapie nach Lindy (1993)* davon aus, dass auch Erfahrungen der frühen Kindheit wesentlich mitbestimmen, in welcher Weise Menschen auf traumatische Erlebnisse reagieren. Es besteht die Annahme, dass bereits bestehende Konflikte durch das Trauma enorm verstärkt werden und die eindringende Energie nachhaltig den Reizschutz des Organismus (Traumamembran) in seiner Funktion beeinträchtigt, so dass die künftige Realitätsprüfung behindert wird. Teile einer vor und während des traumatischen Erlebens bestehenden Konstellation von inneren (z. B. affektiven) und äußeren (z. B. interpersonellen) Reizen (spezifische Traumakonfiguration) können später jederzeit als Triggerreize fungieren, die die gesamte ursprüngliche psychische und physische Reaktion wieder aktivieren. Die Schutzreaktion der Psyche besteht in primitiven Abwehrmechanismen (z. B. Verleugnung, Dissoziation, Spaltung oder Identifikation mit dem Aggressor), die das Selbst in pathologischer Weise vor der Wahrnehmung der bedrohenden Erfahrung abschirmen, denn durch die Wirkung der radikalen Abweichung der Erfahrungen im Trauma von der vorher existierenden Identität des Überlebenden entsteht eine Diskontinuität zwischen der Person und ihrer Sicht von sich selbst und der Welt vor und nach dem Ereignis. Das Wiedererleben des Traumas in verschiedenen Formen und die Abwehr äußern sich in den typischen Symptomen der Intrusion und Vermeidung. Diese Symptome stehen immer stellvertretend für zugrunde liegende bewusste und unbewusste traumaspezifische Bedeutungen.

Therapieziel Das Ziel der Therapie besteht in der Wiederherstellung des Flusses von Gegenwart und Vergangenheit, der durch das traumatische Ereignis unterbrochen wurde. Lindy unterscheidet drei Phasen der Therapie, die sich durch unterschiedliche Schwerpunkte der Aktivitäten von Therapeut und Überlebendem kennzeichnen lassen.

Anfangsphase In der Anfangsphase entscheiden sich die Klientinnen, die argwöhnisch gegenüber allen sind, die nicht das erlebten, was sie selbst durchgemacht haben, der Therapeutin Zugang zu einigen ihrer Schmerzen zu gestatten, während sie das Interesse, die Verbindlichkeit, das Vermögen zur Dosierung von Affekten sowie die Unvoreingenommenheit der Therapeutin testen. Im Verlauf der Therapie übernimmt die Therapeutin zunächst stellvertretend Funktionen einer unverletzten Membran, indem sie verträgliche Mengen des Traumas zur Verarbeitung zulässt und die Aufmerksamkeit der Klientin immer wieder auf die Bereiche ihres alltäglichen Lebens lenkt (Fokus), die sich auf jene Teile des Traumas richten, die durchgearbeitet werden können.

In der mittleren Phase erhellen die Überlebende und die Therapeutin die Konturen des Traumas (spezifische Traumakonfiguration) durch Wiederholung von Elementen des Traumas in der Behandlung und in der Alltagsbewältigung. Grundlegende Techniken der Therapie bestehen in der Nutzung von Übertragung und Gegenübertragung sowie im Erkennen der Art und Weise der Abwehrorganisation. Oft offenbart sich die einzigartige »Verworrenheit« der Traumabedeutung erst, wenn die Therapeutin Gegenübertragungstendenzen erfahren hat und eine Metapher oder eine Geschichte auftaucht, die als Brücke die Erfahrungswelten von Überlebender und Therapeutin miteinander verbinden kann.

mittlere Phase

Schritt für Schritt prüfen Klientin und Therapeutin die Angemessenheit der Elemente des Selbstbildes, die durch das Trauma in Frage gestellt wurden. Wenn durch Integration die Kontinuität zwischen dem prä- und dem posttraumatischen Selbstbild weitgehend wiederhergestellt ist, kann sich die Klientin in der Abschlussphase von der Therapeutin trennen. Das Festsetzen eines letzten Termins bringt oft unverarbeitetes Leid und mit dem Trauma verbundene Trauer hervor. Nach einer erfolgreichen Behandlung können die ursprünglichen primitiven Abwehrmechanismen durch Sublimation und Altruismus ersetzt werden.

Abschlussphase

Der *therapeutische Ansatz von Horowitz (1997)* nimmt Bezug auf sein Phasenmodell posttraumatischer Reaktionen (s. S. 68ff.). Wesentliche Beachtung finden dabei die psychodynamischen Prozesse nach dem Trauma (das im Sinne einer Informationsüberlastung aufgefasst wird), die zu zwanghafter Wiederholung, gedanklicher Verleugnung und emotionalem Erstarren führen. Die mit dem Trauma verbundenen Kognitionen stehen überwiegend im Widerspruch zu

psychodynamisch-kognitive Therapie nach Horowitz

den bestehenden Ansichten über die Welt (Schemata), woraus stark belastende Gefühle resultieren können, die bedrohlich überflutend sein können und deshalb abgewehrt werden. Durch diese Abwehr wird eine abschließende Verarbeitung und Integration jedoch verhindert.

Das erste Behandlungsziel besteht in einer Abschwächung der Intensität von Vermeidung und Intrusion, die sich in der Symptomatik äußert. Für die Therapie werden die problematischen Themen zunächst isoliert und dann den alten Schemata, mit denen sie kollidieren, und den daraus resultierenden Gefühlen gegenübergestellt. Eine grundlegende Idee besteht darin, dass die pathologischen Folgen des Traumas auf der Verschärfung bereits zuvor bestehender Konflikte beruhen. In der therapeutischen Beziehung soll die Erinnerung an das Trauma dosiert wiederbelebt werden. Die Therapeutin unternimmt wiederholt gemeinsam mit der Klientin die Realitätsprüfung relevanter Erinnerungen, Phantasien und Vermeidungsimpulse und interpretiert diese aktiv. Durch die Veränderung früher ausgebildeter Schemata soll der Konflikt mit den neuen Konzepten entschärft werden, so dass eine Integration (completion) möglich wird. Die einzelnen Therapietechniken müssen nach Horowitz an die Merkmale der Patientenpersönlichkeit angepasst werden, ohne dass das Ziel darin besteht, die Person an sich zu ändern.

Einzeltechniken sind zum Beispiel (Horowitz, S. 159ff.):
– Klärung als Wiederholung oder Klarstellung,
– Bindung an ein Thema durch Themenwahl, langsame Wechsel, Wiederholungen, Rückkehr zum Anfang, Zeit lassen, Konzentration auf Details, komplexes Vergegenwärtigen und Nachfragen,
– Umstrukturierung und Stabilisierung durch langsames Vorgehen, Taktgefühl, realistische Situationserfassung, Herausarbeiten von Verantwortung und Eingehen auf Persönlichkeitsentwicklung.

Als Ergebnis der Behandlung soll nach dem vollständigen Durcharbeiten der Erinnerungen ein reife, symptomfreie Fortsetzung des Lebenswegs möglich sein.

Behandlungsansätze

Kognitive Verhaltenstherapie

Eine Übersicht über kognitiv-verhaltenstherapeutische Verfahren geben Rothbaum und Foa (1997). Zur Behandlung von Angststörungen unterscheiden sie zwischen Konfrontationsverfahren (Systematisches Desensibilisieren) und Angstbewältigungstrainings (z. B. Stressimpfungstraining) und Kombinationen beider Arten (z. B. Kognitive Verarbeitungstherapie).

Bei der *Systematischen Desensibilisierung* erlernt die Klientin zunächst die Technik der Progressiven Muskelrelaxation (PMR) *nach Jacobson*. Entsprechend einer erstellten Angsthierarchie soll die Klientin sich einzelne Aspekte der traumatischen Erfahrung vorstellen, während sie sich zugleich entspannt. Durch die paradoxe Wirkung sinkt die Angst mit der Anzahl der Wiederholungen, bis die vollständige Szene nur noch ein niedriges, angemessenes Angstniveau auslöst. Durch die Reduktion der Angst und der Entkoppelung von Vorstellung und vegetativer Übererregung soll eine Integration der Erfahrung und das Abklingen der Symptome möglich sein. Die Methode wird bei PTBS als prinzipiell wirksam, aber als uneffektiv aufgrund der Zahl notwendiger Sitzungen und als anderen Verfahren unterlegen bewertet.

Systematisches Desensibilisieren

Bei der lang dauernden Konfrontation werden im Abstand von je zwei Wochen neun Einzelsitzungen von 90 Minuten Länge durchgeführt. In den ersten zwei Sitzungen werden relevante Informationen gesammelt und eine Angsthierarchie erstellt. In den folgenden Sitzungen erhält die Klientin die Aufgabe, sich das traumatische Geschehen erneut vorzustellen und es laut zu schildern. Dabei wird eine Audiokassette aufgenommen, die sich die Klientin zu Hause wiederholt anhören soll. Außerdem soll sich die Klientin zunehmend gefürchteten Situationen und Objekten in vivo annähern. Die Methode wird bei PTBS im Vergleich mit supportiver Therapie und einer Kontrollgruppe als wirksam eingeschätzt, insbesondere bezüglich des Verschwindens der typischen PTBS-Symptome.

Das *Stressimpfungstraining (SIT) von Meichenbaum (1991)* umfasst neun Sitzungen. Die ersten beiden dienen der Anamnese zum Trauma, der Vorstellung des Programms und seiner theoretischen Grundlagen. Im weiteren Verlauf soll die Klientin die folgenden Techniken erlernen und üben (vgl. Meichenbaum, S. 110):

Stressimpfungstraining

- Tiefenentspannung der Muskulatur,
- differenzierte Entspannung,
- Atemkontrolle,
- Gedankenstopp,
- kognitive Umstrukturierung,
- Vorbereitung auf einen Stressor,
- verdecktes Modelllernen und
- Rollenspiel.

Das Lernen erfolgt immer erst an einem neutralen Beispiel und anschließend bezogen auf die traumatische Erfahrung. Die Stabilisierung und der Transfer erfolgen durch wiederholtes Üben zu Beginn jeder Sitzung und durch Hausaufgaben. Die Methode führt zu einer langfristigen Reduzierung der Angst; während jedoch Konfrontations- und gemischte Verfahren auch nach Ende der Behandlung eine fortschreitende Besserung bewirken, ist dies beim SIT nicht der Fall.

Kognitive Verarbeitungstherapie Die *Kognitive Verarbeitungstherapie (KVT) von Resick und Schnicke (1992)* (vgl. auch Nisnith u. Resick 1997) stellt eine Verbindung von kognitiven und Konfrontationsverfahren dar. Die Methode wurde bei vergewaltigten Frauen in zwölf Gruppensitzungen angewandt, wobei Wissensvermittlung, Konfrontation und kognitive Umstrukturierung im Mittelpunkt standen. Durch das Trauma entstandene und danach verfestigte Gefühle und Schemata sollen systematisch identifiziert, in Frage gestellt, vollständig verarbeitet und verändert werden, um eine Integration der Erfahrung zu ermöglichen. Die durch das traumatische Erlebnis ausgelöste übermäßige Akkomodation von Schemata wird in eine angemessenere Assimilation überführt, so dass eine ausgeglichene Sicht auf sich selbst, die anderen und die Welt erzielt wird.

Ein Merkmal der Methode ist die wiederholte schriftliche Bearbeitung von Arbeitsblättern durch die Klientinnen, in denen sie unter anderem die Auswirkungen oder den Ablauf der Vergewaltigung schildern. Individuell wie auch in der Gruppe werden die ausgelösten Kognitionen und Gefühle nach der ABC-Methode von Ellis hinterfragt. Die behandelten Themen werden in der Tabelle 10 dargestellt (Nisnith u. Resick 1997, S. 200).

Die Methode, die auch im Einzelsetting durchgeführt werden kann, wird als wirksam bei PTBS-Symptomatik und komorbiden

Behandlungsansätze 85

Tabelle 10: Themen in der Kognitiven Verarbeitungstherapie (KVT)

Zentrale Themenbereiche in den 12 KVT-Sitzungen
• Einführung und Edukation,
• Herausarbeiten der Bedeutung des traumatischen Ereignisses,
• Identifikation von Gedanken und Gefühlen,
• Erinnerung an die Vergewaltigung,
• Identifikation der Verfestigungspunkte,
• herausfordernde Fragen,
• fehlerhafte Denkmuster,
• Probleme des Sicherheitsgefühls,
• Vertrauensprobleme,
• Probleme mit Macht und Einfluss,
• Selbstachtungsprobleme und
• Intimitätsprobleme

depressiven Symptomen beschrieben. Aufgrund des festen Programms ist sie ökonomisch und überschaubar. Frauen, die mehrfach in der Ehe vergewaltigt wurden, benötigen jedoch meist mehr als zwölf Sitzungen.

Integrative Ansätze

Da die EMDR-Therapie sich einerseits der äußeren Stimulation des Wahrnehmungssystems und aktiver Interventionen wie des kognitiven Einwebens bedient, sich andererseits aber zugleich an psychodynamischen Prozessen orientiert, betrachten Fischer und Riedesser (1998) sie als integrativen Ansatz. Es erfolgt nicht nur eine Löschung von Konditionierungen, sondern das Ziel besteht in einer Integration der Erfahrungen und einem reiferen Umgang mit ihnen. Die grundlegenden Abläufe psychodynamischer Therapie (Erinnern, Wiederholen, Durcharbeiten) werden berücksichtigt.

EMDR

Der psychoanalytischen Tradition entspringt die von Fischer (vgl. Fischer u. Riedesser 1998, S. 221ff.) konzipierte *Mehrdimensionale Psychoanalytische Traumatherapie (MPTT)*. Sie beruht auf den Grundannahmen des Verlaufsmodells psychischer Traumatisierungen (s. S. 30ff.). Als Ziel der Intervention nennen die Autoren:
– die Dekonstruktion des Traumaschemas,
– die Konstruktion eines kreativen Neubeginns und
– die Rekonstruktion der traumatischen Erfahrung.

MPTT nach Fischer

Die nach Horowitz spontane Tendenz zu Erholung und Abschluss soll wieder aktiviert werden. Dabei werden der Klientin auf der Grundlage der primär wichtigen therapeutischen Beziehung, deren Rahmen von ihren Übertragungs- und Beziehungsangeboten bestimmt wird, auch Techniken der Verhaltenstherapie vermittelt. Diese soll sie jedoch nicht einfach erlernen, sondern es handelt sich um Verhaltensangebote, unter denen sie für die Synthese des Traumaschemas wählen soll, so dass sie ihr »minimales kontrolliertes Handlungsfeld« selbst erweitern kann.

Die MPTT erfolgt stets differenziell und individuell in Orientierung an vier Dimensionen:

1. dem bisherigen »natürlichen« Traumaverlauf,
2. den traumatischen Situationsfaktoren,
3. der sozialen Umwelt und Persönlichkeit und
4. dem Therapieverlauf.

Im Einzelnen bedeutet dies:

ad 1) Entsprechend der Phase des Verlaufsmodells, in der sich die Klientin aktuell befindet, werden Krisenintervention, akute Therapie oder Therapie traumatischer Prozesse eingesetzt mit dem Ziel, die natürliche Tendenz der Vollendung zu erhalten und zu stärken.

ad 2) Bei der Planung der Therapie werden konkrete Situationsfaktoren ermittelt und berücksichtigt.

ad 3) In diesem Bereich werden soziale Faktoren und die wesentlichen Konstrukte des Verlaufsmodells (z. B. zentrales traumatisches Situationsthema, Traumaschema, Desillusionierungsschema, traumakompensatorisches Schema) sowie individuelle Besonderheiten der Klientin (z. B. Coping, Kontrollüberzeugungen, Übertragungsangebote, Bindungstyp, Vorerfahrung oder medikamentöse Behandlung) erfasst.

ad 4) Auf der Grundlage von 1 bis 3 wird ein vorläufiger Therapieplan erstellt. Wichtige Punkte sind dabei die Bestimmung einer für die Klientin günstigen Gestaltung der Arbeitsbeziehung und des Settings, so dass für die Klientin optimale individuelle Bedingungen für die Aufarbeitung und Integration der traumatischen Erfahrungen gestaltet werden. Bei der Lösung dieser Aufgabe werden Techniken der Verhaltenstherapie wie Dosierung, Distanzierung und Selbstmanagement eingesetzt.

Als weiteres Verfahren, das zunehmend auch zur Verarbeitung trau- **Hypnotherapie**
matischer Erfahrungen eingesetzt wird, sei an dieser Stelle noch die *Hypnotherapie* (Erickson u. Rossi 1999) genannt. Auch hier werden, wie bei EMDR, einfachste physiologische Vorgänge genutzt, um in einem veränderten Bewusstseinszustand eine Wahrnehmungseinengung und einen heilsamen inneren Prozess der Klientin zu erreichen. Wird das bei EMDR durch einen fokussierten Wachzustand erreicht, nutzt man in der Hypnotherapie einen induzierten Trancezustand. Eine differenzierte Gegenüberstellung von EMDR und Hypnotherapie liefert Brink (2002).

Damit sind die allgemeinen theoretischen Ausführungen beendet. Nun werden spezielle theoretische Grundlagen zur Traumaverarbeitungsmethode EMDR vorgestellt.

3. Theoretische Erklärungsmodelle für EMDR

Um die Wirkungen von EMDR erklären zu können, wurden verschiedene theoretische Modelle postuliert und teilweise empirisch untersucht. Die verwendeten Paradigmen beziehen sich auf lerntheoretische Prinzipien, auf Konzepte der Informationsverarbeitung und assoziativer Netzwerke, doppelt fokussierte Aufmerksamkeit, die Unterbrechung stereotyper Reaktionsmuster, die Wirkung sakkadischer Augenbewegungen, auf Ablenkung und neurophysiologische Aktivitäten (vgl. Eschenröder 1997). Viele der Ansätze liefern in gewissem Umfang Hinweise, warum EMDR bei den Klientinnen zu den beobachteten Veränderungen führt, jedoch muss man davon ausgehen, dass es bis heute keine einheitliche wissenschaftliche Theorie zu EMDR gibt, die hinreichend und empirisch geprüft wäre. Beispielhaft sollen einige Erklärungsansätze näher dargestellt werden (siehe auch Furchtstrukturen von Foa, S. 67f.).

AIP-Modell von Shapiro

beschleunigte Informationsverarbeitung als überholte Arbeitshypothese

Als ursprüngliche Arbeitshypothese zur Erklärung der Wirkung von EMDR diente Shapiro (1998a, S. 59ff.; Eschenröder 1997) das Modell der beschleunigten Informationsverarbeitung (AIP – Accelerated Information Processing).

Das Modell geht davon aus, dass innerhalb eines geschlossenen physiologischen Systems, das Informationen angemessen verarbeitet, ein Zustand neurologischen Gleichgewichts besteht. Bei pathologischen Einflüssen, wie sie traumatische Erfahrungen darstellen, werden neurale Elemente unmittelbar verändert. In der Folge ist die sonst selbstständig fortschreitende Informationsverarbeitung gestört. Die mit der traumatischen Erfahrung verbundenen Infor-

AIP-Modell von Shapiro

mationen (Affekte, Kognitionen, Verhaltensweisen) bleiben unbearbeitet (»zustandsspezifisch«, »frozen in time«), so dass sie jederzeit durch innere oder äußere Reize aktiviert werden könnten und dadurch PTBS-Symptome auslösen könnten. Durch die Stimuli der EMDR-Behandlung wird die natürliche Informationsverarbeitung wieder aktiviert, so dass die dysfunktionalen Informationen in kurzer Zeit integriert werden könnten, was der Auflösung des Traumas und der Wiederherstellung der neuralen Balance entspricht.

Als Wirkfaktoren für die Aktivierung der Informationsverarbeitung nahm Shapiro an: **Wirkfaktoren**
- Teilung der Aufmerksamkeit auf äußeren Reiz und die Erinnerung an das Trauma,
- Veränderungen des synaptischen Potenzials durch die mittels äußerer Stimuli erzeugten neuronalen Impulse und
- Dekonditionierung infolge einer Entspannungsreaktion.

Dieses Modell basiert auf der Annahme einer Tendenz der Psyche zur Selbstheilung, vergleichbar mit der Wundheilung bei körperlichen Verletzungen.

Nach Shapiro werden Informationen in assoziativen Netzwerken gespeichert. Zustandsspezifische Erinnerungen fasst sie als neuronal isolierte Netzwerke auf. Den Ursprung eines solchen Netzwerkes sieht sie im ersten negativen Erleben (Referenzerfahrung) dysfunktionaler Kognitionen und Affekte bezüglich des Selbstkonzepts. Ähnliche Erfahrungen werden assoziativ an diesen »Knoten« (node) angelagert und nicht angemessen verarbeitet.

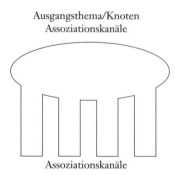

assoziative Netzwerke

Abbildung 16: Assoziationskanäle

In der EMDR-Sitzung wird dieser Knoten über unterschiedliche Assoziationskanäle während der Stimulationsserien als Ziel (target) angetriggert. Die Kanäle werden nacheinander von dem dysfunktional gespeicherten Material »gereinigt«, so dass die bestehenden Blockaden aufgehoben werden und die Informationen adaptiert und in das funktionale Netzwerk assimiliert werden können.

Da in diesem Modell viele nicht operationalisierbare Begriffe verwendet wurden, ist es wiederholt kritisiert worden. Shapiro hat in dem 2001 erschienenen Lehrbuch das AIP-Modell umbenannt in »Adaptive Information Processing«.

Aufmerksamkeitsmodell

Bei diesem Erklärungsansatz wird darauf Bezug genommen, dass die Klientin in der Therapie aufgefordert wird, sich sowohl nach innen auf ihre Bilder, Gefühle und so weiter als auch zugleich auf die äußere Stimulation zu konzentrieren.

Trauma im sicheren Jetzt erleben Eine mögliche Erklärung ergibt sich daraus, dass sich die Klientin bei der EMDR-Therapie in einem ständigen Wechsel der Aufmerksamkeit befindet. Während sie im Alltag voll und ganz nur ihren Erinnerungen ausgeliefert ist, erlebt sie diese nun innerhalb eines therapeutischen Settings, das ihr Stabilität und Sicherheit vermittelt, die im Kontrast zu den Vorstellungen des Traumas stehen. Durch die Möglichkeit, die Erinnerungssequenzen zu unterbrechen und ins Hier und Jetzt zu kommen, ist sie zunehmend weniger ausgeliefert und erhält die Kontrolle über sich zurück. Gemeinsam mit der Therapeutin kann sie sich so von der Macht der Erinnerung distanzieren und diese integrieren.

Ablenkung Als weitere Hypothese wird auf der Grundlage lerntheoretischer Entstehungsannahmen der PTBS diskutiert, ob die Ablenkung von den sonst dominierenden inneren Vorstellungen durch das Verfolgen der Handbewegungen die Verarbeitung traumatischer Erfahrungen durch EMDR ermöglicht. Durch die Ausrichtung der Aufmerksamkeit nach außen wird die konditionierte Angstreaktion auf die internen Stimuli nicht ausgelöst, so dass eine Löschung erfolgt. Nach diesem Ansatz wäre therapeutisch eine hinreichend starke Ablenkung notwendig, während sich die Klientin zeitgleich die belastenden Erinnerungen vergegenwärtigt.

Lerntheoretisches Modell

Zur Erklärung der Wirkung von EMDR kann erwogen werden, dass die Klientinnen im Rahmen der Sitzungen wiederholt und andauernd mit ihren Traumaerinnerungen mental beschäftigt sind, so dass es zu einer Habituation durch Exposition in sensu wie bei einer herkömmlichen Reizkonfrontationstherapie kommt. Mit Hilfe dieses Modells kann die physiologische Entspannungsreaktion und das Absinken der Angst in der Sitzung gut erklärt werden, es gibt vielfältige wissenschaftliche Beweise für einen solchen Wirkzusammenhang. Hofmann (1999) weist aber darauf hin, dass eine solche Erklärung nicht hinreichend sein kann, weil:

Exposition in sensu

– vergleichbare Verbesserungen auf der Symptomebene mit EMDR in einem Bruchteil der für therapeutische Exposition in sensu oder in vivo notwendigen Sitzungszahl erreicht werden können,
– bei der systematischen Desensibilisierung der Angstabbau verhindert oder vermindert wird, wenn die Exposition zwischenzeitlich unterbrochen wird, bei EMDR jedoch trotz der Pausen zwischen den Sets die Angst weiter sinkt,
– es bei EMDR spontan zu neuartigen Assoziationen oder spontanen Imaginationen am Vorstellungsbild kommen kann, was bei herkömmlicher Konfrontation kaum eintritt und
– die Behandlungseffekte stärker sind, wenn die Klientin ausdrücklich assoziieren darf (bei EMDR), als bei bloßer wiederholter Konfrontation mit nur einem Vorstellungsbild (bei Exposition).

Während der Augenbewegungen kommt es zu einer physiologischen Entspannungsreaktion, die den aktivierten angstauslösenden Erinnerungen paradox entgegenwirkt. Die im Alltag auftretenden Reaktionsmechanismen können dadurch nicht ausgelöst werden.

paradoxe Entspannungsreaktion

Es wird weiterhin diskutiert, ob die durch die Sets willkürlich ausgelöste Orientierungsreaktion ein erhöhtes Erregungsniveau zur Folge hat, die die Löschung der dysfunktionalen Inhalte ermöglicht und beschleunigt.

Orientierungsreaktion

Die therapeutische Potenz wird von einigen Autoren auch der Dosierung der traumatischen Erinnerungen in den einzelnen Sets und der jeweiligen Beendigung mit einem tiefen Atemzug im Sinne einer konditionierten Angsterleichterung zugeschrieben (vgl. Eschenröder 1997).

Veränderung in der Furchtstruktur

Wenn man das Modell der Furchtstrukturen von Foa und Kozak (1986, vgl. Maercker 1997; s. a. S. 67f.). zugrunde legt, so kann die Wirkung von EMDR auf die Verringerung der Assoziationen zwischen den Elementen und auf die Herstellung neuer, nicht Angst auslösender Assoziationen beziehungsweise auf die Integration neuer Informationen durch das kognitive Einweben (s. S. 182ff.) zurückgeführt werden.

Neurobiologisches Modell

Dieses Modell geht davon aus, dass das Erleben eines Traumas durch intensive Stressreaktionen des Organismus zu dauerhaften Veränderungen im Hormonhaushalt, im Transmittersystem und in der Physiologie des ZNS führt. Durch EMDR sollen diese Besonderheiten wieder aufgehoben werden, so dass ein normales Funktionieren der beteiligten Hirnregionen ermöglicht wird.

Synchronisation der Hemisphären

Ein Erklärungsversuch bezieht sich darauf, dass die bilaterale Stimulation während der Sets zu einer Synchronisation von Erregung und Hemmung der beiden Hirnhemisphären führen soll. Da diese unterschiedliche Aufgaben erfüllen und mit hoher Wahrscheinlichkeit in verschiedener Weise Informationen verarbeiten und speichern, sollen hierdurch die zustandsspezifisch gespeicherten Erinnerungen in ihre differenzierten kognitiven, emotionalen und Verhaltenskomponenten zerlegt und neu gespeichert werden können (vgl. Galley u. Hofmann 1999).

Beanspruchung des visuellen Arbeitsgedächtnisses

Weiterhin wird vermutet, dass es durch die Aufgabe, das Vorstellungsbild zu imaginieren und die gleichzeitige optische Stimulation zu einer Kollision kommt, die die Kapazität des visuellen Arbeitsgedächtnisses überfordert und so zu einer Neuverarbeitung der Informationen führen kann.

Vergleich mit Prozessen im REM-Schlaf

Shapiro (1998a) verglich ursprünglich die Wirkung von EMDR mit Effekten der Verarbeitung belastender Alltagserlebnisse, die durch Augenbewegungen in der REM-Schlafphase auftreten sollen. Diese Hypothese wurde zwischenzeitlich verworfen, soll jetzt aber experimentell überprüft werden (vgl. Hofmann 1999). Hypo-

Neurobiologisches Modell

thetisch soll es in dieser Phase zu einem durch Acetylcholin vermittelten Transfer von schwach assoziiertem Gedächtnismaterial
vom Neokortex zum Hippocampus kommen, während in den anderen Schlafphasen stark assoziatives Material genau umgekehrt verschoben wird. Durch diesen Prozess soll es zu einer semantischen
Speicherung der Inhalte kommen, während der zugehörige Affekt
verblasse. Bei Patientinnen mit PTBS sei dieser Mechanismus
gestört; durch EMDR könne jedoch die Verarbeitung gefördert
werden, da die Produktion von Acetylcholin möglicherweise erhöht
sei.

4. Indikationen/Gegenindikationen

Shapiro (1989a) hat bei ihrer ersten Studie über die Wirksamkeit von EMDR (bzw. EMD) für ihre Stichprobe Klientinnen mit PTBS gewählt. Für diese Störung liegen bis heute eine große Anzahl empirischer Studien vor, mehr als für alle anderen bei dieser Störung eingesetzten Therapieformen (Shapiro 1998a).

Anwendungsgebiete Inzwischen hat sich aber durch den klinischen Alltag das Einsatzspektrum von EMDR wesentlich erhöht. Eschenröder (1997), Shapiro (1998a) und Hofmann (1999) nennen als indizierte Anwendungsgebiete für EMDR:
- PTBS bei Erwachsenen,
- PTBS bei Kindern,
- Reaktionen auf akute Traumatisierung,
- extreme Trauerreaktionen,
- Krankheitsbewältigung,
- einfache Phobien (z. B. Spinnenphobie),
- Prozessphobien (z. B. Flugangst),
- Panikstörungen,
- Bewältigung von Unfall- und Verbrennungsfolgen,
- sexuelle Dysfunktionen,
- Substanzabhängigkeiten und
- dissoziative Störungen.

Hofmann (1999) nennt als weitere indizierte Störungen:
- Suchterkrankungen im Zusammenhang mit PTBS,
- Phantomschmerzen und
- forensische Auffälligkeiten,

für die sich die erfolgreiche Anwendung von EMDR jedoch erst noch empirisch erweisen und wissenschaftlich absichern lassen muss.

Indikationen/Gegenindikationen

EMDR kann auch als Selbsthilfe eingesetzt werden, zum Beispiel bei Einschlafschwierigkeiten, bei Schmerzen, zum Abbau von Stress, zur Entspannung oder zur Erhöhung des Wohlbefindens. Für die Therapeutin kann es sich als hilfreich erweisen, nach intensiven, belastenden Sitzungen zur Vermeidung von Sekundärtraumatisierungen Augenbewegungsserien als Psychohygiene einzusetzen (Shapiro 2001). **Selbsthilfe**

Für die einzelnen Störungsbilder wurden und werden weiterhin spezielle Ablaufempfehlungen (Protokolle) für die EMDR-Behandlung entwickelt, die die jeweiligen Besonderheiten der Syndrome berücksichtigen. Für die Behandlung einfacher Traumatisierungen liegt ein Standardprotokoll vor (s. Arbeitsmaterialien, S. 214f.). **Therapieprotokolle**

EMDR sollte nicht eingesetzt werden (Shapiro 1998a; Hofmann 1999), wenn bei der Klientin: **Kontraindikationen**
– Augenerkrankungen,
– aktuelle psychotische Symptome,
– hirnorganische Erkrankungen,
– geringe körperliche Belastbarkeit,
– eine reduzierte Ich-Stärke,
– starker sekundärer Krankheitsgewinn und/oder
– geringe Therapiemotivation

mit hoher Sicherheit vermutet werden oder bekannt sind und wenn die Therapeutin nicht über ausreichende Erfahrung mit der Methode verfügt.

Weiterhin wird empfohlen, akut Traumatisierte nicht zu behandeln, wenn diese es nicht ausdrücklich wünschen, da es auch ohne therapeutische Hilfe zur Remission der Symptome kommen kann. Betroffene sollten in diesem Fall eine Kontaktmöglichkeit für spätere Behandlungswünsche erhalten.

Die Anamneseerhebung soll der Therapeutin Auskunft geben, ob für eine Klientin eine EMDR-Behandlung indiziert ist und ob sie über ausreichend Stabilität verfügt, um die Belastungen, die während und zwischen den Sitzungen auftreten können, auszuhalten. **Klärung der Kontraindikation**

Siehe dazu auch die Checkliste zum Einsatz von EMDR (s. Arbeitsmaterialien, S. 212f.)

In Anlehnung an Shapiro (2001) sind folgende Fragen im Vorfeld zu klären:

Checkliste zum Einsatz von EMDR

- Wird der Rapport stark genug sein, dass die Klientin der Therapeutin vertrauensvoll über ihr Erleben in der Therapie berichtet?
- Ist die Klientin emotional belastungsfähig?
- Ist die Klientin und ihr Lebensumfeld auch für die Zeit zwischen den Sitzungen stabil genug?
- Ist die Klientin gut im sozialen Umfeld verwurzelt?
- Ist der allgemeine Gesundheitszustand der Klientin ausreichend?
- Sollte die Therapie ambulant oder stationär durchgeführt werden?
- Gibt es neurologische Beeinträchtigungen bei der Klientin?
- Leidet die Klientin an Epilepsie? Hat die Klientin Sehprobleme?
- Gibt es bei der Klientin Hinweise auf Drogen- oder Alkoholmissbrauch, nimmt die Klientin während der EMDR-Behandlung Medikamente ein?
- Sind bei der Therapie juristische Aspekte zu beachten?
- Welche Rolle spielt der sekundäre Gewinn für die Klientin?
- Welche systemischen Wechselwirkungen sind bei der Störung und ihrer Therapie zu berücksichtigen?
- Wie sind die zeitlichen Möglichkeiten von Therapeutin und Klientin?

5. Effektivitätsstudien

Für posttraumatische Belastungsstörungen ist EMDR eine der am umfangreichsten untersuchten Behandlungsmethoden (Shapiro 1998b).

Seitdem die Abteilung Klinische Psychologie der APA 1995 beschloss, eine Liste empirisch anerkannter Verfahren zu erstellen, wurden in diese für PTBS nur drei Methoden aufgenommen, nämlich Exposition (z. B. Flooding), Stressimpfungstherapie (SIT) und EMDR. Während bei einer Studie zur Wirksamkeit der SIT von Foa nach sieben Sitzungen noch immer 45 Prozent der Personen (einmaliges Trauma) anhaltend unter PTBS-Symptomen litten, zeigte sich in vier Studien über EMDR (einmaliges Trauma), dass nach nur drei Sitzungen von 90 Minuten Dauer 84 bis 90 Prozent der Personen keine PTBS-Symptomatik mehr aufwiesen.

EMDR = gut untersuchte Methode für PTBS

Die Möglichkeiten von EMDR wurden inzwischen an verschiedensten Populationen mit Traumata überprüft: bei Kindern, bei Kriegsveteranen, bei Opfern von sexuellen Übergriffen und anderer Kriminalität, bei Unfallbeteiligten, bei Betroffenen von Naturkatastrophen, nach Bedrohung der körperlichen Unversehrtheit, bei Zeugen traumatischer Todesfälle, bei Menschen mit übermäßiger Trauer und einer Reihe anderer Traumata.

Störungsspezifische Befunde

Die erste Untersuchung zur Wirksamkeit von EMD wurde von Shapiro 1988 durchgeführt und im »Journal of Traumatic Stress« veröffentlicht (Shapiro 1989b). Sie untersuchte 22 Klientinnen mit PTBS, deren traumatische Erfahrung von einem Jahr bis zu 47 Jahren zurücklagen. Die Teilnehmer der Behandlungsgruppe wurden

Befunde

sofort in einer Sitzung mit EMD behandelt. Die Teilnehmer der Kontrollgruppe A erhielten die gleiche therapeutische Zuwendung, wurden aber lediglich gebeten, ihr Trauma detailliert zu schildern. Aus ethischen Gründen wurden diese Klientinnen verzögert noch EMD behandelt (Kontrollgruppe B). Die Probanden wurden jeweils nach zugehörigen negativen und gewünschten positiven Kognitionen gefragt, die sie vor und nach der Sitzung auf der SUD- und auf der VoC-Skala (s. S. 132) einschätzen sollten. Die erreichten Veränderungen sind in Diagrammen (Abb. 17 u. 18) veranschaulicht. Der Grad der empfundenen Belastung sank durch die Behandlung signifikant ab, während bei der Placebo-Behandlung die Belastung stieg, was auf die einfache Exposition zurückzuführen ist (Angaben in Einheiten der SUD-Skala).

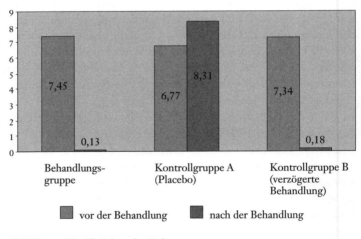

Abbildung 17: Absinken der Belastung

Die Glaubwürdigkeit der erwünschten positiven Kognition nahm durch die Behandlung deutlich zu, während durch die alleinige Schilderung des Geschehens ein schwaches Absinken hervorgerufen wurde (Angaben in Einheiten der VoC-Skala).

Diese Ergebnisse wurden ein und drei Monate nach der Behandlung überprüft und zeigten sich relativ stabil. Die Diagramme der Abbildungen 19 und 20 stellen die Messwerte dar. Das Angstniveau wurde nachhaltig gesenkt (Angaben in Einheiten der SUD-Skala).

Störungsspezifische Befunde 99

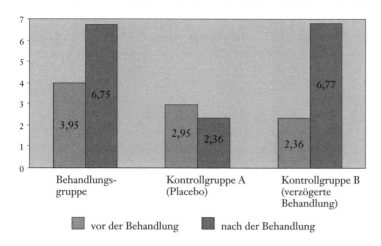

Abbildung 18: Steigerung der Glaubwürdigkeit

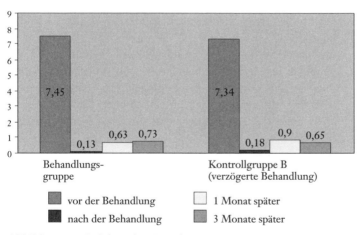

Abbildung 19: Stabilität der Veränderung

Die Validität der positiven Kognition stieg dauerhaft an (Angaben in Einheiten der VoC-Skala).

Diese Untersuchung wurde oft kritisiert, da die Therapeutin sie selbst durchführte und keine standardisierten Beurteilungen verwandt wurden.

Kritik der Untersuchung

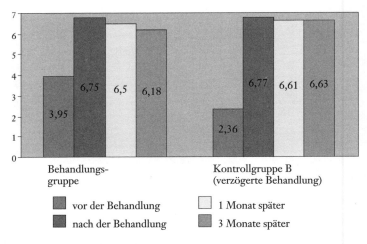

Abbildung 20: Validität der positiven Kognition

Ergebnisse anderer Studien
Andere Studien erzielten folgende Ergebnisse (vgl. Shapiro 1998b; Eschenröder 1997):
- signifikante Verbesserung des subjektiven Belastungsgrades und gemischte Ergebnisse bei Standardmessungen bei der Bearbeitung von ein oder zwei Erinnerungen von Kriegsveteranen, außerdem ein ausgeprägter physiologischer Effekt und eine Überlegenheit gegenüber der herkömmlichen Konfrontationstherapie,
- kein Effekt nach zwei Sitzungen durch nicht in EMDR ausgebildete Assistenzärzte,
- bei 70 Prozent der Teilnehmer Wegfall der PTBS-Diagnose und bei einigen Symptomfreiheit nach zwölf Sitzungen, Vorteile von EMDR gegenüber Biofeedback und physiologische Veränderungen,
- bei vergewaltigten Frauen erfüllten nach drei Sitzungen 90 Prozent der Teilnehmerinnen nicht mehr die Kriterien einer PTBS, wobei die Besserungen signifikant und nach drei Monaten stabil waren,
- 84 Prozent der Teilnehmer einer Studie, bei denen zuvor PTBS diagnostiziert wurde, erfüllten auch noch 15 Monate nach der Behandlung mit EMDR diese Bedingung nicht mehr.

Störungsspezifische Befunde

Insgesamt stellt Shapiro (1998b) fest, dass EMDR bei 13 kontrollierten Studien in einer keine und in zwei anderen gemischte Ergebnisse erbrachten. Weitere zwei zeigten deutliche Effekte gegenüber den Wartelisten-Kontrollgruppen, und sechs Studien demonstrierten die Überlegenheit von EMDR über eine oder mehrere alternative Behandlungsmethoden. Abgesehen davon, dass Versuche mit Placebos bei PTBS-Patientinnen fehlschlugen, liegen die ermittelten Effektstärken deutlich über denen von Placebo-Wirkungen (vgl. Eschenröder 1997) und über der Anzahl der zu erwartenden Spontanremissionen.

kontrollierte Studien zur Wirksamkeit von EMDR

Eine deutsche Untersuchung zur Wirksamkeit von EMDR liegt über acht PTBS-Patientinnen von Hofmann (1996) vor. Ein Patient gab keine Veränderungen unter der Behandlung an. Insgesamt sanken die SUD-Werte im Durchschnitt signifikant von 6,5 auf 0,9. Bei der Nachbefragung nach drei und sechs Monaten waren diese Verbesserungen deutlich stabil. Parallel wird über eine Verringerung der Symptomatik bezüglich intrusiver Erinnerungen, Vermeidung und Übererregbarkeit berichtet.

deutsche Studie zur Wirksamkeit

Die Wirksamkeit von EMD beziehungsweise EMDR wurde außer für PTBS auch für andere klinische Störungen untersucht, jedoch liegen hier nur einzelne Ergebnisse vor. Zu den folgenden diagnostizierten Krankheitsbildern liegen Studien vor (vgl. Eschenröder 1997):

Wirksamkeit von EMDR bei anderen klinischen Störungen

- extreme Trauerreaktionen,
- Krankheitsbewältigung,
- spezifische und Prozessphobien,
- belastendes Grübeln und
- sexuelle Funktionsstörungen.

Es wurden weiterhin Studien veröffentlicht, die die Effekte einzelner Komponenten von EMDR untersuchen (vgl. Shapiro 1998b; Eschenröder 1997). Dabei zeigte sich, dass:

Effekte einzelner Komponenten von EMDR

- bei der Reizdarbietung durch die Finger der Therapeutin verglichen mit dem Verfolgen alternierender Lichtpunkte und dem Fixieren eines Punkts bei jeder Bedingung signifikante positive Effekte erzielt wurden,
- sowohl EMDR und das Fixieren eines Punkts bei gleichzeitigem Tippen mit den Fingern zu ähnlichen mäßig positiven Veränderungen führte,

- gleiche Effekte erzielt wurden mit EMDR, dem Verfolgen eines sich bewegenden Geräusches und fixierter Beobachtung,
- ein regelmäßiges rhythmisches Tippen mit den Daumen gegenüber der Behandlung mit EMDR wirkungslos blieb und
- EMDR zu signifikantem Absinken der SUD-Werte führte, was nicht der Fall war, wenn die unbewegten Finger der Therapeutin fixiert wurden.

Eschenröder (1997, S. 52) konstatiert, dass von sieben vorliegenden Studien sechs zu dem Ergebnis kommen, »dass EMDR mit induzierten Augenbewegungen und mit anderen perzeptiven oder motorischen Aufgaben etwa gleich wirksam« ist. Es gibt einzelne Berichte, nach denen Symptome auch ohne explizite Benennung der kognitiven Komponenten durch EMDR verschwanden.

Neurophysiologische Befunde

Änderungen im EEG
Die Untersuchung neurophysiologischen Geschehens kann mit so genannten harten Daten die Wirkung psychologischer Interventionen untermauern. Für EMDR liegen Befunde vor, die auf der Nutzung von EEG und PET beruhen.

Lamprecht und Lempa (1997) berichten über die Veränderung ereigniskorrelierter Potenziale bei Klientinnen mit PTBS vor und nach EMDR-Sitzungen. Dabei zeigten sich eine Abnahme der Amplitude frontozentral (P3a) und eine Zunahme parietozentral (P3b).

Änderungen im PET
Dieser Befund spricht für eine Verringerung unwillkürlicher Aufmerksamkeit und eine Steigerung gerichteter Aufmerksamkeit. Bei Klientinnen, die nicht erfolgreich behandelt werden konnten, gab es keine Veränderungen im EEG.

Van der Kolk et al. (1998) registrierten nach erfolgreichen EMDR-Behandlungen Steigerungen der Aktivität des cingulären Kortex beidseitig sowie des rechten präfrontalen Kortex. Sie vermuten, dass der therapeutische Erfolg mit der Fähigkeit höherer Hirnfunktionen im Zusammenhang steht, sich über das Input des limbischen Systems hinwegzusetzen, das sensorische Reize als Bedrohung bewertet.

Die Wirksamkeit von EMDR zur Behandlung posttraumatischer Störungen

Der steile Weg von EMDR zur wissenschaftlichen Anerkennung war von Anfang an von großer Begeisterung und heftigen wissenschaftlichen Kontroversen begleitet. Shapiros erste Berichte (1989a) mit Darstellungen der Vorgehensschritte beschrieben bedeutsame Besserungen der Posttraumatischen Belastungsstörung (PTBS) nach einer einzigen Sitzung »Eye Movement Desensitization« (EMD). Auf dem Hintergrund, dass PTBS bis dahin als schwer behandelbar und die Behandlungsmethoden als langwierig, anstrengend und begrenzt wirksam galten (Solomon et al. 1992), stieß EMDR zunächst auf skeptische Zurückhaltung.

Anfangszeit

Zu diesem Zeitpunkt gab es nur noch eine weitere Wirksamkeitsstudie zur Therapie von PTBS, in der Peniston (1986) 45 Sitzungen Entspannung und Systematische Desensibilisierung plus Biofeedback mit einer Kontrollgruppe ohne Therapie verglichen und nur bei einzelnen Symptomen (Albträume, Muskelanspannung, Angst) von PTBS einen signifikanten Rückgang festgestellt hatte. Im Jahr der ersten Untersuchung von Shapiro wurden noch drei weitere Untersuchungen zur Behandlung von PTBS veröffentlicht, von denen keine auch nur annähernd vergleichbare Behandlungserfolge berichten konnte.

widersprüchliche Ergebnisse

- Brom, Kleber und Defares (1989) verglichen tiefenpsychologisch fundierte Therapie mit Hypnotherapie und Systematischer Desensibilisierung. Nach durchschnittlich 16 Sitzungen fanden sie bei allen drei Methoden bei zirka 60 Prozent der Probanden geringe bis mittlere Behandlungseffekte.
- Cooper und Clum (1989) verglichen Flooding mit dem Behandlungskonzept der Veterans Administration und fanden nach sechs bis 14 Sitzungen geringe Verbesserungen, bei einer Abbruchquote von 30 Prozent.
- Keane, Fairbank, Cadell und Zimering (1989) untersuchten ebenfalls Flooding mit einer Kontrollgruppe auf Warteliste und konnten nur geringe Verbesserungen feststellen.

Beachtung schenkte die Fachöffentlichkeit den Ergebnissen von Shapiro (1989a) jedoch erst, als ihr Doktorvater Joseph Wolpe ihre Arbeit mit einer Anmerkung über seine eigenen Erfolge ergänzte

(Shapiro 1989b) und eine eigene EMD-Falldarstellung veröffent-
lichte (Wolpe u. Abrams 1991). Nachdem er 1991 auf einem Jah-
restreffen der »Association for the Advancement of Behavior Therapy« EMD als einen wichtigen Meilenstein bezeichnet hatte, kam
es zu einer Flut von Einzelfallstudien (vgl. Shapiro 1995) und kritischen Replikationsstudien. Gerade die Tatsache, dass in vielen dieser Fälle bereits nach der ersten Sitzung eine deutliche Erleichterung auftrat, schürte die Kritik, EMD maße sich eine höhere
Wirksamkeit als die wissenschaftlich viel besser untersuchten kognitiv-verhaltenstherapeutischen Verfahren an (z. B. Herbert u.
Mueser 1992). Shapiro entkräftete dieses Argument damit, dass zu
dieser Zeit noch kein einziges Verfahren zur Behandlung von PTBS
ausreichend mit Kontrollgruppendesigns untersucht war, wie die
Literaturrecherche von Solomon et al. (1992) belegt. Sie fanden in
der Literatur lediglich sechs psychotherapeutische Studien und
bewerteten alle als methodisch begrenzt.

reprocessing   Mittlerweile hatte Shapiro gemerkt, dass viele Therapeutinnen
in den Untersuchungen ihrer Methode von ihrem ursprünglichen
Vorgehen abwichen. Sie würdigte die Komplexität ihres Vorgehens,
indem sie die prozessgeleiteten Elemente ausformulierte und diese
mit dem Wort »reprocessing« dem Namen hinzufügte. Sie erweiterte ihr Ausbildungscurriculum um sorgfältig angeleitete und
supervidierte Therapieübungen in Kleingruppen und empfahl dieses supervidierte Training als Mindestvoraussetzung für die therapeutische und wissenschaftliche Anwendung (Shapiro 1991) – ein
Standpunkt, der durch spätere Forschungsergebnisse bestätigt
wurde (Greenwald 1995, 1996).

aus EMD wird   In der Zwischenzeit wichen die veröffentlichten Wirkungen von
EMDR   EMD und EMDR deutlich voneinander ab, wahrscheinlich auf-
APA-   grund der durch die Ergänzungen erreichten Unterschiede dieser
Anerkennung   beiden Verfahren (Greenwald 1994, 1996). Dies führte zu einer
Spaltung zwischen den nun sehr gut in EMDR ausgebildeten The-
rapeuten, die ihrer positiven Erfahrung vertrauen konnten, und den
angemessen kritischen Wissenschaftlern, die von den vorliegenden
empirischen Daten nicht zu überzeugen waren. Nach acht kontrol-
lierten Studien wurde EMDR als Behandlungsmethode vom
Berufsverband amerikanischer Psychologen (APA) anerkannt und
das Lehrbuch zu EMDR veröffentlicht (Shapiro 1995).
Gleichzeitig wurde die von Shapiro unabhängige Fachgesell-

schaft EMDRIA (EMDR International Association) gegründet, um **EMDRIA** einheitliche Richtlinien zur Lehre und Anwendung von EMDR zu schaffen.

EMDR als Behandlungsstandard für PTBS

Seit dem Literaturüberblick von Solomon et al. (1992) sind bis **Vergleichsstudien** heute nur vier randomisierte Vergleichsuntersuchungen mit Kontrollgruppendesign zur Behandlung von PTBS mit anderen Verfahren als EMDR veröffentlicht worden – ausgenommen pharmazeutischer und Biofeedback-Studien:
– Richards, Lovell und Marks (1994) kombinierten Exposition in sensu und in vivo bei hauptsächlich einfach traumatisierten Kindern über eine Behandlungsdauer von 50 bis 120 Stunden mit dem Ergebnis, dass 80 Prozent danach nicht mehr die Kriterien für PTBS erfüllten.
– Die kognitive Umstrukturierung mit Behandlungsdauer von 50 bis 120 Stunden führte bei Marks, Lovell, Noshirvani, Livanou und Trasher (1998) ebenfalls zu 80 Prozent erfolgreicher Therapie.
– Foa et al. (1999) untersuchten acht Sitzungen mit täglichen Hausaufgaben mit dem Ergebnis von 50 bis 60 Prozent Remission von PTBS.
– Tarrier et al. (1999): 16 Sitzungen entweder Exposition in sensu oder kognitiver Therapie führten bei 50 bis 60 Prozent zur Besserung.

Im Vergleich zu diesen Ergebnissen ergaben alle Untersuchungen zu EMDR mit im zivilen Bereich traumatisierten Probanden – bis auf eine – eine Remissionsrate von 77 bis 100 Prozent nach drei 90-minütigen Sitzungen (Allen et al. 1999; Maxfield u. Hyer 2002; Spector u. Read 1999).

Mittlerweile kann EMDR aufgrund von 14 randomisierten Untersuchungen mit Kontrollgruppendesign als Behandlungsstandard für PTBS gelten:
– 1995 wurde EMDR von unabhängigen Gutachtern der APA[1] in

---

1 APA: American Psychological Association. In diese Liste wurden nur

die Liste empirisch validierter Verfahren als »wahrscheinlich wirksam« für PTBS im zivilen Bereich aufgenommen (Chambless et al. 1998).

– Nach Beurteilung weiterer Studien zu EMDR folgte die Anerkennung nach Richtlinien der ISTSS (International Society for Traumatic Stress Studies) von EMDR als effektiv für PTBS.

Die umfangreiche Metaanalyse psychologischer und pharmakologischer Therapien von PTBS von van Etten und Taylor (1998) schloss: »Die Resultate der derzeit vorhandenen Untersuchungen legen nahe, dass EMDR wirksam für PTBS ist und dass es effektiver als andere Therapien ist.«

Vergleich mit anderen Behandlungsmethoden für PTBS

Behandlungsmethodenvergleich EMDR wurde mit verschiedenen anderen Therapiebedingungen verglichen: (1) Kontrollgruppe auf Warteliste (Rothbaum 1997; Wilson et al. 1995, 1997), (2) Versorgung der US-amerikanischen *Veteran Administration* (Boudewyns u. Hyer 1996; Jensen 1994), (3) Biofeedback (Carlson et al. 1998), (4) Entspannung (Vaughan et al. 1994), (5) Aktives Zuhören (Scheck et al. 1998), (6) einzeltherapeutische Verfahren (z. B. Exposition, kognitiv, tiefenpsychologisch; Marcus et al. 1997), (7) Exposition (Vaughan et al. 1994; Ironson et al. 2002), (8) Kombinationen aus Exposition und kognitiven Verfahren (Devilly u. Spence 1999; Lee u. Garviel 1998).

Alle Wirksamkeitsstudien zur PTBS-Behandlung mit Kriegstraumatisierten weisen methodische Mängel auf. In den Untersuchungen zu PTBS im zivilen Bereich war EMDR durchgängig wirksamer als alle Kontrollbedingungen außer bei Devilly und Spence (1999). Diese stellten in ihrem Vergleich von EMDR mit einem »Trauma Treatment Protokoll (TTP)« mit EMDR eine niedrigere Remissionsquote fest. TTP ist eine Mischung aus In-vivo- und In-sensu-Exposition, kognitiver Umstrukturierung und Stress-

---

EMDR, Exposition und Stress-Impfungstraining nach Meichenbaum aufgenommen.

Vergleich mit anderen Behandlungsmethoden für PTBS   **107**

Impfungstraining. Das Protokoll wurde von den Untersuchern selbst entwickelt. Shapiro betont, dass die Effektivität dieses Protokolls in anderen Studien repliziert werden sollte, die mangelnde Randomisierung und nichtstandardisierte psychometrische Messungen wie in der Devilly-und-Spence-Studie dabei vermieden werden sollten. Exposition erwies sich als ähnlich wirksam wie Stress-Impfungstraining und wirksamer als unterstützende Gespräche und Warteliste (Foa et al. 1991; Foa et al. 1999). Exposition und kognitive Therapie zeigten vergleichbare Erfolge und waren Entspannungsverfahren gegenüber überlegen (Marks et al. 1998). Zahlreiche Untersuchungen haben gezeigt, dass 77 bis 90 Prozent der Probanden nach EMDR im Unterschied zu vorher kein PTBS mehr haben. Die anderen Studien, die EMDR mit kognitiv-verhaltenstherapeutischen Ansätzen vergleichen, fanden EMDR teilweise überlegen und teilweise ebenso wirksam (Ironson et al. 2002; Lee u. Gavriel 1998; Rogers et al. 1999; Vaughan et al. 1994).

Die Metaanalyse aller Behandlungsformen von PTBS von van **Metaanalyse** Etten und Taylor (1998) zeigte EMDR, Verhaltenstherapie und SSRIs als wirksamste Verfahren. Van Etten und Taylor schlossen, dass EMDR die effizienteste Therapieform ist, da die Studien zeigten, dass man mit EMDR die gleiche Wirkung in einem Drittel der Zeit erzielen kann, verglichen mit kognitiv-verhaltenstherapeutischen Verfahren.

Die Schwierigkeit beim direkten Vergleich von Behandlungstechniken liegt darin, dass es sich häufig um wechselnde Behandlungsprotokolle handelt. Das Vorgehen mit EMDR ist seit 1991 weitgehend gleich geblieben (Anwendung standardisierter Untersuchungselemente, begrenztes Maß an direkter Aufmerksamkeit und Exposition, freie Assoziation, kognitive Umstrukturierung, verschiedene Methoden bilateraler Stimulation), und seit 1995 ist das Standardprotokoll für den Therapieverlauf veröffentlicht (Shapiro 1995). Im Gegensatz dazu haben sich kognitiv-verhaltenstherapeutische Behandlungsabläufe sehr stark verändert und kontinuierlich neue Elemente in ihre Protokolle einbezogen.

Eine neuere Metaanalyse (Rogers et al. 2005) kam zu dem Ergebnis, dass EMDR in Hinblick auf die relative »Veränderung pro Behandlungseinheit« durchgängig die effektivste Methode war, und zwar unabhängig von der Berücksichtigung etwa zusätzlich notwendiger Hausaufgaben. Edmond et al. (2004) untersuchten das subjektive Erleben der Wirkung von EMDR anhand einer Befragung von Frauen, die in der Kindheit sexuelle Gewalt erfahren hatten. Die Kontrollgruppe erhielt eine gängige eklektische Therapie anstelle von EMDR. Die Frauen beschrieben die therapeutische Veränderung nach der eklektischen Therapie meist als Verbesserung der Fähigkeit, mit den Traumafolgen umgehen zu können: »Ich habe jetzt Hilfsmittel gesammelt. Ich habe gelernt, wie ich mich besser fühlen kann; Dinge, die ich tun kann, bevor ich die Therapeutin wiedersehe.« Oder: »Die Panik ist weg, und ich spüre noch Angst und Aufruhr, aber keine, die mich lähmt. Jetzt weiß ich, dass ich für mich entscheiden kann.« Bei EMDR wurde eine Veränderung auf einer tieferen, existenzielleren Ebene beschrieben, die auf eine Heilung der Traumatisierung hinweist: »Statt wie herkömmliche Psychotherapie von der äußeren Schale einer Zwiebel zum Kern vorzudringen, erlaubt EMDR, geradewegs an den Kern zu gehen, das Thema zu lösen, und die Veränderungen dringen dann durch alle Schichten wieder bis zur äußeren Schale empor.« Eine andere Probandin formulierte es so: »Ich glaube, es geht direkt auf die Zellebene ... für mich geht es tiefer, als darüber zu reden, es geht direkt ins Zentrum und gibt es frei ... für mich war es, wie wenn ich alles ausschaben und entfernen würde, weil es da nicht mehr hingehört.« Die Aussagen der EMDR-Klientinnen stützen die Hypothese, dass EMDR eine vollständige Auflösung der Traumatisierung erreichen kann.

Basiert EMDR auf einem neuen Prinzip?

Suche nach der wirksamen Komponente Nachdem sich EMDR insgesamt als eine wirksame Therapie für PTBS erwiesen hat, stellt sich nun die Frage, welche Komponenten des Verfahrens zu dieser Wirkung führen. In der Zusammenfassung der ISTSS-Richtlinien heißt es: »Der Forschungsstand legt nahe, dass EMDR für PTBS eine effektive Behandlung ist. Ob die Effektivität nun darin besteht, dass es sich um eine neue Variante der Expositionstherapie handelt (mit einigen Zutaten der kognitiven Therapie) oder ob es auf neuen Prinzipien basiert ist unklar« (Shalev et al. 2000, S. 366). Shapiro bezeichnet diese Frage als besonders wichtig, da es sich bei EMDR eher um unterbrochene als um andauernde Exposition im Zusammenhang freier Assoziation handelt. Das sei den Prinzipien und der Praxis von Expositionsverfahren vollkommen entgegengesetzt.

Jede Therapiemethode besteht aus einer Reihe von Elementen, deren relative Gewichtung und Interaktion miteinander erst einmal nicht bekannt sind. Zur Beantwortung dieser Fragen sind Komponentenanalysen notwendig.

Komponenten-analyse

In der einzigen Komponentenanalyse mit PTBS-diagnostizierten Probanden zur Evaluation des Original-EMD-Protokolls (Shapiro 1989a) war die Komponente Augenbewegungen notwendig, um positive Behandlungserfolge zu erzielen. Bei fünf von sechs Beteiligten führten die Augenbewegungen zur Verringerung von subjektivem Stress und reduzierten das Ausmaß psychophysiologischer Erregung. Die jetzige Version von EMDR wurde mit einer ganzen Reihe klinischer Elemente verfeinert. Deswegen ist zu vermuten, dass EMDR auch ohne Augenbewegungen bleibende therapeutische Effekte haben könnte.

Die Komponentenanalysen, die bisher mit EMDR durchgeführt wurden, zeigen sowohl in Gruppen- als auch in Einzeluntersuchungen, dass die Augenbewegungen für den Erfolg der Therapie mit EMDR wichtig sind, allerdings weist Shapiro darauf hin, dass diese Studien größtenteils mit methodischen Fehlern behaftet sind. Als ein wesentliches Problem nennt Shapiro, dass in der Placebogruppe häufig alternative Stimuli dargeboten werden, die in der Praxis auch schon seit Jahren erfolgreich im Zusammenhang mit EMDR angewendet werden. Vor diesem Hintergrund sei es dann nicht verwunderlich, dass keine Unterschiede zwischen Kontroll- und Experimentalgruppe gefunden würden.

Ein Beispiel ist die Untersuchung von Pitman et al. (1996), in der die Bedingung EMDR mit Augenbewegungen mit der Bedingung »Blickfixierung mit bilateraler Handbewegung des Therapeuten« verglichen wurde. Gegen eine so gewählte Kontrollgruppe sprechen auch die Ergebnisse von Corbetta et al. (1998), die beim Vergleich der Bedingungen bilateraler Augenbewegungen und Blickfixierung mit peripher bilateraler Aufmerksamkeit eine 80-prozentige Überlappung von Hirnaktivitäten feststellten. Dies stimmt mit der Hypothese überein, dass Aufmerksamkeits- und okkulo-motorische Prozesse auf neuronaler Ebene eng verknüpft sind.

Eine Hypothese über die Wirkung der Augenbewegungen bei EMDR ist, dass »sie die Lebhaftigkeit belastender Bilder ver-

Forschungs-hypothesen

ringern, indem sie die Funktion des visuell-räumlichen Zentrums des Ultrakurzzeitgedächtnisses unterbrechen und so die Intensität der Emotionen, die mit diesem Bild assoziiert sind, verringern. Demnach müssten auch andere visuell-räumliche Aufgaben therapeutisch wertvoll sein« (Andrade et al. 1997, S. 209). Andrade und Mitarbeiter konnten diese Hypothese in einer Reihe von Untersuchungen bestätigen. Es zeigte sich, dass die Augenbewegungen den anderen dualen Aufmerksamkeitsbedingungen bei der Wirkung auf Bildhaftigkeit und Intensität autobiographischer Bedingungen überlegen sind, während der Effekt auf im Labor induzierte Erinnerung bei allen Bedingungen gleich ist (Andrade et al. 1997).

Lohr, Tolin und Kleinknecht (1995) konnten diese Beobachtung in einer Untersuchung mit Phobikern replizieren. Die Augenbewegungen waren nur dann für die Wirksamkeit von EMDR notwendig, wenn es sich um autobiographische Erinnerungen handelte. Diese Befunde sind sehr bedeutsam, da es sich bei ätiologischen autobiographischen Erinnerungen um einen wesentlichen Bestandteil der Diagnose PTBS handelt und außerdem die Unterscheidung zwischen autobiographischen Erinnerungen und konditionierten Reaktionen erleichtert wird (siehe de Jongh et al. 1999; Shapiro 1995).

Teil II: Praxis von EMDR

6. Einordnung von EMDR in den allgemeinen Therapieprozess
(Oliver Schubbe und Ines Püschel)

EMDR ist eine geschützte psychotherapeutische Methode zur bifokalen Neuverarbeitung dysfunktional gespeicherter Gedächtnisinhalte. Sie wird im Rahmen eines vollständigen Behandlungsplans in der Phase der Erinnerungskonfrontation und -verarbeitung eingesetzt.

EMDR ist als ein Bestandteil einer indizierten, geplanten und kontrollierten Psychotherapie durch ausgebildete Psychotherapeutinnen zu verstehen. Die Abfolge der üblichen therapeutischen Schritte bleibt erhalten:

Allgemeine Therapieschritte:
– Erstkontakt
– Aufbau der therapeutischen Beziehung
– Psychodiagnostik
– Festlegung der Therapieziele und Behandlungsvertrag
– Psychotherapeutische Veränderung
– Sicherung des Transfers in den Alltag
– Abschluss der therapeutischen Beziehung
– Evaluation der Therapie

EMDR als Ergänzung eines vollständigen Behandlungsplans

Alle Therapieschritte folgen den üblichen Grundsätzen einer Psychotherapie. EMDR gehört zu dem Schritt »Psychotherapeutische Veränderung«. In der Traumatherapie beginnt dieser Schritt mit einer Stabilisierungsphase, gefolgt von der Phase der Traumaverarbeitung. Gelangt man im therapeutischen Prozess über die Stabilisierung hinaus und an traumatisch erlebte Erfahrungen, die das gegenwärtige Denken, Fühlen und Handeln bestimmen und deren Veränderung und Selbstbestimmung unmöglich machen, ist es sinnvoll, EMDR zur Auflösung dieser dysfunktionalen Erinnerungen zu nutzen.

> ➡ Wird die Verarbeitung und Integration einer traumatisch erlebten Erfahrung zum Therapieziel erklärt, so kann EMDR als bifokale Methode der Traumatherapie eingesetzt werden, um eine psychotherapeutische Veränderung zu erzielen.

Die Übersicht der Abbildung 21 soll das eben Dargestellte veranschaulichen.

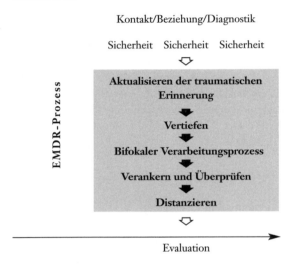

Abbildung 21: Inhaltliche Einordnung von EMDR in den allgemeinen Therapieprozess

Diesen inhaltlichen Stufen entsprechen die acht Behandlungsphasen von EMDR (nach Shapiro 2001; Abb. 22).

Standardprotokoll Für die Arbeit an dem belastenden Erinnerungsmaterial (Neuverarbeitung) gibt es einen standardisierten Ablauf, der in einem Standardprotokoll festgehalten ist (s. Arbeitsmaterialien, S. 214f.).

Es gibt darüber hinaus inzwischen eine Vielzahl spezifischer Therapieprotokolle für einzelne klinische Störungsbilder (vgl. Shapiro 1998a):

Sonderprotokolle – Protokoll für einmaliges traumatisches Erleben,
– Protokoll für aktuelle Angst oder ein aktuelles Erleben,

Einordnung von EMDR in den allgemeinen Therapieprozess   **115**

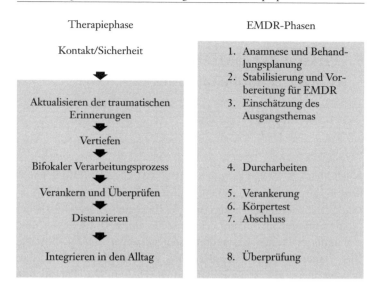

Abbilddung 22: Die acht EMDR-Phasen

- Protokoll für kürzlich erlebte traumatische Situation,
- Protokoll für Phobien,
- Protokoll für pathologische Trauer und ein
- Protokoll für Krankheiten und somatische Störungen.

Die Sonderprotokolle befinden sich ebenfalls bei den Arbeitsmaterialien.

Eine EMDR-Behandlung umfasst die vollständige Bearbeitung der jeweiligen EMDR-Protokolle. Je nach Therapieziel sind in der Regel mehrere EMDR-Sitzungen nötig.

Shapiro (2001) empfiehlt, für eine EMDR-Sitzung eine Doppelstunde (90 Minuten) einzuplanen. Sie geht davon aus, dass dies die notwendige Zeit für eine vollständige Bearbeitung einer einzelnen Erinnerung sein kann, einschließlich der Einführung in das zu bearbeitende Thema, der Stimulierungsserien und einer angemessenen Beendigung. Alle EMDR-Sitzungen stehen im Kontext einer vollständigen Psychotherapie.

90 Minuten Therapie

7. Phasen der EMDR-Behandlung
(Oliver Schubbe und Ines Püschel)

acht Phasen Nach Shapiro (1998a) lässt sich eine vollständige EMDR-Behandlung in acht Phasen unterteilen. Während die Phasen 1 und 2 (Anamnese/Behandlungsplanung und Vorbereitung) grundsätzlicher Natur sind und am Anfang des Einsatzes von EMDR stehen, sind alle anderen Phasen Bestandteil jeder einzelnen EMDR-Sitzung. Ihre Dauer kann individuell zeitlich sehr verschieden sein, ihre Abfolge bleibt jedoch im Wesentlichen erhalten. Die Therapeutin entscheidet, ob während der Behandlung die Notwendigkeit besteht, zu einer früheren Phase zurückzukehren, wenn zum Beispiel während der Durcharbeitung bei der Klientin noch grundlegendere Themen zutage treten, die zunächst bearbeitet werden müssen, um den Erfolg der Behandlung zu sichern.

Zunächst werden die acht Phasen des EMDR-Standardprotokolls mit ihren Schwerpunkten aufgelistet:

Anamnese/ Behandlungs- planung
– Prüfen von Indikationen/Kontraindikationen
– *Anamnese* der konkreten traumatisierenden Erfahrungen, ihrer Symptome, Auslöser, sekundären Gewinne …
– Festlegung der Ausgangsthemen für die EMDR-Sitzungen

Stabilisierung und Vorbereitung von EMDR
– *Sicherung* der therapeutischen Beziehung
– *Entspannungs- und Distanzierungstechniken*, insbesondere »Sicherer Ort«
– Hintergrundinformationen zum EMDR-Prozess (Theorie, Ablauf, Art der Stimulierung)
– Besprechen der Rolle der Klientin und der Therapeutin während des Prozesses
– Vereinbarung eines Stopp-Signals

Phasen der EMDR-Behandlung — 117

- Auswahl der *Ausgangssituation* **Einschätzung**
- Auswahl des *Ausgangsbildes oder des intrusiven Sinneseindrucks*
- Finden der *Negativen Selbstüberzeugung*
- Finden der *idealen Selbstüberzeugung* und Einschätzung deren aktueller Stimmigkeit (VoC)
- Wahrnehmen der aktualisierten *Gefühle* und *Einschätzung der Belastung* dadurch (SUD)
- Wahrnehmen der aktualisierten gegenwärtigen *Körperempfindungen*

- *Fokussieren des Ausgangsbildes und der negativen Kognition.* Zusätz- **Durcharbeiten**
lich die Gefühle und Körperempfindungen zu fokussieren wäre unnötig schwer.
- Start der *bifokalen Stimulierung*
- Durchführung der nötigen Anzahl wechselseitiger *Stimulierungsserien*
- bei Bedarf Einsatz von *Zusatzstrategien* zur Weiterführung des Verarbeitungsprozesses (z. B. Veränderung der Stimulierung, kognitives Einweben)
- Abfragen des nun *aktuellen Belastungsgrades* und der nun aktuellen Stimmigkeit der Positiven Selbstüberzeugung

- Ist Belastungsgrad 0, erscheint die Positive Selbstüberzeugung **Verankerung**
noch ideal und der VoC 7, erfolgt die *Verknüpfung der Positiven Selbstüberzeugung mit der Ausgangssituation* mittels kurzer bifokaler Stimulierung.

- Ist der Grad der Stimmigkeit der Positiven Selbstüberzeugung 7, **Körpertest**
so soll die Klientin noch einmal die Ausgangssituation in Verbindung mit der Positiven Selbstüberzeugung vergegenwärtigen und die dabei auftretenden *Körperempfindungen* schildern.

- Abschluss zur Herstellung und Sicherung des *emotionalen Gleich-* **Abschluss**
gewichts der Klientin (Entspannungsübung, Nachbesprechung)
- *Informationen* für die Zeit bis zur nächsten Sitzung

In der nächsten Sitzung: **Überprüfung**
- Ist das Ausgangsthema der letzten Sitzung ganz verarbeitet?
- Ist neues zu bearbeitendes Material aufgetaucht?

Mittelfristig oder zum Therapieabschluss:
- Sind alle Ausgangsthemen bearbeitet, um Frieden mit der Vergangenheit, Kraft für die Gegenwart und Handlungsmöglichkeiten für die Zukunft zu haben?
- Konnten positive Verhaltensmuster in einem funktionalen sozialen Umfeld etabliert werden?

Phase 1: Anamnese und Behandlungsplanung

EMDR – Methode der Wahl?

In der Anamnese und Behandlungsplanung geht es um die Klärung der folgenden Fragen:
- Ist für die jeweilige Klientin zu der jeweiligen Zeit EMDR die Methode der Wahl?

Kontraindikationen?

- Liegen für die jeweilige Klientin zur jeweiligen Zeit Kontraindikationen vor, die eine Anwendung von EMDR zum jetzigen Zeitpunkt oder auf Dauer ausschließen?

Ziele?

- An welchen konkreten Ausgangsthemen soll innerhalb des Therapieprozesses mit EMDR gearbeitet werden?

EMDR ist insbesondere dann indiziert, wenn Sie bei Ihrer Klientin eine Posttraumatische Belastungsstörung diagnostiziert haben. Weiterhin können Sie EMDR für eine Therapie in Erwägung ziehen, wenn unbearbeitete belastende Erinnerungen ein wesentlicher Bestandteil der Störung sind, beispielsweise bei pathologischer Trauer oder bei der Bewältigung körperlicher Veränderungen durch Unfälle oder medizinische Behandlungen. EMDR sollte bei Phobien, Panikstörungen, Substanzabhängigkeiten, sexuellen Dysfunktionen und insbesondere bei klaren dissoziativen Störungen nur eingesetzt werden, wenn Sie als Therapeutin ausreichend Erfahrung mit diesen Störungsbildern und der Methode haben.

Liegt eine entsprechende Indikation vor, ist es sinnvoll, zunächst die nachfolgende Checkliste für den Einsatz von EMDR durchzugehen:

Phase 1: Anamnese und Behandlungsplanung

EMDR-Checkliste

Besteht eine stabile, vertrauensvolle
therapeutische Arbeitsbeziehung?

➤

Bin ich als Therapeutin fachlich und persönlich bereit,
die Klientin durch den gesamten Prozess zu begleiten?

➤

Sind die zu bearbeitenden Belastungen/Ängste
gegenwärtig unangemessen beziehungsweise
unrealistisch?

➤

Ist die zu behandelnde Erinnerung
objektiv gesehen vorbei?

➤

Erzeugt die zu behandelnde Erinnerung eine
gegenwärtige emotionale oder sinnliche Resonanz?

➤

Ist der Körper ausreichend belastbar?
(Herz/Kreislauf, Schwangerschaft,
neurologische Gesundheit)

➤

Genügt die aktuelle psychische Stabilität:
Fähigkeit zur emotionalen Selbstregulation?
Distanzierungsfähigkeit?
Integrationsfähigkeit?
Subjektives Sicherheitsgefühl?
Fähigkeit zur Selbstberuhigung?
Fähigkeit zur Entspannung?
Möglichkeit, Unterstützung zu holen?

➤

Steht im Alltag genug Energie für tief greifende
emotionale Prozesse zur Verfügung?

➤

Konnte ein sekundärer Gewinn
ausgeschlossen werden?

➤

Sind die Ausgangsthemen gewählt?

➤

Ist ausreichend Zeit, um die Sitzung
in Ruhe zum Abschluss zu bringen?

↓

Start mit der EMDR-Sitzung

Muss eine dieser Fragen mit Nein beantwortet werden, ist dieser
Punkt zunächst vorrangig zu klären. Liegen körperliche Kontraindikationen vor, ist von einer EMDR-Behandlung Abstand zu nehmen.

Anamnese Zur Klärung dieser Fragen ist eine übliche klinische Anamnese
zu erheben. Fragen Sie dabei speziell und zusätzlich nach:
- Symptomen, speziell auf Verhaltensebene, emotionaler und kognitiver Ebene,
- intrusiven inneren Bildern, Kognitionen und Gefühlen,
- der Dauer der Beschwerden,
- auslösenden Faktoren,
- weiteren Vorfällen in der Vergangenheit, die sich auf die Beschwerden ausgewirkt haben,
- dem gegenwärtigen Befinden,
- Parallelen zwischen Vergangenheit und Gegenwart,
- aktuellen Belastungen und Dysfunktionen, besonders auch in
  Bezug auf das familiäre und soziale System der Klientin und
- dem angestrebten Zielzustand der Klientin.

Im Ergebnis dieser Anamneseschritte sollen detaillierte *Grunddaten*
bekannt sein über:
- die Symptomatik (Häufigkeit, Zeit und Dauer, Lokalisation, aus-
  lösende Reize),
- die zugehörigen Reaktionsmuster (Kognitionen, Emotionen, Empfindungen, Verhalten) und
- die vorhandenen Ressourcen (reale, imaginative, spirituelle).

Ausgangsthemen Auf dieser Grundlage werden gemeinsam mit der Klientin die *Aus-*
gangsthemen (nach Shapiro sind das Punkte im Assoziationsnetz, die
das dysfunktionale Material aktivieren) festgelegt, bei denen die
Behandlung ansetzen soll. Dazu gehören insbesondere die verursachenden Ereignisse und die aktuellen Auslöser, die die unverarbeiteten, dysfunktionalen Gedächtnisinhalte aktivieren. Die zu verarbeitenden Ausgangsthemen können zunächst gesammelt und dann

Phase 1: Anamnese und Behandlungsplanung

zum Beispiel nach ihrer Priorität für die Klientin oder ihrem Belastungsgrad sortiert werden.

Die Ausgangsthemen werden mittels eines EMDR-Standard- oder Sonderprotokolls in der Regel so lange bearbeitet, bis der jeweilige Belastungsgrad auf null oder 1 gesunken ist (Shapiro 2002). Dazu kann es erforderlich sein, alle assoziativ mit dem Ausgangsthema verknüpften Erinnerungen, die spontan auftauchen, einzubeziehen. Deshalb kann sich die Durcharbeitung eines Protokolls durchaus auch über mehrere Sitzungen erstrecken.

Verlaufsdiagnostik

Für die Diagnostik ist bei Traumaklientinnen zu unterscheiden, ob eine Klientin mit Sicherheit eine traumatische Situation (Unfall, Überfall etc.) erlebt hat oder ob es nur den vagen Verdacht einer Traumatisierung gibt. Im ersten Fall wird die Diagnose nur für den Belastungsgrad beispielsweise mit der »Impact of Event Scale – IES« erhoben, um durch Postmessungen den Erfolg der Therapie zu evaluieren. Im zweiten Fall wird oft schon zu Beginn der Therapie eine umfangreichere Exploration notwendig sein. Trotzdem ist die Belastung möglicherweise weiterhin von der Ungewissheit geprägt, nicht zu wissen, was passiert ist.

Zur Bestimmung erlebter Stresssituationen und der Messung **IES** daraus resultierender aktueller Belastungen gibt es verschiedene **IES-R** psychodiagnostische Verfahren, die einerseits für interindividuelle **FDS** Unterschiede, andererseits aber auch für therapiebedingte intraindividuelle Änderungen sensitiv sind. Die verlaufsdiagnostisch am häufigsten eingesetzten Verfahren sind die »Impact of Event Scale – IES« und die revidierte Version »Impact of Event Scale Revised – IES-R«. Instrumente zur Diagnoseerstellung wurden bereits vorgestellt (s. S. 58ff.). Für einen Vorher-nachher-Vergleich dissoziativer Symptome ist der Fragebogen zu Dissoziativen Symptomen (FDS) geeignet.

Phase 2: Stabilisierung und Vorbereitung

Überblick für Phase 2

In der zweiten Phase geht es darum,
– die therapeutische Beziehung zu sichern,
– geeignete Entspannungs- und Distanzierungstechniken einzuüben und zu festigen,
– die Klientin umfassend über die Methode, deren praktische Anwendung, deren Wirkung und die jeweiligen Rollen von Therapeutin und Klientin zu informieren,
– der Klientin verschiedene Stimulierungsarten vorzustellen und gemeinsam die für sie am besten geeignete herauszufinden,
– der Klientin Gelegenheit zu geben, über ihre Ängste und Erwartungen zu sprechen.

Therapeutische Beziehungsgestaltung

Vertrauen
Kontrolle
Nähe/Distanz

Bei der Arbeit mit EMDR werden Sie es möglicherweise auch mit komplex traumatisierten Klientinnen zu tun haben. Das bedeutet, dass die Themen Vertrauen, Kontrolle, Nähe und Distanz ständige Begleiter ihrer Sitzungen sind. Halten wir uns vor Augen, wodurch die Erfahrungen der Klientinnen gekennzeichnet sind – durch missbrauchtes Vertrauen, Kontrollverlust, Abwertung und Grenzüberschreitung –, dann wird deutlich, welche heilsamen Bedingungen wir durch unsere Person und die Therapiegestaltung idealerweise bieten können.

Entscheidungen liegen bei Klientin

Wir schaffen den Rahmen für psychische und möglicherweise physische Heilung, indem wir uns den Klientinnen annähern: ohne Druck, ohne Drängen und Besserwisserei, ohne nicht einhaltbare Versprechungen, ohne Beschönigung und Ignoranz. Die Klientinnen sind diejenigen, die kontrollieren dürfen, die entscheiden dürfen, die uns und unsere klaren Grenzen testen dürfen – so lange, bis sie sich dafür entscheiden können, uns ein Stück weit zu vertrauen. Vertrauen wir ihnen in ihrem Prozess, egal wie viele Umwege es zu geben scheint, sind wir angemessen fürsorglich zu ihnen und erlauben bewusst Pausen und Ausflüchte, so können die Klientinnen lernen, sich diese Dinge auch selbst zuzugestehen. Dann werden sie erkennen, dass Ehrlichkeit und Wahrhaftigkeit heilsamer sind als Verdrängung und Machtspiele.

Phase 2: Stabilisierung und Vorbereitung

Doch bis dahin ist es oft ein langer Weg, der unsere Geduld immer wieder auf die Probe stellt. Sind unsere Erwartungen an die Klientinnen bezüglich Vertrauen, Ehrlichkeit und Eindeutigkeit anfangs zu hoch, so werden wir als Therapeutinnen unweigerlich enttäuscht; eine Enttäuschung, die für die Klientinnen eine Bestätigung ihrer Wertlosigkeit ist, ihrer Hoffnungslosigkeit und ihres beständigen Versagens. Zu frühe Forderungen, selbst das Aussprechen von Erwartungen, können die Klientin wieder in eine Rolle zwängen, die zu erfüllen ihre Kräfte übersteigen kann.

keine Forderungen oder Erwartungen

Idealerweise leben wir deshalb vor, was wir uns von den Klientinnen wünschen, weil wir es für hilfreich halten. Sind wir authentisch, liebevoll, geduldig, klar und ehrlich, so wird der Weg für die Klientin frei, sich auch einen Schritt in diese Richtung zu wagen.

Vorleben, was wir wünschen

Grundsätzlich trifft die Klientin während der EMDR-Sitzungen die Entscheidungen. Die Therapeutin informiert und strukturiert wertungsfrei, zeigt Wege, Alternativen und Konsequenzen auf. Dazu gehört auch, dass die Klientin den inneren Prozess jederzeit abbrechen kann. Zu diesem Zweck wird in der Vorbereitungsphase ein individuelles Stopp-Signal (z. B. Handaufheben, ein verbales »Stopp«) vereinbart, das unabhängig von den Intentionen der Therapeutin verbindlichen Charakter hat. Wie die Sitzung nach dem Stopp weitergeht, wird wiederum von der Klientin entschieden – braucht sie zur Fortsetzung Abstand oder Beruhigung, will sie sich mit den aufgetretenen Bildern oder Ängsten auf einem anderen Weg auseinander setzen oder möchte sie den Prozess nach einer Pause fortsetzen.

Stopp-Signal

Ein direktives Vorgehen ist lediglich beim Bemühen um die (Wieder-)Herstellung eines emotionalen Gleichgewichts nach starker Belastung sinnvoll und notwendig. Hier kann die Therapeutin ihr Eigeninteresse daran, dass die Klientin die Praxis in einem funktionsfähigen Zustand verlässt, offen ansprechen und von vornherein deutlich machen, dass sie sich dafür mitverantwortlich fühlt.

Der Praxisraum mit all dem, was in ihm passiert, sollte ein sicherer Ort bleiben, der nicht mit Erfahrungen des Kontrollverlustes und emotionalen Überflutungen bei Kontaktverlust verbunden ist. Die aktive, fordernde Haltung der Therapeutin, wenn es um Gegenwartsorientierung, das fürsorglich konsequente Unterbrechen dysfunktionaler Beziehungsmuster, realen Kontakt, Selbstberuhigung und Distanzierung von den belastenden Erinnerungen

Wiederherstellung des emotionalen Gleichgewichts

geht, erfüllt eine wichtige Vorbildfunktion, die ein späteres Übernehmen solch selbstfürsorglichen und achtsamen Verhaltens erleichtert.

Entspannungs- und Distanzierungstechniken

Entspannungs-verfahren Da in den EMDR-Sitzungen emotional stark belastende Erinnerungen aktiviert werden können, ist es unbedingt erforderlich, dass die Klientin über Ressourcen zur eigenen Entspannung und zur Distanzierung von den belastenden Erinnerungen verfügt. Fragen Sie deshalb, wie sich die Klientin bisher entspannt und schützt. Entwickeln Sie individuelle Selbstberuhigungs- und Distanzierungspläne. Davon ausgehend ist es sinnvoll, der Klientin weitere Entspannungsverfahren anzubieten und die Technik ihrer Wahl gemeinsam einzuüben und zu festigen.

Möglich sind dabei zum Beispiel folgende Entspannungstechniken:
– Konzentrative oder Progressive Muskelentspannung nach Jacobson
– Sicherer Ort (s. Arbeitsmaterialien, S. 246ff.).

Flashback-Kontrolle Bereits vor dem Beginn der Therapiesitzungen ist es wichtig, Klientinnen, die stark unter Intrusionen leiden, Techniken zur Flashback-Kontrolle und Distanzierung zu vermitteln. Dazu gehören:
– die »Lichtstrahlmethode« (s. Arbeitsmaterialien, S. 243ff.),
– die »5-4-3-2-1- bzw. 1-2-3-4-5-Methode« (s. Arbeitsmaterialien, S. 248ff.),
– Distanzierungstechniken (s. Arbeitsmaterialien, S. 256f.) oder
– Techniken zur Erdung (s. Arbeitsmaterialien, S. 257f.).

Es empfiehlt sich ganz besonders, schon in der Phase der Stabilisierung und Vorbereitung derartige Verfahren einzuführen, die einerseits immer wieder zum Abschluss der Sitzung angewandt werden können und die es andererseits der Klientin langfristig ermöglichen, aus eigener Kraft zwischen den Sitzungen auftretende emotionale und physiologische Erregungszustände kontrollieren zu lernen.

Phase 2: Stabilisierung und Vorbereitung

Informieren der Klientin

Finden Sie Ihre eigenen Beschreibungen, Ihre eigenen Worte für das, was EMDR für Sie bedeutet, was Sie sich innerhalb der Therapie davon versprechen. Erklären Sie kurz die Entstehung von Traumata und die Kennzeichen von EMDR (Rechts-links-Stimulierung, Teilung der Aufmerksamkeit, Beobachterrolle, sicherer Rahmen, Entscheidung durch Klientin, innerer Prozess, Wiederherstellung des inneren Gleichgewichts). Beschreiben sie so kurz und anschaulich wie möglich, wie die konkrete Durchführung einer EMDR-Sitzung aussieht und welche Konsequenzen sie haben kann.

Beschreibung von Trauma und EMDR

Versichern Sie der Klientin, dass es innerhalb des EMDR-Prozesses kein Richtig und Falsch gibt, sondern dass es lediglich um die Beobachtung der auftauchenden Gefühle, Gedanken, Körperempfindungen oder Handlungsimpulse geht. Während sich die Klientin in dieser Beobachterrolle befindet, geht es in den Stimulierungsunterbrechungen zwischen den Stimulierungsserien lediglich um die Information für die Therapeutin, ob der innere Prozess spontan läuft oder ob es Blockierungen gibt. Inhaltliche Angaben über das innere Erleben sind nicht detailliert notwendig, unter Umständen sogar eher hinderlich für ein effektives Durcharbeiten, weil sie jedes Mal die Klientin wieder aus dem Erleben »in den Kopf«, also ins Beschreiben, Erklären und Reflektieren bringen. Die daraus erwachsende Distanzierung vom belastenden Erinnerungsmaterial ist nur bei Klientinnen anzustreben, die zu Überflutungen neigen oder für die das Mitteilen eine wesentliche korrektive Erfahrung ist, etwa wenn es gelingt, lange tabuisierte Tatsachen zu benennen.

Beobachterrolle nur Prozess-Informationen für die Therapeutin

Bilder und Metaphern sind oft hilfreich, um bei der Klientin Verständnis und die Bereitschaft zur Mitarbeit zu fördern. Zum Beispiel die Zugmetapher (Shapiro 2001): Alle auftauchenden Bilder, Empfindungen, Gedanken oder Emotionen sollen ohne Bewertung beobachtet werden, so, wie man eine vorüberziehende Landschaft aus einem Zugfenster heraus betrachtet.

Metaphern

Während der Arbeit mit EMDR können bei der Klientin Affekte und Körperreaktionen ausgelöst werden, die denen in der traumatischen Situation erlebten vergleichbar sind. Es ist sinnvoll, auf diese Möglichkeit ohne Dramatisierung hinzuweisen, um eine

Prozessbegleitung bei möglichen Abreaktionen

unvorbereitete Überflutung während der Sitzungen zu verhindern. Im schlimmsten Falle könnten Gefühle der Angst zu einem Abbruch der Sitzung bzw. der Therapie führen. Bereiten Sie deshalb Ihre Klientin darauf vor, dass es zu solchen Effekten kommen kann. Oftmals führt allein die Verstärkung der Beobachterrolle oder eine nachdrückliche verbale Begleitung durch die Therapeutin (»Es ist vorbei.« »Es sind alte Erinnerungen.« »Sie sind jetzt sicher/nicht allein«) zu einer Abschwächung des gegenwärtigen Belastungserlebens. Es ist ratsam, die Klientin darin zu bestärken, durch die spontan auftauchende Erfahrung zu gehen. Shapiro verwendet hierfür die Metapher eines Tunnels, durch den man wieder hinaus ans Licht gelangt.

Trotzdem kann für die Klientin die Kontrolle über die Situation wichtiger sein als die aktuelle Verarbeitung, so dass sie im Vorfeld auch immer wieder an die Möglichkeit des Stopp-Signals (s. S. 123) erinnert werden sollte.

Festlegung der Stimulierungsart

Um das Informationsverarbeitungssystem in den Durcharbeitungsserien zusätzlich zu aktivieren, bedarf es einer bifokalen Rechts-links-Stimulierung.

Dabei wird unter bifokaler Stimulierung die durch äußere Stimulierung provozierte zeitgleiche Konzentration auf zwei verschiedene Inhalte (inneres Erleben und äußerer Rahmen) verstanden. Das Wahrnehmungssystem der Klientin wird, während diese ihre Aufmerksamkeit auf das Vorstellungsbild und den zugehörigen inneren Prozess richtet, äußerlich so stimuliert, dass beide Hirnhemisphären beansprucht werden. Diese Stimulierung führte Shapiro ursprünglich visuell durch (daher die Bezeichnung »EMDR«), sie kann aber auch akustisch oder taktil dargeboten werden.

bifokale Stimulierung Die Art der eingesetzten Stimulierung wird einerseits von Ihrer Erfahrung, selbstverständlich aber auch von der Klientin abhängen. In jedem Fall sollten vor Beginn der Behandlung Augenbewegungen und ein bis zwei andere Stimulierungsarten ausprobiert werden, um die der Klientin jeweils am besten entsprechende Stimulierungsart herauszufinden. Es werden nun einzelne Möglichkeiten vorgestellt.

Phase 2: Stabilisierung und Vorbereitung 127

Optische Stimulierung

Sie sitzen seitlich versetzt zur Klientin. Sie bewegen Ihre Hand horizontal ca. 25–35 cm vor deren Gesicht von der rechten zur linken Grenze ihres Gesichtsfeldes und zurück. Die Bewegung sollte so schnell sein, dass die Klientin ihr gerade noch angenehm folgen kann.

Die Klientin verfolgt mit den Augen Ihre Hand. Variiert werden können: Geschwindigkeit und Häufigkeit der Bewegung und die Richtung (horizontal, vertikal, diagonal, kreisförmig, achtförmig), Abstand zum Gesicht und Sichtwinkel (einzelner Finger bis Handfläche). Entscheidend ist lediglich die gleichmäßige Rechts-links-Stimulierung.

Variationen:

– Sie sitzen seitlich versetzt zur Klientin. Sie heben Ihre Hände zur Faust geschlossen auf eine gedachte Linie auf Augenhöhe ca. 25–35 cm vor dem Gesicht der Klientin, wobei die Hände an den Grenzen ihres Sehfeldes platziert werden. Zur Stimulierung heben Sie abwechselnd den linken und den rechten Finger; die Klientin soll jeweils auf den erhobenen Finger schauen.

– Außerdem gibt es inzwischen apparative Vorrichtungen, die mit Leuchtdioden die bifokale Stimulierung durchführen.

Taktile Stimulierung

– Die Klientin legt ihre Hände mit den Handflächen nach oben auf ihre eigenen Knie. Sie tippen mit Ihren Fingern wechselseitig auf ihre Handinnenflächen.

– Sie tippen abwechselnd außen an die beiden Knie der Klientin.

– Die Klientin legt ihre Hände mit den Handflächen nach unten auf ihre Knie oder die Stuhllehnen. Wechselseitig schlägt sie rhythmisch leicht auf die Unterlage.

– Schubbe (1997) schildert eine Variante, bei der ein Kind auf dem Schoß des Vaters sitzt, der dessen Unterarme zart abwechselnd drückt, während die Mutter das Kind mit einer therapeutischen Geschichte konfrontiert.

Akustische Stimulierung

– Es gibt Tongeber, die eine bifokale Stimulierung über Kopfhörer ermöglichen.

– Die Klientin sitzt mit offenen oder geschlossenen Augen, während Sie neben den Ohren abwechselnd die Finger schnippen.

Sprechen über Ängste und Erwartungen der Klientin

Vor Beginn des eigentlichen inneren Prozesses ist es sinnvoll, der Klientin auch Gelegenheit zu geben, nochmals über ihre offenen Fragen, Erwartungen und Ängste zu sprechen und diese zu klären beziehungsweise abzubauen.

Damit sind alle Voraussetzungen für den Beginn der konkreten Arbeit mit EMDR geschaffen. Der nächste Schritt ist nun die Durchführung einer EMDR-Sitzung zu einem ausgewählten Ausgangsthema.

Phase 3: Einschätzung

Die bisher beschriebenen Phasen bilden die Grundlage, sie werden ganz am Anfang der Arbeit mit EMDR durchlaufen. Die erste konkrete EMDR-Sitzung beginnt jeweils mit der Phase 3: Einschätzung. Erst in dieser Phase beginnt die Auseinandersetzung mit dem belastenden Erinnerungsmaterial.

Vorgehen

Überblick für Phase 3: Einschätzung

Auswahl des *Ausgangsthemas*

Berichten wesentlicher belastender *Inhalte/Erinnerungen*

Fokussieren des *Ausgangsbildes/Sinneseindrucks*

Suche nach der prägnantesten *Negativen Selbstüberzeugung* zu diesem Ausgangsbild/Sinneseindruck

Suche nach der realistisch-idealen *Positiven Selbstüberzeugung* zu diesem Ausgangsbild/Sinneseindruck

Bestimmung der *Stimmigkeit* der Positiven Selbstüberzeugung (VoC) im Gegensatz zur Negativen Selbstüberzeugung

Phase 3: Einschätzung

⬇

Wahrnehmung der *gegenwärtigen Gefühle*
zu dem gewählten Ausgangsbild/Sinneseindruck

⬇

Bewertung des *gegenwärtigen Belastungsgrads*
dem gewählten Ausgangsbild/Sinneseindruck

⬇

Wahrnehmung der *gegenwärtigen Körperempfindungen*
zu dem gewählten Ausgangsbild/Sinneseindruck

Auswahl des Ausgangsthemas/ Berichten wesentlicher Erinnerungen

Sie haben aus der Sammlung möglicher Ausgangsthemen gemeinsam eines ausgewählt. Es empfiehlt sich meistens, das Thema herauszugreifen, das gegenwärtig die stärkste sinnliche Resonanz in Form von Gefühlen oder Körperreaktionen zeigt.

Bitten Sie dann die Klientin, über ihre Erinnerungen zu diesem Ausgangsthema zu berichten. Dabei geht es nicht darum, dass Sie die Details der zugrunde liegenden Situation erfahren, sondern dass Sie Grundinformationen über die zu bearbeitende Situation erhalten (Anfang, Ende, zentrales Thema) und wissen, wie Ihre Klientin momentan auf die Vorstellung davon reagiert. Außerdem werden über die Erzählung die entsprechenden neuronalen Netzwerke mit allen Assoziationen aktiviert, was den Einstieg in den inneren Prozess ermöglicht. Bei Klientinnen, die sich bereits in einem emotional erregten Zustand befinden, können Sie diese Einstiegsinformationen sehr kurz halten.

Grundinformationen zum Ausgangsthema

Fokussieren des Ausgangsbildes oder Sinneseindrucks

Ausgangsbild/ Sinneseindruck
Fragen Sie die Klientin, welches für sie das Ausgangsbild oder der Sinneseindruck ist, das/der die gesamte Situation repräsentiert. Dabei wird es sich oft um eine visuelle Erinnerung handeln. Aber auch Geräusche, Körperempfindungen oder Handlungsimpulse können diesen repräsentativen Moment symbolisieren. Diese konkrete Erinnerung beziehungsweise Vorstellung dient als Bestandteil des dysfunktionalen Assoziationsnetzes als Ausgangspunkt für die Verarbeitung. Notieren Sie sich das Ausgangsbild/den Sinneseindruck im Protokoll.

Suche nach der prägnantesten Negativen Selbstüberzeugung

Negative Überzeugung
Bitten Sie nun die Klientin, sich das Bild, Geräusch oder anderes vorzustellen, und fragen Sie sie nach gegenwärtig dabei auftauchenden belastenden Selbstüberzeugungen. Darunter versteht man jene Ansichten über sich selbst, die die eigene Person herabsetzen oder eigenes Verhalten in der Situation negativ bewerten. Sie repräsentieren irrationale oder verzerrte kognitive Schemata. Eine Aussage über die eigene Befindlichkeit oder Emotion wie: »Ich bin wütend«, ist keine Kognition, wohl aber: »Ich darf nicht wütend sein.« Wichtig ist, dass der Satz sich auf die eigene Person bezieht, im Präsens formuliert ist und keine pure Beschreibung der damaligen Realität (z. B. »Ich war schwächer.«) darstellt. Helfen Sie gegebenenfalls der Klientin bei der Formulierung oder bieten Sie als Vorlage eine Liste mit üblichen negativen Selbstzuschreibungen an.

Notieren Sie die Negative Selbstüberzeugung wörtlich im Protokoll. Sollte es in diesem Abschnitt der Einschätzung bereits zu starken Erregungszuständen kommen, empfiehlt Shapiro einen sofortigen Beginn der Neuverarbeitung mit bifokaler Stimulation.

Suche nach der realistisch-idealen Positiven Selbstüberzeugung

Typischerweise ist es mit zunehmendem Erregungsgrad immer schwerer, sich an verfügbare hilfreiche Ressourcen oder positive Selbstbildaspekte zu erinnern. Deswegen entfernt das EMDR-Protokoll an dieser Stelle den Fokus von den belastenden Erinnerungen, um einen Anker in das positive Assoziationsfeld zu werfen, eine Peilrichtung für den Prozess zu bestimmen und der Klientin ein Licht am Ende des Tunnels sichtbar zu machen. Dieser Anker soll während des Prozesses helfen, das Ziel nicht aus den Augen zu verlieren. Und er dient der Überprüfung des Sitzungserfolgs.

Fragen Sie deshalb im Anschluss an die Negative Selbstüberzeugung nach der Positiven Überzeugung (PK), also danach, wie sich die Klientin heute – bezogen auf das Ausgangsthema – gern sehen würde. Dabei muss es sich nicht um eine einfache Umkehrung der Negativen Überzeugung handeln, wenngleich viele Klientinnen dies als nahe liegend empfinden. Wichtig ist nur, dass sich der positive Gedanke auf die gleiche emotionale Thematik (z. B. Selbstwertgefühl, Sicherheit, Handlungsfähigkeit) bezieht.

Positive Überzeugung

Prinzipiell ist es günstiger, Formulierungen mit »nicht« zu vermeiden (z. B. »Ich bin mutig« statt »Ich bin nicht ängstlich«), da wir in unserer Imagination keine Bilder für »nicht« haben, sondern uns automatisch den negativen Zustand (z. B. ängstlich) vorstellen. Ermutigen Sie die Klientin zur positivsten Selbstaussage, auch wenn ihr diese derzeit völlig unvorstellbar erscheint. Zu diesem Zeitpunkt ist es noch nicht wichtig, ob die ideale Überzeugung emotional spürbar und glaubhaft ist.

Notieren Sie den Satz wörtlich im Protokoll.

Bestimmung der Stimmigkeit der Positiven Selbstüberzeugung (VoC-Wert)

Lassen Sie die Klientin diese positive Überzeugung auf einer Skala von 1 (völlig falsch) bis 7 (völlig wahr) auf ihre aktuelle Stimmigkeit (VoC – Validity of Cognition) einschätzen (Abb. 23).

Von den erwünschten Positiven Selbstüberzeugungen sind nur solche therapeutisch wirksam, die sowohl objektiv realistisch sind

Stimmigkeit der Positiven Selbstüberzeugung

Abbildung 23: VoC-Skala

als auch prinzipiell in der Macht der Klientin selbst liegen. Notieren Sie den VoC-Skalenwert im Protokoll.

Wahrnehmung der gegenwärtigen Gefühle

Konzentration auf belastende Erinnerung

aktuelle Emotionen

Bitten Sie Ihre Klientin jetzt, sich sowohl das Ausgangsbild (oder den negativsten Erinnerungsaspekt in einer anderen Sinnesmodalität) als auch die Negative Selbstüberzeugung zu vergegenwärtigen und darauf zu achten, welche Emotionen dadurch ausgelöst werden. Später wird es wichtig sein, nicht nur die quantitative Veränderung mittels der SUD-Skala zu messen, sondern auch das Fortschreiten qualitativer Wandlungen im Prozess des Durcharbeitens zu erkennen.

Notieren Sie die Benennung der Emotionen im Protokoll.

Bewertung des gegenwärtigen Belastungsgrads (SUD-Wert)

Lassen Sie die Klientin diese Emotionen nach dem Grad der subjektiven Belastung (Subjective Units of Disturbance – SUD) auf einer Skala von 0 (neutral oder ruhig) bis 10 (schlimmste vorstellbare Belastung) einschätzen (Abb. 24).

Belastungsgrad

Abbildung 24: SUD-Skala

Notieren Sie den Skalenwert im Protokoll. Er dient als Ausgangswert für die Messung der Verringerung des Belastungsgefühls durch die Neuverarbeitung.

Wahrnehmung der gegenwärtigen Körperempfindungen

Das dysfunktionale Material manifestiert sich meist auch unmittelbar im Körper. Deshalb ist es wichtig, die Klientin nach dem Ort solcher Körperempfindungen zu fragen, die sich bei der Kombination von Ausgangsbild und Negativer Selbstüberzeugung ergeben. Diese können ebenfalls als Ausgangsthemen zur Neuverarbeitung dienen.

Körperkorrelate

Notieren Sie die angegebenen Körperempfindungen im Protokoll.

Phase 4: Durcharbeiten

Jetzt verfügen Sie über hinreichende Informationen, und die entsprechenden Gehirnareale sind aktiviert genug, um mit der Neuverarbeitung zu beginnen.

Vorgehen

Erinnerung an die Beobachterrolle und
das Stopp-Signal

Überblick für Phase 4: Durcharbeitung

Fokussierung auf die Innenwahrnehmung

Stimulierungsserie

Stimulierungsunterbrechung zum Erfragen
des Verarbeitungsstands

erneute Stimulierungsserie

...

Anzeichen für Ende des Prozesses

Erfragen des aktuellen Belastungsgrads

Belastungsgrad 0 ← → Belastungsgrad > 0

Übergang zur Verankerung

erneutes Prozessieren oder
inkomplettes Sitzungsende

Erinnerung an Beobachterrolle und Stopp-Signal

An dieser Stelle ist es sinnvoll, die Klientin nochmals darauf aufmerksam zu machen, dass alles auftauchende Material von Bedeutung sein kann und sie es weder bewerten noch aktiv beeinflussen, sondern nur beobachten soll.

Beobachterrolle Sagen Sie Ihrer Klientin, dass während der Stimulierungsserien jede Art von Reaktion möglich ist und es keine »falsche« Reaktion gibt. Unter anderem könnte das Bild schärfer oder schwächer werden oder ganz verschwinden, es können neue Bilder, Gedanken oder Erinnerungen auftauchen oder es kommt eventuell auch zu angenehmen Körperreaktionen. Bitten Sie die Klientin, einfach zu verfolgen, was geschieht, und nach der Serie kurz darüber zu berichten, was zuletzt im Fokus ihrer Aufmerksamkeit war. Jede Veränderung oder neue Assoziation ist ein Zeichen für einen spontan ablaufenden Prozess. Weisen Sie darauf hin, dass jede Serie mit einer Hilfestellung enden wird, mit der Aufmerksamkeit wieder in die Gegenwart zu kommen, zum Beispiel Atem zu holen.

Stopp-Signal Wichtig ist auch ein nochmaliger Hinweis auf das vereinbarte Stopp-Signal, um der Klientin ein Gefühl von Kontrolle und Sicherheit zu ermöglichen.

Innenfokus

Nun werden die dysfunktional gespeicherten Informationen mittels Fokussierung auf die innere Wahrnehmung (evtl. sogar mit geschlossenen Augen) gezielt aktiviert. Bitten Sie dazu die Klientin, sich gleichzeitig zu konzentrieren
– auf das Ausgangsbild/den Sinneseindruck,
– die Negative Selbstüberzeugung.

Phase 4: Durcharbeiten

Wenn die Klientin spürt, dass sie sich in Kontakt zu dem belastenden Erinnerungsmaterial befindet, soll sie ein Zeichen für den
Beginn der Stimulierungsserie geben, zum Beispiel indem sie die
Augen öffnet. Kommt sie nicht mit der Belastung in Kontakt, können die zugehörigen aktuellen Gefühle und die Körperempfindungen den Einstieg ermöglichen.

Stimulierungsserie

Beginnen Sie jetzt mit den bifokalen Stimulierungen (Handbewegungen, Tippen oder akustische Stimulierung (s. S. 127)).

Beginn der Stimulierung

Die Klientin wird bei der Stimulierung über Augenbewegungen
gebeten, mit den Augen zu folgen, ohne den Kopf zu bewegen.
Beim taktilen Tippen darf sie die Augen geschlossen halten und bei
der akustischen Stimulierung soll sie nur zuhören.

Stimulierungsunterbrechung zum Erfragen des Verarbeitungsstands

Es ist wünschenswert, mit jeder Stimulierungsserie ein neues Pla-
teau der Verarbeitung zu erreichen. Unterbrechen Sie nie sofort bei
einer solchen Veränderung, sondern erst nach weiteren zehn Sekunden die Stimulierung, indem Sie Ihre Hand in der Mitte anhalten und langsam nach unten führen. Oder beenden Sie das Tippen
mit einer gemeinsamen Berührung beider Hände, um der Klientin
ganz eindeutig den Abschluss der Serie zu signalisieren. Die Klientin soll sich nun vom inneren Geschehen lösen und durchatmen.

Lösen vom inneren Geschehen und Durchatmen

Es kann im Einzelfall günstig sein, die Serie etwas kürzer oder
länger zu gestalten. Das Kriterium hierfür besteht in der Absicht,
die Klientin möge bei jeder Serie eine neue Stufe des Verarbei-
tungsniveaus erreichen. Beobachten Sie deshalb genau alle nonverbalen Signale der Klientin, um eine diesbezügliche Entscheidung
treffen zu können. Nonverbale Anzeichen für das Erreichen einer
neuen Stufe können Veränderungen des Tonus, der Körperhaltung,
der Gesichts- oder Körpermuskulatur, der Augenbewegungen, des
Atemrhythmus, der Gesichtsfarbe sein. Wenn sich solche Veränderungen zeigen, setzen Sie die Stimulation noch zehn Sekunden fort.

Dauer der Sets

Im Allgemeinen dauert es so lange, bis die Klientin den Unterschied auch selbst wahrnimmt.

nonverbale Signale der Verarbeitung

Rückmeldung der Klientin

Wenn die Klientin wieder im Kontakt mit Ihnen ist, fragen Sie, was bei ihr *jetzt* zuletzt aufgetaucht ist. Dies können Bilder, Gedanken, Emotionen oder Körperempfindungen sein. Als Therapeutin sollten Sie diese Mitteilungen keinesfalls wiederholen, kommentieren oder werten. Nutzen Sie sie lediglich als Rückmeldung, ob die Verarbeitung fortschreitet. Für die Klientin ist das eine Möglichkeit, ihre Erfahrungen ganz kurz in Worte zu fassen und besser zu verstehen. Notieren Sie die Veränderungen, nur wenn es nicht stört, stichpunktartig im Protokoll.

Blockierung

Wenn es während der Serie nicht zu Veränderungen kommt (Blockierungen des Neuverarbeitungsprozesses), können Sie Richtung und Geschwindigkeit des optischen Reizes ändern oder spezielle Techniken einsetzen, die später näher erläutert werden (s. S. 160f.).

Abreaktion

Weiterhin kann es während der Serie zu Abreaktionen kommen, zu denen an anderer Stelle ausführlichere Informationen gegeben werden (s. S. 172).

keine Kommentare!

Die Verarbeitung schreitet am besten von allein fort, wenn die Klientin ganz in ihrem Erleben und ihrem inneren Prozess bleibt. Verzichten Sie deshalb ganz konsequent auf jegliche Kommentare, Wiederholungen, Zusammenfassungen oder Interpretationen und leiten Sie mit der Aufforderung, sie möge ihre Aufmerksamkeit wieder auf das zuletzt Bemerkte richten, die nächste Serie von Stimulierungen ein.

Shapiro geht davon aus, dass jede Stimulationsserie eine Verbesserung von ungefähr einer Einheit auf der SUD-Skala bewirkt.

verbale Unterstützung

Eine Überprüfung der Belastung ist jedoch zunächst nicht erforderlich, entscheidend ist, dass die Verarbeitung nicht zum Stillstand kommt. Falls Sie sich unsicher sein sollten, ob sich die Klientin an das Stopp-Signal erinnert und es nutzen kann, fragen Sie sie bitte in der Stimulierungspause. Fragen Sie nicht, ob Sie sie weiter stimulieren sollen, um die Klientin nicht abzulenken oder zu irritieren. Den Auftrag der Klientin, sie auch durch unangenehme Zustände hindurch zu begleiten, haben Sie schon.

Möglicherweise kommt es während der Durcharbeitung auch zu einer Steigerung der Belastung durch die Aktivierung des Materials, dies ist ein vorübergehender Zustand und sollte als solcher norma-

Phase 4: Durcharbeiten

lisiert werden. Ausnahmen gibt es bei Dissoziationen und bei zu geringem innerem Abstand vom zu verarbeitenden Material. Im zweiten Fall können Sie die Bearbeitung unterstützen, indem Sie bestätigend verbal Rapport halten, etwa: »Sehr gut« sagen oder: »Es ist vorbei.«

Anzeichen für das Ende des Prozesses

Die Kette der Stimulierungsserien kann beendet werden, wenn:
- keine weitere Veränderung eintritt oder
- die Belastung vollständig zurückgegangen ist oder
- die Assoziationen einen plausiblen Abschluss gefunden haben oder
- die Sitzung sich dem Ende nähert.

Beendigung der Serien

Sollte dies schon nach wenigen Serien der Fall sein, so bitten Sie Ihre Klientin, sich wieder die Ausgangsituation vorzustellen und beginnen eine erneute Serie. Oft werden sich dabei neue Assoziationen zeigen, die bearbeitet werden müssen.

In den ersten drei Punkten spricht man von »normaler Beendigung«, in Abgrenzung zur vorzeitigen Beendigung, die unvollständige oder unterbrochene Verarbeitungsprozesse bezeichnet. Ansonsten ist selbstverständlich auch durch die Zeit der Sitzung eine natürliche Begrenzung gegeben.

normale oder vorzeitige Beendigung

Erfragen des aktuellen Belastungsgrads

Lassen Sie die Klientin nach Abschluss der Serien erneut den Belastungswert (SUD-Wert) einschätzen und notieren Sie ihn im Protokoll. Wenn dieser 0 beträgt, können Sie zur nächsten Phase (Bewertung der Stimmigkeit der positiven Selbstüberzeugung und Verankerung) übergehen. Wird ein höherer Wert genannt, so gehen sie zurück zum Ausgangsthema und beginnen mit weiteren Stimulierungsserien, wenn die noch verbleibende Therapiezeit dies erlaubt.

Phase 5: Verankerung

Nachdem der Belastungsgrad auf null gesunken ist, kann zur Verankerung der Positiven Selbstüberzeugung übergegangen werden.

Vorgehen

Überblick für Phase 5: Verankerung

Erfragen der Stimmigkeit
der Positiven Selbstüberzeugung

↙   ↘

VoC = 7 *   VoC < 7 *

↓   ↓

Verankerung: erneutes Prozessieren
Zusammenführung der
Ausgangssituation mit der
Positiven Selbstüberzeugung,
einschließlich kurzer Stimulierung

*Ausnahmen siehe S. 139f.

Erfragen der Stimmigkeit der Positiven Selbstüberzeugung

Überprüfung der Positiven Selbstüberzeugung

Bei der Verankerung wird versucht, die Positive Selbstüberzeugung in die innere Repräsentation der Ausgangssituation zu integrieren.

– Überprüfen Sie bitte zunächst, ob die anfangs formulierte Positive Selbstüberzeugung (z. B. »Ich kann zurückweisen und fühle mich gut dabei.«) auch nach dem Durcharbeiten noch dem idealen Selbstbild der Klientin hinsichtlich der Ausgangssituation entspricht. Erscheint die anfängliche Positive Selbstkognition der Klientin nicht mehr ganz ideal, erfragen Sie eine neue Positive Selbstüberzeugung und arbeiten mit dieser weiter.

VoC-Wert – Lassen Sie nun die Positive Selbstüberzeugung erneut auf der VoC-Skala (Stimmigkeit von 1 bis 7) einschätzen. Notieren Sie den Wert im Protokoll.

Phase 5: Verankerung

Verankerung, wenn VoC = 7

Wenn der Stimmigkeitswert bereits den idealen Wert 7 erreicht hat, **Verankerung** können Sie unmittelbar zur Verankerung übergehen: Dazu bitten Sie die Klientin, sich gleichzeitig die Ausgangssituation (nicht das Ausgangsbild/den Sinneseindruck, da sich das bzw. der ja zwischenzeitlich verändert haben dürfte) und die Positive Selbstüberzeugung vorzustellen. Begleiten Sie diese Vorstellung mit einer *kurzen* Stimulierungsserie, bis die Akzeptanz der Aussage fühlbar ist und sich nicht weiter verändert. Lange Stimulierungsserien könnten einen neuen Verarbeitungsprozess beginnen lassen und sind deshalb zu vermeiden.

Erneutes Prozessieren bei VoC < 7

– Wenn sich die Stimmigkeit schon erhöht, aber nicht 7 erreicht **Stimulierung** hat, bitten Sie die Klientin, sich während einer weiteren Serie **bis VoC = 7** zugleich auf die Ausgangssituation (nicht das Ausgangsbild!) und die Positive Selbstüberzeugung zu konzentrieren.
– Lassen Sie die Klientin wiederum eine Einschätzung vornehmen **und weiter zu** und wiederholen Sie diese Prozedur, bis ein Wert von 7 erreicht **Phase 6** ist.
– Auch dann ist es sinnvoll, noch eine kurze Zeit mit den Serien fortzufahren, solange es noch Veränderungen bei der Akzeptanz der Aussage gibt. Damit soll eine mögliche Generalisierung der positiven Selbstbeschreibung und des entsprechenden Gefühls unterstützt werden.

Was tun, wenn VoC < 7 bleibt?

Wenn die Klientin an dieser Stelle einen niedrigeren Wert als 7 **wenn** angibt, so fragen Sie sie nach der Ursache, zum Beispiel »Was liegt **VoC < 7 bleibt** Ihrer Meinung nach noch zwischen der 5 und der 7?« oder: »Was ist noch im Weg?«.

Liegt der Wert bei 6 und sind dies Gründe, die einfach Zeit brauchen oder das Erleben dessen notwendig machen (z. B. »Ich kann erst 7 sagen, wenn ich wirklich auf dem Turm stehe und keine Angst mehr habe.«), können Sie den Prozess an dieser Stelle verankern. Bitte lassen Sie dann den Körpertest aus.

Wenn dysfunktionale Überzeugungen (z. B. »Ich sage nie 7, weil man ja nie weiß, was noch passiert.«) der Grund für die geringe Stimmigkeit der Positiven Selbstüberzeugung sind, so haben wir damit eine weitere Assoziation, die mit dem Ausgangsthema verbunden ist, oder ein neues Ausgangsthema, das einer vollständigen Neuverarbeitung unterzogen werden kann. Je nachdem, können wir die notwendige Durcharbeitung noch mit in diese Sitzung integrieren oder als Thema für die nächste Sitzung vormerken. Wichtig ist dabei, eventuell noch bestehen bleibende Reste bewusst anzusprechen und klar umschrieben vom bearbeiteten Erinnerungsmaterial zu trennen.

Bleibt der VoC unter 6, ist es nach Renssen (2002) sinnvoll, eine positive Übergangskognition zu verankern, die den Stand des Veränderungsprozesses beschreibt und sich für den Moment stimmig anfühlt (z. B. Frage: »Was ist das Positivste, das Sie jetzt schon über sich denken?« – Antwort: »Ich bin auf dem Weg zu dem Gefühl, o. k. zu sein.«). Das Erreichen der Positiven Selbstüberzeugung wird dann für die nächste Sitzung geplant. In diesem Fall wird auf den Körpertest verzichtet, um nur die wirklich erwünschte Überzeugung der Klientin zu verankern. Gehen Sie in derselben Sitzung gleich zu Phase 7 (Abschluss) über.

Phase 6: Körpertest

An die Verankerung der Positiven Selbstüberzeugung schließt sich der Körpertest an. Obwohl die Positive Kognition vom Kopf und Gefühl her stimmig ist, kann es auf Körperebene restliche Unstimmigkeiten geben. Der Körpertest erfragt diese Empfindungen auf Körperebene, die eventuell noch auftreten können, wenn sich die Klientin die Ausgangssituation vergegenwärtigt und die Positive Kognition innerlich ausspricht.

Phase 6: Körpertest

Vorgehen

Fokussieren der aktuellen Körperempfindungen
bei gleichzeitiger Vorstellung der Ausgangssituation und
der Positiven Selbstüberzeugung

**Überblick
für Phase 6:
Körpertest**

wenn noch Verspannungen/Missempfindungen auftreten:
erneutes Prozessieren

Wahrnehmen und So-sein-Lassen, was ist

Die Verarbeitung des belastenden Erinnerungsmaterials führt zu adaptiven Veränderungen von Kognitionen, Emotionen, Verhaltensimpulsen und oft zuletzt auch von Körperempfindungen. Diese können wertvolle Hinweise auf noch zu bearbeitendes Material liefern und sind gleichzeitig ein guter Gradmesser für die erreichte Veränderung.

Fokussieren der aktuellen Körperempfindungen

– Bitten Sie die Klientin, sich die Ausgangssituation (nicht das Ausgangsbild, das sich verändert haben kann!) und die Positive Selbstüberzeugung zu vergegenwärtigen, wenn möglich mit geschlossenen Augen, um äußere Störquellen zu reduzieren.
– Bitten Sie sie, ihren Körper von oben nach unten zu erspüren.
– Lassen Sie sich die Körperempfindungen nennen und wenn noch Verspannungen oder Missempfindungen auftreten, prozessieren Sie diese mit weiteren Stimulierungsserien. Die Körperempfindungen können dabei schwächer werden oder gar verschwinden.
– Wenn keine Spannungen mehr wahrgenommen werden oder über angenehme Empfindungen berichtet wird, gehen Sie zum Abschluss der Sitzung über.

Körper erspüren

Es ist möglich, dass auch beim Körpertest noch neues assoziatives Material auftaucht, das nicht sofort aufzugreifen, sondern in einer anderen Sitzung einer vollständigen Neuverarbeitung zu unterziehen ist.

Phase 7: Abschluss

Stabilität für den Alltag sichern

Die Gestaltung des Abschlusses einer Sitzung ist von wesentlicher Bedeutung für die emotionale Stabilität der Klientin beim Verlassen des Therapieraums und während der Zeit bis zur nächsten Sitzung. Es ist von daher sinnvoll, ein Drittel der Therapiezeit für diesen Teil einzuplanen und nur in Ausnahmefällen davon abzuweichen. Bei nahendem Ende der Therapiestunde ist deshalb die Arbeit am Erinnerungsmaterial rechtzeitig abzubrechen und keine Verarbeitung auftauchenden Materials oder neuer Assoziationskanäle mehr zu beginnen.

Unabhängig vom vorhergehenden Prozess und den erlebten emotionalen Belastungen besteht das Ziel jetzt in jedem Fall darin, die Klientin so weit zu stabilisieren, dass sie ohne wesentliche Einschränkungen im Alltag zurechtkommen kann und sich nicht selbst gefährdet.

Vorgehen

Überblick für Phase 7: Abschluss

Bewusstes Beenden/Abschlussritual

➤

Entspannungsübung/Distanzierungsübung

➤

Nachbesprechung

➤

Abschluss-Informationen

Bewusstes Beenden des gesamten Prozesses

Es hat sich in unserer Arbeit bewährt, eine EMDR-Sitzung immer auf die gleiche Art und Weise abzuschließen. Der Gestaltung dieses Abschlussrituals sind dabei keine Grenzen gesetzt. Finden Sie mit Ihrer Klientin zusammen eine kreative und individuelle Form. Die folgenden Vorschläge dienen nur als Anregung und sind gern erweiterbar:

Atmen

– Nachdem die Klientin ihren Körper nochmals bewusst gespürt hat, bitten Sie sie, tief durchzuatmen, ihre Aufmerksamkeit auf

Phase 7: Abschluss

den Raum um sie herum zu lenken und gedanklich oder laut die **Aufmerksamkeit** Worte zu sprechen: »Alles ist in Ordnung, wie es gerade ist. Es **nach außen** hat seinen Sinn, seinen Anfang und sein Ende. Damit schließe ich den heutigen Prozess ab und wende mich wieder meinem All-tag zu.« Vielleicht gibt es ein Bild oder eine Handlung, die diese Worte begleiten kann.

– Sie können die Wirkung dieser Worte unterstützen, indem Sie **ganz kurze** eine sehr kurze Stimulierungsserie parallel anbieten, die sich **Stimulierung** aber deutlich von der Prozessstimulierung unterscheiden muss, zum Beispiel senkrechte Augenbewegungen statt waagerechte, oder Tippen auf die Schultern statt auf die Knie.

– Verändern Sie dann bewusst ihre Sitzpositionen, verrücken Sie **Gesprächsposition** die Stühle wieder in eine normale Gesprächsposition.

Entspannungsübung/Distanzierungsübung

– Wenn Ihre Klientin stark überflutet war, dazu neigt oder Ima- **Entspannung** ginationsübungen für sie sehr hilfreich sind, bietet es sich an dieser Stelle an, eine kurze Entspannungs- oder Distanzierungs-übung durchzuführen (z. B. der »Sichere Ort« oder die Tresor-übung (s. Arbeitsmaterialien, S. 246ff., 255f.). In dieser Übung können Sie den Prozess des Wegpackens und Verschließens ver-bal anleiten.

– Wenn der Prozess nicht vollständig abgeschlossen werden konn- **Distanzierung** te, so dass noch körperliche Missempfindungen spürbar sind, hilft die »Lichtstrahlmethode« (s. Arbeitsmaterialien, S. 243ff.).

Nachbesprechung

– Fragen Sie die Klientin nach ihren Eindrücken während der Sit- **Eindrücke** zung. Bitte vertiefen Sie ihre Schilderung nicht durch weitere Nachfragen. Diese Frage dient nur als Ventil, für eventuell noch drängende Gedanken oder Gefühle.

– Überzeugen Sie sich jetzt, ob Ihre Klientin sich im »Hier und **Hier und Jetzt** Jetzt« befindet.

– Fragen Sie sie, wie es ihr jetzt geht und was sie noch von Ihnen **Was wird noch** braucht, um sicher nach Hause gehen zu können. **gebraucht?**

Abschluss-Informationen

Prozess geht weiter

– Bereiten Sie die Klientin darauf vor, dass der Verarbeitungsprozess auch während der nächsten Tage in abgemilderter Form weitergehen kann. Das kann sich in Form von Träumen, neuen Erinnerungen oder Gedanken, aber auch verstärkten Symptomen zeigen. Vermitteln Sie ihr, dass das zum Therapieprozess dazugehört und von ihr nach Möglichkeit lediglich beobachtet und bei Bedarf notiert werden sollte.

Tagebuch

– Ein Tagebuch ist ein wichtiges Arbeitsmittel einer EMDR-Behandlung. Dort kann die Klientin all das auftauchende Material stichwortartig notieren, das in Zusammenhang mit der bearbeiteten Thematik steht oder anderweitig belastend wirkt. Damit sind insbesondere Erinnerungen, Träume, Gedanken und Gefühle sowie Situationen im Alltag gemeint, die die Klientin für bemerkenswert hält. Bitten Sie sie, diese aber – analog zur Therapiesitzung – nur zu beobachten und alles einfach geschehen zu lassen. Durch die schriftliche Fixierung des Erlebten wird die Distanzierung erleichtert.

– Um die Ressourcen zu stärken, können Sie auch schöne Erlebnisse notieren lassen.
Bitten Sie die Klientin, ihr Tagebuch zu jeder Sitzung mitzubringen, da diese Informationen als Grundlage der weiteren Neuverarbeitung dienen können.

– Erinnern Sie sie an die gemeinsam eingeübten Möglichkeiten zur Selbstregulation und Selbstberuhigung und bieten Sie als letzte Alternative an, sich telefonisch bei Ihnen zu melden, wenn Ihre Klientin keinen anderen Weg mehr weiß und das auch für Sie als Therapeutin in Ordnung ist.

– Empfehlen Sie Ihrer Klientin, die nächsten 30 Minuten noch geruhsam zu verbringen, beispielsweise kein Auto zu fahren.

Phase 8: Neubewertung

Unter der Phase 8, Neubewertung, werden zwei unterschiedliche Therapieschritte zusammengefasst:

- zum einen die Überprüfung der Verarbeitung eines Ausgangsthemas nach kompletter Protokollbearbeitung in der nachfolgenden Therapiesitzung (Einzelbewertung). Hierbei wird die verminderte Belastung nicht nur bezogen auf die Erinnerungen überprüft, sondern ebenfalls auf gegenwärtige Auslöser und zukünftige Vorstellungen, die mit dem Ausgangsthema in Verbindung stehen;

Einzelbewertung für Vergangenheit, Gegenwart, Zukunft

- zum anderen die Bewertung des Gesamtfortschritts innerhalb der Therapie (Gesamtbewertung).

Bewertung der Therapie

Einzelbewertung

Wenn Sie mit Ihrer Klientin eine belastende Erinnerung bearbeitet haben, ist es wichtig zu überprüfen, ob die Bearbeitung vollständig ist. Dies erfolgt idealerweise zu Beginn jeder nachfolgenden Therapiesitzung.

Prüfung der Verarbeitung

Kriterien für eine vollständige Verarbeitung

- Aufweichen/Verschwinden von festen Verhaltensmustern, Einstellungen, Gefühlen oder Körperreaktionen, die mit dem Ausgangsthema verbunden waren,
- erlebte Angstfreiheit und Wahlfreiheit in den eigenen Handlungen in bisherigen Auslösesituationen für Belastungen bei Realkonfrontation,
- bewusste Erinnerungen an die Ausgangssituation rufen keine emotionalen oder körperlichen Belastungen mehr hervor,
- ein freies Erzählen über die alten Erfahrungen ist der Klientin ohne affektive Überflutung möglich, die Erfahrungen werden als ichzugehörig und abgeschlossen erlebt,
- spontane Erinnerungen verlaufen ohne affektive Begleitung,
- es ist kein Vermeidungsverhalten mehr zu beobachten.

Es ist normal, dass bei der Durcharbeitung einzelne Erinnerungs-aspekte noch nicht integriert werden konnten oder dass weitere assoziativ verbundene Erinnerungen auftauchen. Dieser Effekt kann auch später auftreten, da sich das Verhalten der Klientin in ihrem sozialen Umfeld im Lauf der Therapie ändert, wodurch tie-fer liegende unverarbeitete Themen aktiviert werden können.

Überprüfungsmöglichkeiten

Es gibt verschiedene Möglichkeiten, die eingetretenen Verände-rungen zu überprüfen, auf die im Folgenden eingegangen wird.
- Befragung der Klientin unter Verwendung ihrer Tagebuchauf-zeichnung,
- erneute Fokussierung der Ausgangssituation und der Negativen Selbstkognition bei gleichzeitiger bifokaler Stimulierung als Test, ob weitere Belastungen auftreten,
- Nutzung von Testverfahren (s. Diagnostik, S. 58ff.),
- mittelfristige Überprüfung,
- sequenzielle Überprüfung,
- Überprüfung der Belastung für gegenwärtige und zukünftige analoge Situationen und Auslöser.

Befragung der Klientin

Fragen Sie die Klientin zu Beginn der nachfolgenden Sitzung, ob und in welcher Form in der Zwischenzeit Träume oder Erinnerun-gen aufgetaucht sind oder ob sich spezifische Veränderungen, etwa im Umgang mit anderen Menschen, gezeigt haben.

Befragung

Arbeit an einem Ausgangsthema erst beenden

Eine wichtige Grundlage zur Beantwortung dieser Fragen stellt das Therapietagebuch dar. Prinzipiell gilt, dass die Verarbeitung einzelner Ausgangsthemen abgeschlossen werden sollte. Deshalb werden die von der Klientin genannten belastenden Erinnerungen oder Erlebnisse, die mit der vorhergehenden Sitzung in Verbindung stehen, als neue Ausgangssituationen konfrontiert und neu verar-beitet, bevor weitere Themen fokussiert werden. Es kann aber auch sein, dass die Klientin in der Folgesitzung innerlich so viel weiter gekommen ist, dass sie schon ein neues, tieferes Ursprungsthema erreicht hat, das dann auch gleich zur weiteren Arbeit verwendet werden sollte.

Phase 8: Neubewertung

Erneutes Fokussieren der Ausgangssituation

Werden von der Klientin keine relevanten Träume, Erinnerungen oder Konflikte beschrieben, können Sie die bifokale Stimulierung als Suchprozess (s. S. 153 ff.) nutzen.

Bitten Sie Ihre Klientin, sich die Ausgangssituation der letzten Sitzung einschließlich der zugehörigen Emotionen und der Negativen Kognition vorzustellen. Lassen Sie sie wie üblich die Belastung auf der SUD-Skala einschätzen. Wenn die Belastung stabil gering ist und keine neuen Bilder, Empfindungen oder Gedanken auftauchen, können Sie mit der Bearbeitung eines anderen Ausgangsthemas beginnen. Ist die Belastung hingegen wieder angestiegen, egal auf welcher Ebene, ist dies ein Hinweis auf unvollständige Verarbeitung. Setzen Sie in diesem Fall die Arbeit der letzten Sitzung fort.

innerer Prozess als Suchprozess

Nutzung von Testverfahren

Eine weitere Methode zur Überprüfung besteht natürlich im Einsatz psychometrischer Tests, beispielsweise IES oder IES-R, wenn diese zu Beginn der Behandlung bereits genutzt worden sind (s. Diagnostik, S. 58 ff.).

psychometrische Tests

Mittelfristige Überprüfung

Eine derartige Überprüfung kann sich auch als wichtig über die Spanne mehrerer Sitzungen erweisen oder wenn sich besondere Umstände während oder nach der Verarbeitung verändern. Solche Umstände können das Absetzen von Psychopharmaka, stationäre Behandlungen oder wesentliche Neugestaltungen des sozialen Netzes sein, da solche Umstände eine nochmalige Bearbeitung von Ausgangsthemen erfordern können.

Sequenzielle Überprüfung

Wenn bei einer Klientin mehrere Traumata bearbeitet werden, ist eine wiederholte Überprüfung der einzelnen Ausgangsthemen besonders wichtig, da bei der schrittweisen Verarbeitung der einzelnen Ausgangsthemen leicht Assoziationskanäle unbeachtet bleiben oder bereits bearbeitete, aber nicht abgeschlossene Themen nochmals aktiviert werden können.

Sie können in diesem Fall Folgendes prüfen, indem Sie die bifokale Stimulierung als Suchprozess (s. S. 153f.) nutzen:

- Lassen Sie die Klientin die ursprüngliche Ausgangssituation anvisieren und/oder
- lassen Sie die Klientin die Negativen Selbstüberzeugungen innerlich wiederholen und nach weiteren, noch nicht genannten zugehörigen bedeutsamen Erlebnissen suchen und/oder
- notieren Sie sich während der Verarbeitungssequenzen auftauchende Assoziationen und/oder
- forschen Sie nach unverarbeiteten Erinnerungen innerhalb von Clustern einander ähnlicher Erinnerungen und/oder
- lassen Sie die Klientin traumarelevante Personen fokussieren und nach noch nicht genannten bedeutsamen Erlebnissen suchen.

Bitten Sie die Klientin, jeweils die darauf folgende Belastung einzuschätzen, und entscheiden Sie, ob sich daraus neue, noch zu bearbeitende Ausgangsthemen ergeben.

Überprüfung der Belastung für gegenwärtige und zukünftige analoge Situationen und Auslöser

Prüfung der Erinnerungen
Die bisherigen Darstellungen bezogen sich insbesondere auf die Erinnerungen der Klientin bezüglich ihres Erlebens in der Vergangenheit. Um eine vollständige Verarbeitung abzusichern und die Klientin dauerhaft nicht nur von Symptomen zu befreien, ist eine Prüfung der aktuell auslösenden Stimuli und eine darüber hinaus in die Zukunft orientierte Vorstellungsbearbeitung notwendig.

Prüfung der Gegenwart
Wenn die Erinnerungen offensichtlich vollständig verarbeitet wurden, schließt sich deshalb eine Überprüfung der aktuellen Situationen oder Auslöser an, die mit dem Ausgangsthema verbunden sind. Nur so kann sichergestellt werden, dass die Behandlungserfolge auch tatsächlich generalisiert wurden.

Sie können jetzt Folgendes prüfen:
- Lassen Sie die Klientin alle bedeutsamen stark belastenden gegenwärtigen Reize oder Interaktionen anvisieren und/oder

Phase 8: Neubewertung

- lassen Sie die Klientin auf bedeutsame Inhalte des Therapie-
  tagebuchs fokussieren und/oder
- lassen Sie sich von der Klientin über die Integration der emotionalen und Verhaltensveränderungen in ihrem Alltag berichten.

Bitten Sie die Klientin, jeweils die darauf folgende Belastung einzuschätzen, und entscheiden Sie, ob sich daraus neue, noch zu bearbeitende Ausgangsthemen ergeben.

Beachten Sie dabei, dass ein Absinken der Belastung auf null
nicht immer realistisch ist, und prüfen Sie das Ergebnis daher
immer auf die Angemessenheit bezüglich der Klientin, ihrer Erwar-
tung und Zufriedenheit mit dem Resultat sowie ihres sozialen Kon-
textes.

Die Klientin wurde bisher durch die Symptomatik oft in ihrem
Erlebens- und Verhaltensrepertoire stark eingeschränkt, und es
braucht vielleicht einige Zeit, bis es ihr möglich wird, mit Situationen und Herausforderungen in adäquater Weise umzugehen.

Der Schluss der Überprüfung bezieht sich daher auf Situationen **Prüfung der**
oder Herausforderungen, die erst in der Zukunft liegen. Ängste der **Zukunft**
Klientin, die mit dem schon bearbeiteten Ausgangsthema verbunden sind, werden mit der Technik der bifokalen Stimulierung neu
verarbeitet und alternative Verhaltensmuster werden installiert.

Sie können jetzt Folgendes prüfen:
- Fordern Sie die Klientin auf, sich eine künftige Begegnung mit
  einer Person, die mit dem Trauma verbunden war, vorzustellen
  und/oder
- bitten Sie die Klientin, sich eine bisher stets als belastend erlebte
  Situation in der Zukunft vorzustellen oder
- ermutigen Sie die Klientin, innerhalb von 14 Tagen nach der
  abschließenden Bearbeitung des Zukunftsfilms zur Realkonfrontation mit bisherigen Auslösesituationen für emotionale Belastungen.

Lassen Sie die Klientin jeweils die darauf folgende Belastung einschätzen und entscheiden Sie, ob sich daraus neue, noch zu bearbeitende Ausgangsthemen ergeben. Dies kann der Fall sein, wenn
die Projektionen in die Zukunft dysfunktionale, deutlich inadäquate
Ängste hervorrufen. Das Ziel der Therapie besteht dann darin,

spürbar neue Verhaltensmuster zu vermitteln, die der Klientin entsprechen.

Zu diesem Zweck konstruieren Sie mit der Klientin die beiden oben genannten künftigen Varianten und phantasieren mit ihr, was ein günstiges Verhalten, was angemessene Gefühle und Selbstüberzeugungen wären. Wenn es der Klientin schwer fällt, entsprechende Pläne zu entwickeln, weil soziale Fähigkeiten oder Wissen über Normen, Umgangsformen oder Ähnliches fehlen, vermitteln Sie ihr solche Kenntnisse und Fähigkeiten psychoedukativ.

Installation eines neuen Verhaltensmusters — Zum Abschluss stellt sich die Klientin das neue Verhaltensbild und die zugehörige Positive Selbstüberzeugung vor, während sie von Ihnen durch mehrere Stimulierungsserien geleitet wird. Dieser Vorgang entspricht der Phase der Verankerung (s. S. 139).

Schrittweise kann so neues Verhalten aufgebaut werden, das im Rahmen der Therapie in Rollenspielen und später als Übung in der sozialen Realität erprobt, gestärkt und generalisiert werden kann.

Wenn es an dieser Stelle zu negativen Emotionen oder Selbstüberzeugungen kommt, werden diese angesprochen und, falls sie sich nicht auflösen, als neue Ausgangssituation behandelt.

Gesamtbewertung der Therapie

Psychotherapie ist dafür mitverantwortlich, den hohen Wert der Volksgesundheit zu erhalten. Es ist deshalb nötig, ihre Wirksamkeit und Effizienz wissenschaftlich anhand von repräsentativen Stichproben wie auch im Einzelfall zu überprüfen (vgl. Grawe et al. 1994). Dazu ist es nötig, die erreichten Ergebnisse zu überprüfen, und zwar um die Stabilität der Veränderung der Klientin zurückzumelden, um eine Rückmeldung über den Erfolg der eigenen Arbeit zu erhalten und drittens, um Informationen über die differenzielle Wirksamkeit der angewandten Methoden für bestimmte Störungsbilder und Populationen zu gewinnen.

Als geeignete Methoden für dieses Vorgehen kommen mit einem angemessenen Abstand nach Beendigung der Behandlung
– Folgesitzungen mit der Klientin oder
– eine schriftliche Befragung zu den relevanten Symptomen mittels der bereits zur Diagnostik eingesetzten standardisierten Verfahren in Frage.

Phase 8: Neubewertung

Als zeitliche Bezugspunkte könnte eine Abfolge von drei und sechs Monaten oder einem Jahr gewählt werden.

Die Folgesitzung wird nur dann klar messbare Vergleichsdaten erbringen, wenn Sie vor Beginn der EMDR-Sitzungen alle zu verändernden Symptome gemeinsam mit der Klientin aufgelistet haben und diese jeweils mit ihrem momentanen Belastungsgrad (zwischen 0 und 10) und der Auftrittshäufigkeit eingeschätzt wurden. Sinnvoll ist es, parallel dazu auch alle erwünschten Positiven Selbstüberzeugungen aufzuschreiben und mit ihrer momentanen Stimmigkeit (zwischen 1 und 7) zu bewerten. Diese Ausgangsdaten bieten dann eine anschauliche Basis für die Evaluation der erreichten Veränderungen.

Nachbesprechung und/oder Prä-/Postvergleich

8. Therapeutische Möglichkeiten bifokaler Stimulierung
(Ines Püschel)

Je nach Ausgangssituation (siehe Abb. 25) kann die bifokale Stimulierung mit unterschiedlicher Zielrichtung eingesetzt werden.

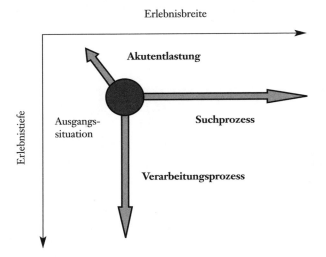

Abbildung 25: Möglichkeiten von EMDR in Abhängigkeit von der Erlebnistiefe und Erlebnisbreite der Klientin

Sowohl die beschleunigte Verarbeitung traumatischer oder blockierter Erinnerungen als auch die Auslösung von Assoziationen bei Suchprozessen ist möglich, zum Beispiel beim Suchen der ursächlichen Erfahrungen aktueller Belastungen. Außerdem kann es zur kurzfristigen Akutentlastung bei emotionalen Überforderungszuständen eingesetzt werden. Die beiden letztgenannten Punkte sind wissenschaftlich noch nicht belegt, entsprechen lediglich den Erfahrungen in der therapeutischen Praxis.

Bifokale Stimulierung zur Erinnerungsverarbeitung mit EMDR

Sowohl traumatische Erfahrungen als auch dem Bewusstsein unzugängliche Ursachen festgefahrener Verhaltensmuster lassen sich mit Hilfe von bifokaler Stimulierung aus ihrem eingefrorenen Zustand herauslösen. Neue, flexible und für das Bewusstsein und Lernprozesse offene Verhaltensmuster können sich entwickeln.

EMDR-Protokolle

Die therapeutische Arbeit folgt hierbei dem im EMDR-Standardprotokoll und in den Sonderprotokollen beschriebenen Weg und verlangt ein gegenwärtig aktualisierbares Ausgangsthema. Auf welcher Ebene der inneren Wahrnehmung die Erinnerung aktualisiert wird (visuell, akustisch, als Verhaltensimpuls usw.), ist dabei unwichtig. Das Ziel ist eine deutliche Belastungsreduktion in der Gegenwart, die jedoch nur erreicht wird, wenn der Prozess zum Abschluss gebracht werden kann. Während des Prozesses kann es zu einer kurzzeitigen Belastungssteigerung kommen.

klar spürbare Ausgangserinnerung

Bifokale Stimulierung im assoziativen Suchprozess

Kann noch kein Therapiethema aktualisiert werden oder befindet sich die Klientin in einem emotional diffusen Zustand (z. B. »Mir geht es einfach schlecht und ich weiß weder warum noch was mir helfen könnte«), kann die bifokale Stimulierung zur Vertiefung und assoziativen Verbreiterung des Suchprozesses eingesetzt werden. Es ist immer wieder verblüffend, welche kreativen Entdeckungen die Klientinnen dabei machen.

Besonders eindrücklich ist dabei für die Klientinnen die Erfahrung, dass sie die Lösungen selbst gefunden haben und diese deshalb oftmals sehr stimmig und praktikabel erscheinen.

Ziel ist es dabei, vom momentanen Befinden ausgehend über die Aktivierung zugehöriger neuronaler Assoziationsnetze hin zur verursachenden Erfahrung oder hilfreichen Erkenntnis oder zur Erinnerung zu gelangen, ohne diese gleichzeitig lösen oder anwenden zu wollen. Die daraus resultierende kognitive Klarheit und Bewusstheit kann zu einem Ansteigen der emotionalen Belastung füh-

kognitive Klarheit und Bewusstheit

ren, da die Realität näher heranrückt und neue Zusammenhänge sichtbar werden.

bei festgefahrenen Fragestellungen

Der praktische Einsatz der bifokalen Stimulierung erfolgt bei angeleiteten Suchprozessen eher strukturlos, das heißt ohne das EMDR-Protokoll. Diese Arbeit kann Ziel einer ganzen Sitzung sein, ist aber auch ohne weitere Vorbereitung in jede sonstige Arbeit integrierbar. Wann immer im Gespräch die Klientin auf eine innere oder äußere Frage keine Antwort weiß, bildet die Konzentration auf diese Frage und die sie begleitenden Gefühle und Körperempfindungen die Ausgangssituation für die bifokale Stimulierung. Je nach beabsichtigter Erinnerungsbreite kann die Stimulierung wieder abgebrochen werden, sobald es zu neuen Impulsen gekommen ist, oder sie kann bis zur gewünschten Klarheit der Ursachen, Zusammenhänge oder Lösungswege fortgesetzt werden.

Suche nach neuen Impulsen, Lösungen, Zusammenhängen

Auch zur Entscheidungsfindung in komplexen Situationen oder zur Installierung von neuen Ressourcen kann dieses Vorgehen effektiv genutzt werden. Da in der Regel ein breites Spektrum an Assoziationen auftaucht, empfiehlt es sich, die Mitteilungen der Klientin mitzuschreiben, um Anknüpfungspunkte für die weitere Arbeit zu haben.

Der Übergang zum Verarbeitungsprozess kann dabei je nach therapeutischer Intention und Absprache und je nach der noch zur Verfügung stehenden Zeit fließend gestaltet werden. Es kommt darauf an, der Klientin die unterschiedlichen Ziele und Konsequenzen von Verarbeitungs- und Suchprozess vorher mitzuteilen, um keine falschen Erwartungen aufzubauen und die erreichten Fortschritte auch als solche erkennen zu helfen.

Vorgehen

Formulieren der Fragestellung
z. B. »Was brauche ich, um selbstsicherer zu werden?«

▼

Wahrnehmen der gegenwärtigen Gefühle und Körperempfindungen

▼

> **Bifokale Stimulierung**
> bei gleichzeitiger Konzentration auf die Frage
> und die inneren Wahrnehmungen

> **Therapeutisches Aufgreifen der neuen Impulse**
> z. B. als Ausgangsthema für eine Neuverarbeitung
> mit EMDR
> oder andere therapeutische Methoden

Abbildung 26: Bifokale Stimulierung als Suchprozess

Bifokale Stimulierung zur Akutentlastung in emotionalen Überforderungssituationen

Befindet sich die Klientin in einem Erregungszustand (Übererregung, Weinkrampf, Hyperventilieren, Nicht-mehr-ansprechbar-Sein), kann es sich – neben anderen Techniken – als hilfreich erweisen, kurzfristig bifokal zu stimulieren. Entscheidend ist dabei die Aufforderung, in die Beobachterrolle zu gehen und alles da sein und auch wieder gehen zu lassen. Oft ist es so wieder möglich, die Klientin in einen ausreichend entspannten Zustand zu versetzen, der eine sprachliche Verständigung und eine Veränderung des Erlebens und Verhaltens ermöglicht. Reicht die Stimulierung allein nicht aus, ist es als zusätzliche therapeutische Intervention empfehlenswert, während der Stimulierung die Aufmerksamkeit der Klientin auf hilfreiche Erfahrungen und bekannte innere Ressourcen zu lenken, etwa in Form einer Frage: »Was kann Ihnen jetzt helfen, diese Situation aushaltbar zu machen?« – »Was hilft mir, um zur Ruhe zu kommen?« – »Was brauche ich jetzt und wie kann ich es mir holen?« Wichtig ist hierbei, die Stimulierungsserien kurz zu halten und durch jede nötige kognitive Intervention den Aufmerksamkeitsfokus der Klientin auf die Lösung, Einordnung und Begrenzung ihrer Belastung zu lenken, und damit auf eine Verringerung der Erlebnistiefe hinzuwirken. Nach erfolgter emotionaler Entspannung bieten sich Methoden zur Außenorientierung und Erdung an, bevor bei Bedarf kognitive Techniken zur aktuellen Belastungsreduktion Anwendung finden können oder weiterführende Ressourcenarbeit in Frage kommt.

Fokus auf Beobachtung, Lösung, Begrenzung

Vorgehen zur Akutentlastung

Zustand emotionaler Übererregung
▼
Zustand auf Beobachterrolle und
sichere Gegenwart
▼
Bifokale Stimulierung
▼
bei Bedarf
therapeutisches Einweben
mit Fokus auf Lösung und Begrenzung
der Belastung
▼
nach emotionaler Entspannung
Außenorientierung/Erdung,
kognitive Belastungsreduktion,
Ressourcenarbeit

9. Der EMDR-Prozess
(Ines Püschel)

Zur sprachlichen Klarheit ist es sinnvoll, folgende Begriffe deutlich voneinander zu trennen:

EMDR = Bezeichnung für die in acht Schritten von Shapiro beschriebene Methode zur Neuverarbeitung dysfunktional gespeicherter Gedächtnisinhalte, inklusive der Sonderprotokolle

EMDR-Prozess = bezeichnet die Phasen 3 bis 7, die innerhalb einer EMDR-Therapiesitzung durchgeführt werden

Der innere Prozess der Klientin = ist im Rahmen von EMDR in der Phase des Durcharbeitens zu beobachten, wenn die Klientin ihre Aufmerksamkeit während der bifokalen Stimulierung nach innen richtet und ein innerer Erinnerungs- und Verarbeitungsprozess entsteht.

Die Rolle der Therapeutin wechselt im Verlauf der Sitzungsphasen und unterscheidet sich insbesondere während des inneren Prozesses der Klientin deutlich von der oft aktiveren Rolle in anderen Therapiephasen.

Der EMDR-Prozess und die Steuerung der emotionalen Distanz der Klientin zum belastenden Erinnerungsmaterial

Während wir uns bisher mit dem »Standardablauf« einer EMDR-Sitzung befasst haben, geht es in diesem Kapitel um die Feinheiten der therapeutischen Arbeit. Wir werden detailliert besprechen, wie

Idealer Prozessverlauf

der EMDR-Prozess und die aktiven und passiven Bereiche therapeutischer Interventionen

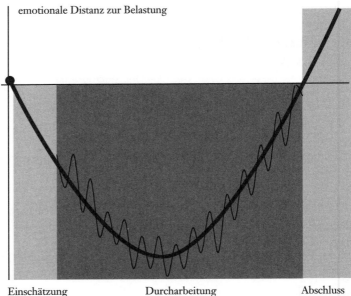

Abbildung 27: Der EMDR-Prozess unter Einbeziehung der emotionalen Nähe der Klientin zum belastenden Erinnerungsmaterial

der EMDR-Prozess abläuft und wie er von der Therapeutin beeinflusst werden kann, wenn es zu Behinderungen des optimalen Verlaufs kommt. Im Idealfall kommt die Klientin zur Therapiesitzung und berichtet von einem spürbaren gegenwärtigen Bezug zu einem zu bearbeitenden belastenden Ereignis, ohne davon überflutet zu sein (Ausgangspunkt der Sitzung).

Durch die nachfolgende intensive gedankliche Beschäftigung mit dem Thema (Beschreibung, Finden der zugehörigen Kognitionen, Emotionen und Körperempfindungen) kommt es zu einer Vertiefung der belastenden Gefühle, womit meist eine verstärkte Erinnerungsfähigkeit und das spontane Auftauchen assoziierter Körperempfindungen verbunden ist.

An diesem Punkt beginnt die bifokale Stimulierung und damit der beschleunigte innere Verarbeitungsprozess, der tendenziell zunächst weiterhin emotional vertiefend wirkt, im Normalfall aber auch von allein wieder in Richtung Beruhigung und positiver Assoziationen führt.

Dieser innere Prozess verläuft nicht geradlinig, sondern wellenförmig, da die Zeiten bifokaler Stimulierung (= emotionale Vertiefung) abwechseln mit Zeiten von Stimulierungsunterbrechungen (= Distanzierung).

wellenförmiger Verlauf

Die Abbildung 27 soll das soeben Gesagte anschaulich zusammenfassen.

Der EMDR-Prozess und der optimale Verarbeitungsbereich

Entscheidend für die Effektivität des therapeutischen Arbeitens ist es, sich als Therapeutin zu jeder Zeit über das jeweilige Ziel (Verarbeitung, Suchprozess oder Akutentlastung) und über die momentane Position im jeweiligen Prozess klar zu sein. Außerdem ist die Einschätzung des aktuellen emotionalen Abstands der Klientin vom belastenden Erinnerungsmaterial entscheidend für die therapeutische Vorgehensweise. Wie schon mehrfach beschrieben, setzt eine komplette Verarbeitung ohne erneute Retraumatisierungen die ständige gegenwärtige Präsenz der Klientin in einem Bewusstseinsbereich voraus, der die belastenden Erfahrungen aktualisiert, gleichzeitig aber so weit davon entfernt ist, dass es zu keiner unkontrollierbaren affektiven Überflutung oder dissoziativen Reaktion als Schutz davor kommt. Wir nennen diesen Bereich den optimalen Verarbeitungsbereich.

Klarheit über Ziel und aktuelle Position im Prozess

Eine optimale Entfernung zum belastenden Material lässt sich daran erkennen, dass die Erinnerungen in der Gegenwart

optimaler Verarbeitungsbereich

– als Bilder, Gefühle, Geräusche, Verhaltensimpulse, Körperempfindungen oder Ähnliches beobachtbar und beschreibbar sind,
– affektiv spürbar sind und gleichzeitig
– auch die gegenwärtige Situation mit der ihr zugehörigen Sicherheit im therapeutischen Kontakt spürbar bleibt.

Ohne Resonanz auf einer beliebigen Ebene der inneren Wahrnehmung in der Gegenwart ist keine Neuverarbeitung möglich. Dann ist die Distanz zu den alten Erfahrungen zu groß, sei es, weil diese tatsächlich so weit entfernt oder überlagert sind, sei es, weil Abwehrmechanismen für einen »künstlichen« Abstand sorgen. Dabei spielt es keine Rolle, ob die Klientin ihren gegenwärtigen Empfindungen bewusst eine Ursache oder Situation zuordnen kann. Verarbeitung geschieht auch im Unbewussten.

Der EMDR-Prozess und seine therapeutischen Beeinflussungsmöglichkeiten

Handwerkszeuge zur Steuerung

Grundsätzlich stehen der Therapeutin verschiedene Handwerkszeuge zur Steuerung des inneren Prozesses zur Verfügung:
- die Stimulierungsmodi (Art, Tempo, Dauer),
- ihre Stimme,
- der Inhalt ihrer verbalen und nonverbalen Botschaften,
- die Gestaltung der Stimulierungsunterbrechungen zwischen den Stimulierungsserien,
- die Anleitung der Klientin (Sprechen, Augen öffnen ...).

Die einzelnen Werkzeuge mit ihren jeweiligen Einsatzmöglichkeiten und deren Konsequenzen sind in Tabelle 11 zusammengestellt.

Ziel ist es dabei, die Klientin im optimalen Verarbeitungszustand zu halten, das heißt je nach der momentanen individuellen beziehungsweise situativen Tendenz den Prozess eher zu vertiefen (Verstärkung der Fokussierung auf das innere Geschehen) oder eher sicher zu halten (Verstärkung der Fokussierung auf Kontakt und Gegenwart).

EMDR-Prozess und therapeutische Beeinflussungsmöglichkeiten **161**

Tabelle 11: Überblick über Steuerungsmöglichkeiten des EMDR-Prozesses

Werkzeug	Innenfokus stärkend	Außenfokus stärkend
Stimulierungsmodi		
Stimulierungsart	taktil	Augenbewegungen eigene Stimulierung
Stimulierungstempo	schneller	langsamer (wirkt verschieden)
Stimulierungsdauer	längere Sets	kürzere Sets
Stimme der Therapeutin	seltener Einsatz, leise	häufiger Einsatz, laut
verbale Botschaften	»Was auch immer kommt, geben Sie dem Raum.« »Lassen Sie zu, was auch immer geschieht.« »Gehen Sie damit weiter.«	»Es ist vorbei.« »Es sind nur Erinnerungen.« »Sie sind jetzt nicht allein.« »Sie beobachten nur, was kommt, zum Beispiel wie hinter einer dicken Glasscheibe.«
Gestaltung der Stimulierungsunterbrechungen	kurze Unterbrechungen kurze Rückmeldungen geben lassen keine bewusste Außenorientierung	lange Unterbrechungen lange Rückmeldungen geben lassen bewusste Außenorientierung (Atmen, Umsehen, Kontakt)
Anleitung der Klientin	Augen geschlossen halten lassen Sprechen während des Prozesses eher nicht zulassen	Augen offen halten lassen Sprechen während des Prozesses anregen

10. Die Rolle der Therapeutin und ihr therapeutisches Werkzeug
(Ines Püschel und Oliver Schubbe)

Die Rolle der Therapeutin während einer ideal verlaufenden EMDR-Sitzung

Das Verhalten der Therapeutin ist je nach EMDR-Phase idealerweise sehr unterschiedlich: von sehr aktiv und direktiv bis zu lediglich beobachtend und sichernd.

Vor und nach dem Verarbeitungsprozess

Aktives, direktives Verhalten

Grundsätzlich verhält sich die Therapeutin in der Phase des Aktualisierens der Erinnerungen und des Distanzierens, also außerhalb der Phase der Durcharbeitung aktiv.

Fragen

Aufmerksamkeitslenkung

angeleitete Visualisierung

Sie unterstützt durch ihre Fragen, durch gezielte Aufmerksamkeitslenkung und angeleitete Visualisierung das Finden des Ausgangsthemas, die Fokussierung des belastendsten Ausgangsbildes/ Sinneseindrucks und das Formulieren der zugehörigen Negativen und Positiven Selbstüberzeugungen. Analog fördert die Therapeutin in der Phase der Verankerung und des Abschlusses durch die Aufmerksamkeitslenkung in die Gegenwart beziehungsweise ins Außen die Lösung von der traumatischen Erinnerung und die abschließende Stabilisierung der Klientin. Genauer werden die therapeutischen Möglichkeiten dazu unter Phase 7 (Abschluss) beschrieben.

Beobachtendes und sicherndes Verhalten während des inneren Prozesses der Klientin

Ganz anders sieht es während des inneren Prozesses der Klientin aus, solange dieser spontan abläuft und sich die Klientin im optimalen Verarbeitungsbereich befindet. Wenn die Klientin also während der Stimulierungsunterbrechungen von Veränderungen auf einer beliebigen Ebene ihres inneren Erlebens berichtet und gleichzeitig für die Therapeutin spürbar Kontakt zur Gegenwart hat, verhält sich die Therapeutin passiv.

Ihre Aufgaben bestehen dann:
- im Ausführen der bifokalen Stimulierung,   **Stimulierung**
- im gleichzeitigen Beobachten nonverbaler Signale, um zu sehen,   **Beobachtung** ob sich die Klientin mit ihrem Erinnerungsmaterial in Kontakt befindet, ohne davon überflutet zu sein,
- im kurzen Unterbrechen des inneren Prozesses, wenn sie es für   **Unterbrechung** notwendig hält, um im Bilde zu bleiben und die Klientin immer wieder die Erfahrung der Erinnerungskontrolle machen zu lassen,
- im Erfragen des zuletzt aufgetauchten Eindrucks, sei er körper-   **Befragen** lich, gedanklich oder emotional während der Stimulierungsunterbrechungen,
- im Kontakthalten über die Stimme während der Stimulierung   **Kontakt halten**
- und im Vertrauen auf den psychischen Heilungsprozess.   **Vertrauen**

Beispiel: Rolle der Therapeutin während des inneren Prozesses

Der innere Prozess hat bereits begonnen:

.... *Stimulierung durch Augenbewegungen*	**Beispiel**

Therapeutin: O. k., atmen Sie tief durch und schauen Sie bitte wieder zu mir. Was ist als Letztes aufgetaucht?

Klientin: Ich war plötzlich drei und saß mit meinem Vater in der Badewanne. Alles war ganz lila und dunkelblau.

Therapeutin: Gehen Sie wieder dorthin und beobachten Sie weiter.

.... *Stimulierung durch Augenbewegungen*

> Therapeutin: Beobachten Sie einfach, was gerade kommt ... Atmen Sie tief durch und schauen Sie wieder zu mir. Was war jetzt zuletzt?
> Klientin: Ich fühle mich so widerlich begehrt. Immer geht es nur um meinen Körper. Ich bin immerzu fotografiert worden.
> Therapeutin: Gehen Sie wieder dorthin und beobachten Sie weiter.
> .... *Stimulierung durch Augenbewegungen*

Ziel ist es dabei, den inneren Prozess so wenig wie möglich zu stören. Deshalb sind die Stimulierungsunterbrechungen so kurz wie möglich zu halten. Sie wollen sich lediglich davon überzeugen, dass Veränderungen aufgetreten sind und wo sich die Klientin gerade innerlich befindet. Sie brauchen nicht zu verstehen, wie ihre Klientin dorthin gekommen ist, was sie meint, worauf sie sich bezieht oder welchen Zusammenhang es zum Ausgangsthema gibt. Dass der innere Prozess dorthin geführt hat, ist Existenzberechtigung genug für jeden Impuls, der spürbar ist. Ihr Wissen über das, was sich gerade im Inneren der Klientin abspielt, gilt es, durch Vertrauen in die inneren Heilkräfte zu ersetzen.

den inneren Prozess nicht stören

Sie als Therapeutin brauchen nichts weiter zu tun, sie brauchen nicht zu interpretieren, nicht nachzufragen, nicht zu verstärken, nicht inhaltlich emphatisch zu sein. So anstrengend das auf den ersten Blick erscheinen mag, so erleichternd ist es für Sie, wenn es zur Gewohnheit geworden ist.

Stellen Sie sich vor, sie bekommen eine zarte, junge Pflanze und Sie möchten, dass diese besonders schön gedeiht. Dann werden Sie sicherlich nicht damit beginnen, an ihren Blättern und am Pflanzenstängel zu ziehen und zu zupfen, sondern Sie werden sie gießen, ihr einen idealen Platz suchen, ausreichend Dünger geben und sie mit Aufmerksamkeit und liebevollen Worten beschenken. Das Wachsen passiert unter diesen Bedingungen von allein – auf eine unglaublich komplexe, wunderschöne Art. Genauso geschieht die psychische Heilung Ihrer Klientin während des inneren Prozesses, wenn dieser unter optimalen Bedingungen ablaufen kann.

... während einer ideal verlaufenden EMDR-Sitzung   **165**

Potenzielle Schwierigkeiten im EMDR-Prozess

Je nachdem, ob sich eine Klientin bewusstseinsmäßig zu weit von den Erinnerungen entfernt oder sich diesen zu sehr annähert, kann es im EMDR-Prozess zu verschiedenen Schwierigkeiten kommen, die ein aktives Eingreifen der Therapeutin erfordern (siehe Abb. 28).

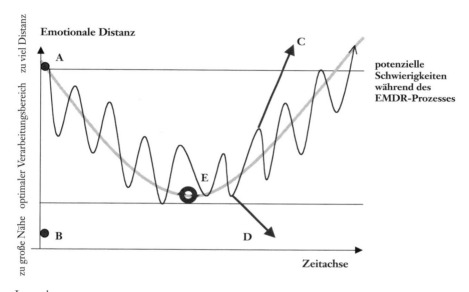

Legende:

- idealer, symbolisierter Verlauf der Phase der Durcharbeitung
- mögliche Ausbrüche aus dem idealen Verlauf und/oder aus dem optimalen Verarbeitungsbereich (**C**, **D**)
- idealer, wellenförmiger Verlauf des inneren Prozesses der Klientin
- Startpunkt: zu weit entfernt (**A**) oder zu nah (**B**)
- Blockierung im Prozessverlauf (**E**)

Abbildung 28: Der innere Prozess und potenzielle Schwierigkeiten in Abhängigkeit von der emotionalen Entfernung der Klientin von den belastenden Erinnerungen

A Klientin ist vor Beginn des inneren Prozesses zu distanziert, sie findet kein Ausgangsthema oder hat kein Gefühl dazu.   **zu distanziert**

zu nah	B Klientin ist vor Beginn des inneren Prozesses zu erregt beziehungsweise emotional überflutet.
verliert Kontakt	C Während des inneren Prozesses verliert die Klientin den Kontakt zum Ausgangsthema (sie geht z. B. mit ihrer Aufmerksamkeit zu stark in die Gegenwart oder ablenkende Ereignisse).
wird überflutet	D Klientin gerät in eine affektive Abreaktion, droht, den Kontakt zur therapeutischen Gegenwart zu verlieren und zu überfluten.
Blockade im Prozess	E Der innere Prozess blockiert beziehungsweise kreiselt.

Die jeweiligen Anzeichen und Möglichkeiten zur Handhabung der genannten therapeutischen Situationen werden nun einzeln erläutert.

Die Rolle der Therapeutin, wenn die Klientin vor Beginn des Prozesses zu distanziert ist (A)

Anzeichen

keine gegenwärtig aktualisierbare Erinnerung Bei der Suche nach der Ausgangssituation berichtet die Klientin auf Nachfragen, dass sie sich nicht erinnern kann, oder die Erinnerung wirkt sachlich, detailarm, ohne emotionale Resonanz und schwer einfühlbar, korrelierende Körperempfindungen fehlen.

Handhabung

HYPOTHESE 1: Die Erinnerung ist schon verarbeitet.

Überprüfen alter Prozesse Überprüfen Sie, ob in vergangenen Sitzungen schon eine ausreichende Verarbeitung stattgefunden hat, indem Sie:
- die damaligen Ausgangsthemen nochmals fokussieren und die bifokale Stimulierung als Suchprozess nach eventuell noch bestehenden Belastungen einsetzen oder indem Sie
- eingetretene Veränderungen im Denken, Fühlen und Verhalten der Klientin erfragen.

... wenn die Klientin vor Beginn des Prozesses zu distanziert ist **167**

HYPOTHESE 2: Das angesprochene Erinnerungsmaterial ist nicht dran, die Schicht seiner Verarbeitung ist noch nicht erreicht. Fragen Sie sich und die Klientin, warum es gerade heute dieses Ausgangsthema sein soll.

... *weil es logisch wäre* ...

Die Dinge lassen sich nicht erzwingen, und wenn es sich stimmig anfühlt, ist ein anderes Thema sinnvoller. **nichts erzwingen**

... *weil es in der vorangegangenen Sitzung angefangen wurde, aber nicht abgeschlossen werden konnte* ...

Die Effektivität von EMDR hängt in großem Maß von dem konsequenten vollständigen Abschluss eines jeden Protokolls mit einem Belastungswert von 0–1 und einem Stimmigkeitswert von möglichst 7 ab. Versuchen Sie also, ob eine emotionale Vertiefung durch folgende Schritte möglich wird: **emotionale Vertiefung**

1. entspannen lassen,
2. detailliertes Abfragen aller Sinnesebenen,
3. Ich-Form benutzen lassen,
4. Gegenwartsform verwenden lassen,
5. Fokussierung auf Körperempfindungen,
6. Zurückgehen auf dem Zeitstrahl.

Beginnen Sie bei Anzeichen *eines* gegenwärtigen Kontakts zum belastendsten Ausgangsbild/Sinneseindruck mit der bifokalen Stimulierung. Wenn nicht, setzen Sie die bifokale Stimulierung als Suchprozess ein und nutzen das momentane Befinden als Ausgangspunkt.

HYPOTHESE 3: Das Erinnerungsmaterial ist noch so schmerzhaft oder wird als so schmerzhaft vermutet oder die dissoziativen Schutzmechanismen der Klientin sind in schwierigen Situationen so automatisiert, dass sich die Klientin vor den Erinnerungen schützt. **dissoziative Reaktion**

Vorgehen bei Dissoziation

Vorgehen bei dissoziativen Reaktionen

Wahrnehmen

↓

Akzeptieren

↓

so sein lassen

↓

Entscheidung der Klientin abwarten

↓

Erforschen

↓

Sicherheitsbedürfnis anders erfüllen

↓

gedankliches Umgehen

Wahrnehmen Akzeptieren
– Schutz und Kontrolle haben Vorrang vor Verarbeitung. Registrieren Sie das Schutzbedürfnis und akzeptieren Sie es für die Klientin deutlich erkennbar. Was die Klientin bisher kennen gelernt hat, ist in der Regel die Erfahrung, dass sie anders, besser, mutiger, stärker sein soll. Was wir ihr als neue hilfreiche Erfahrung anbieten können, ist, dass sie so o. k. ist, wie sie gerade ist, mit ihren Ängsten und mit ihrem Schutzbedürfnis, dass sie ohne Ansprüche auf Veränderungen akzeptiert wird. Erst Akzeptanz macht Schutz überflüssig und schafft damit die Möglichkeit, genauer hinzusehen, statt sich immer wieder neu rechtfertigen zu müssen.

so lassen
Entscheidung der Klientin abwarten
– Besprechen Sie mit der Klientin Hintergrund, Sinn und heutige Konsequenzen von dissoziativen Prozessen. Vereinbaren Sie mit ihr den gemeinsamen Umgang in der Therapie damit. Erst die eigene Entscheidung, so wie bisher nicht mehr leben zu wollen und Veränderungen zu wünschen, sollte uns veranlassen, der Klientin Vorschläge zum Weitermachen zu unterbreiten. Geben Sie der Klientin zu verstehen, dass sie sich jeden Moment neu für Schutz oder Weitergehen entscheiden kann, dass ein Stoppen der Dissoziationen jedoch in der gemeinsamen Verantwortung liegt.

Erforschen
– Erforschen Sie gemeinsam den individuellen Schutz- oder Abwehrmechanismus. (Wann tritt er auf? Wie äußert er sich?

Wie kündigt sich sein Auftauchen an? Welche Beeinflussungsmöglichkeiten gibt es?)

– Wichtig ist es dabei, immer wieder zu betonen, dass es nicht um **Kontrollieren**
die Abschaffung von Schutz oder Abwehr geht, der ja ein ent-
scheidendes Überlebenswerkzeug ist, sondern nur um dessen
Steuerung, seinen bewussten, kontrollierten Einsatz.

– Erforschen Sie das aktuelle Sicherheitsbedürfnis der Klientin. **Sicherheits-**
Was braucht sie, um sich den Erinnerungen stellen zu können, **bedürfnis anders**
innerlich und äußerlich? Schaffen Sie diese Bedingungen gemein- **erfüllen**
sam, sei es, dass sie genügend Zeit braucht, noch Fragen hat,
andere Rahmenbedingungen braucht, reale oder imaginative
Helfer nötig sind, der Sichere Ort noch gefestigt werden muss.

– Um automatisierte dissoziative Reaktionen zu umgehen, können **gedankliches**
Sie ihrer Klientin die Frage stellen, was passieren würde, wenn **Umgehen**
sie nicht dissoziieren würde. Was wäre das Schlimmste, was dann
eintreten könnte? Bearbeiten Sie dann mit ihr zunächst dieses
Thema, eventuell auch unter Nutzung der bifokalen Stimulierung. Kehren Sie danach mit ihr an den Punkt im Prozess unmittelbar vor dem Dissoziieren zurück. Stimulieren Sie weiter
und betonen Sie dabei die Beobachterrolle der Klientin. Alter-
nativ ist es möglich, stattdessen zur Ausgangssituation zurückzukehren.

Die Rolle der Therapeutin, wenn die Klientin vor Beginn des Prozesses emotional zu involviert ist (B)

Anzeichen

Alle bekannten verbalen und nonverbalen Signale von unkon- **verbale und non-**
trollierter emotionaler Überflutung (Weinen, Hyperventilieren, **verbale Signale**
Schreien, Unruhigsein, Zittern, Verkrampfen, stereotype Handlungen wie Sich-Kratzen …)

Handhabung

evtl. Maßnahmen – Kontrollieren Sie, ob gesundheitssichernde Maßnahmen nötig sind (z. B. Veränderung der Atmung beim Hyperventilieren).

– Strahlen Sie selbst Ruhe, Klarheit und Vertrauen aus.

emotionale Entlastungszeichen – Nehmen Sie den akuten Zustand als Ausgangssituation, ohne speziell etwas zu fokussieren. Betonen Sie immer wieder die Beobachterrolle der Klientin und stimulieren Sie bifokal, bis emotionale Entlastungsanzeichen zu erkennen sind.

Übungen – Nutzen Sie Übungen zur Außenorientierung (1-2-3-4-5 oder 5-4-3-2-1), zur Distanzierung (Sicherer Ort, Tresorübung) oder Erdung (Atmung, Baumübung), um die Aufmerksamkeit wieder stärker in die Gegenwart und auf die äußeren Bedingungen zu lenken (s. Arbeitsmaterialien).

– Danach gibt es verschiedene Alternativen, je nach Überflutungsauslöser:

Alltagsentlastung (1) Wenn die Energien nicht für eine Verarbeitung ausreichen, weil es zu viel aktuellen Stress gibt, ist Belastungsreduktion im Alltag notwendig.

Distanzierung (2) Wenn stärkere Sicherheitsbedürfnisse bezüglich des Erinnerungsmaterials bestehen, ist eine Belastungsreduktion durch weitere Distanzierungsarbeit nötig.

Strukturierung (3) Wenn die Menge des belastenden Erinnerungsmaterials für die Überflutung verantwortlich ist, gilt es, verstärkt zu strukturieren und Prioritäten zu setzen, in Verbindung mit dem Wegpacken vorerst unbeachteten Materials.

Ressourcenarbeit (4) Wenn innere oder äußere Ressourcen fehlen, müssen diese erst gesucht und erarbeitet werden (Imaginationsübungen, äußere Helfer).

(5) Erst danach können Sie zur Vorbereitung eines weiteren EMDR-Protokolls übergehen.

Die Rolle der Therapeutin, wenn die Klientin während des inneren Prozesses auf Distanz geht (C)

Anzeichen

- Erschöpfungsanzeichen/Müdigkeit,
- keine Veränderung im Prozess mehr,
- Verblassen/Kleinerwerden der Bilder,
- Nebel oder Ähnliches,
- Aufmerksamkeit geht spontan nach außen oder in den Alltag.

Handhabung

HYPOTHESE 1: Ausgangsmaterial ist vollständig bearbeitet.
- Lassen Sie die Klientin zur Ausgangssituation zurückgehen,
- überprüfen Sie nach erneuter Stimulierung die gegenwärtige Resonanz und stattfindende Veränderungen,
- überprüfen Sie den aktuellen Belastungsgrad,
- ist der Belastungsgrad 0, gehen Sie zur Verankerung über, ansonsten prozessieren Sie weiter.

HYPOTHESE 2: Klientin dissoziiert.
- klare Rückkehr in die Gegenwart (auf allen Sinnesebenen),
- danach folgen Sie den Schritten, die unter Vorgehen bei dissoziativen Reaktionen (s. S. 168f.) stehen.

Die Rolle der Therapeutin, wenn die Klientin während des inneren Prozesses überflutet wird (D)

Anzeichen

- Heftige affektive Reaktionen der Klientin während des inneren Prozesses bei gleichzeitigem, drohendem Kontaktverlust zur Therapeutin. Heftige, affektive Reaktionen können zum nor-

heftige affektive Reaktionen

malen Prozessverlauf gehören. Von einer emotionalen Überflutung wird hier erst dann gesprochen, wenn der Klientin der Kontakt zur Therapeutin, zur Gegenwart und die Fähigkeit zur eigenen distanzierten Beobachtung des inneren Prozesses verloren geht.

Handhabung

Stopp-Signal – Grundsatz: *Intensivieren Sie den Kontakt zur Klientin.* Wenn ein klares Stopp-Signal vereinbart wurde, geht der innere Prozess weiter, solange dieses Signal nicht von der Klientin angezeigt wird. Der eigene innere Prozess ist bei nachdrücklicherem Kontakt durch die Therapeutin das sicherste Mittel aus der Überflutung. Oftmals ist es günstig, die Klientin während des Prozesses verbal an die Möglichkeit des Stopp-Signals zu erinnern.

Abreaktion – Unter Abreaktion wird ein Wiedererleben der stimulierten Erinnerung auf einem hohen affektiven Belastungsniveau verstanden. Die Emotionen und die physischen Empfindungen können fast genauso stark wie in der ursprünglichen Situation sein. Abreaktionen sind nicht notwendig für eine vollständige Verarbeitung, können aber den Verarbeitungsprozess günstig beeinflussen. Während einer Abreaktion wird das belastende Erinnerungsmaterial in relativ kurzer Zeit verarbeitet. Ob die Verarbeitung vollständig war, ist wie auch sonst durch die folgenden Phasen zu evaluieren. Bleibt der Kontakt zur Therapeutin für die Klientin spürbar und kann sie ihren inneren Prozess parallel beobachten, erfordert eine Abreaktion keinen Abbruch des Prozesses. Ganz im Gegenteil kann ein unnötiger Abbruch die Klientin im vorherrschenden emotionalen Zustand festhalten und somit eine Auflösung der Erinnerungen bedeutend verlängern, schmerzhafter machen oder gar verhindern.

nonverbale Veränderung – Wenn nonverbale Veränderungen als Anzeichen des Erreichens einer neuen Verarbeitungsstufe auftreten, so setzen Sie die Stimulationsserie noch fünf bis zehn Sekunden fort, damit die neue Information kognitiv integriert werden kann.

– Auch wenn während der Serien die Verarbeitung enorm beschleunigt wird, sollten Sie nicht versuchen, die Serien übermäßig auszudehnen. Durch die Unterbrechungen erhält die Klien-

... wenn die Klientin überflutet wird

tin ein Gefühl der Kontrolle, weil sie erlebt, dass die sonst über-
wältigenden Erinnerungen beendet werden können. Neben dieser Dosierung der Exposition erhalten Sie Informationen über
den Verlauf der Verarbeitung, die Klientin kann sich sammeln
und ihr Erleben in Worte fassen. Und Sie haben Gelegenheit,
das Gefühl der Sicherheit im Hier und Jetzt der therapeutischen
Situation zu vermitteln. Die Verarbeitung geht während der
Pause, wenngleich langsamer, von allein weiter.

Unterbrechungen nicht vergessen

– Wenn es zu einer Abreaktion kommen sollte, müssen Sie für sich
und Ihre Klientin für Sicherheit sorgen. Bezogen auf die Therapeutin bedeutet dies, auf alle Formen emotionalen Ausdrucks
(Schreien, Wimmern, Weinen, Körperreaktionen etc.) vorbereitet zu sein. Insbesondere bedeutet es, durch entsprechende
Selbsterfahrung und Supervision sicherzustellen, dass Ihre eigene psychische Gesundheit nicht beeinträchtigt werden kann.
Wenn Sie auf die Affekte der Klientin mit Angst oder Abscheu
reagieren, wird dies auch die Sicherheit Ihrer Klientin und langfristig die therapeutische Beziehung beeinflussen.

selbst vorbereitet sein

– Ihre Klientin erwartet zu Recht, dass Sie in der Lage sind, die
Situation zu kontrollieren und ihr Sicherheit zu vermitteln. Werten Sie das Verhalten der Klientin nicht (weder positiv noch
negativ), sondern vermitteln Sie ihr, dass jedes Verhalten normal
ist und sie in der Therapiesitzung keinen Standards genügen
muss. Ihre Klientin benötigt in dieser Situation Empathie, Kontakt und Wärme.

keine Bewertung

– Heftige erinnerungsbezogene emotionale Affekte deuten darauf
hin, dass die »Verbindungsleine« zur Gegenwart immer dünner
wird und zu zerreißen droht. Damit die Klientin nicht völlig in
ihrer Erinnerung versinkt, ist der Kontakt mit äußeren Reizen,
mit der Sicherheit im Hier und Jetzt besonders wichtig. Deshalb
ist die verstärkte, klare Präsenz der Therapeutin nötig.

Sicherheit und Kontakt durch klare Präsenz

Dazu stehen ihr zur Verfügung:
• eine schnellere, intensivere Art der Stimulierung
  Bei Klientinnen, die zu Abreaktionen neigen, sind oftmals
  Augenbewegungen anderen Stimulierungsmöglichkeiten vor-
  zuziehen, weil sie stärker distanzieren und der Therapeutin
  mehr Kontrolle ermöglichen. Bei beginnenden Überflutungen können Sie Richtung, Geschwindigkeit oder das Ausmaß

Stimulierungs- wechsel

**Augen-
bewegungen**

Ihrer Handbewegung während der Serie verändern. Achten Sie auch darauf, dass die Klientin Ihre Bewegung nicht nur mechanisch ausführt, da sonst die Wirkung der bifokalen Stimulierung aufgehoben wird und die Klientin ihre gesamte Aufmerksamkeit auf das belastende Material richten kann. Wenn die Klientin sich unfähig fühlt, weiterhin Augenbewegungen auszuführen, können Sie auch andere Stimuli einsetzen. Allerdings können Sie bei der optischen Stimulation am besten erkennen, wann eine Klientin den Außenkontakt abbricht und nur in ihrer Erinnerung ist, da sie dann Ihre Hand nicht mehr mit den Augen verfolgt.

Stimme

- ein intensiver verbaler Rapport durch eine lautere, öfter eingesetzte, klarere Stimme und

Beobachten

- verstärkt Botschaften, die darauf hinweisen, dass es sich nur um Erinnerungen handelt, die die jetzige Belastung verursachen, dass es vorbei ist, dass die Klientin in der Beobachterrolle (geschehen lassen und beobachten) bleiben soll und dass sie nicht allein ist.

**Gefahr der
Retraumati-
sierung**

– Während einer Abreaktion kann die Gefahr bestehen, dass die Klientin den Kontakt zur Realität durch Flashback oder Dissoziation verliert. Eine solche Überflutung durch die Vergangenheit kann eine Verschlimmerung der Symptomatik im Sinn einer Retraumatisierung darstellen, wenn der Verarbeitungsprozess unterbrochen wird. Deshalb sollte ein solcher Zustand unbedingt vermieden beziehungsweise umgehend beendet werden. *Sprechen die nonverbalen Anzeichen für einen Kontaktverlust zur Gegenwart, stoppen Sie den inneren Prozess sofort und massiv.*

klar, konsequent

- Nutzen Sie Ihre Stimme und eventuell Berührungen, um die Aufmerksamkeit der Klientin wieder zurückzuholen. Da hier unbewusste Prozesse die Oberhand haben, ist es besonders wichtig, durch ihre Stimmlage die Gewissheit zu transportieren, dass es zum Zurückkommen keine Alternative gibt.

**Handlungs-
anweisungen**

- Vermitteln sie kontaktvoll, dass Sie keine Ruhe geben werden, bis die Klientin nonverbal oder verbal wieder Kontakt zu Ihnen aufnimmt. Auch wenn sie zunächst nicht reagieren sollte, können Sie davon ausgehen, dass Ihre Klientin sie hört. Sprechen Sie in klaren, kurzen Aufforderungssätzen. Zum Beispiel: »Ich möchte, dass sie mir zeigen, dass sie mich hören. Nicken Sie mit dem Kopf, wenn Sie meine Stimme hören.« Bleiben Sie so lange bei dieser einen Aufforderung, bis die Klientin ihr nachkommt. Gehen Sie erst dann weiter, zum Beispiel mit: »O. k. Drücken Sie jetzt meine Hand. Gut. Öffnen Sie die Augen ...« Führen Sie die Klientin so Schritt für Schritt wieder mit ihrer Aufmerksamkeit in die Gegenwart. Pausen oder Fragen sind hier kontraindiziert.

• Haben Sie wieder Blickkontakt, festigen Sie die Außenorientierung. Dazu können Sie Techniken einsetzen, die auch sonst zur Flashback-Kontrolle genutzt werden, wie Grounding oder die »5-4-3-2-1-Methode« (s. Arbeitsmaterialien, S. 248ff.; 257f.). **Techniken zur Flashback-Kontrolle**

– Wenn ihre Klientin der belastenden Erinnerung emotional nicht gewachsen scheint, können Sie ihr mittels Visualisierungsübungen helfen, sich vom Vorstellungsbild stärker zu distanzieren. So könnte das Bild gefärbt oder bis zum Stillstand verlangsamt werden, es können schützende Elemente (Glaswand, Betrachten auf Monitor o. Ä.) oder bei Kindheitserinnerungen ein helfendes Erwachsenen-Ich eingefügt werden. **Flashback- und Distanzierungstechniken**

– Besonders wichtig ist das eigene Vertrauen in die inneren Heilungspotenziale der Klientin und dass der Prozess in einer heilsamen Richtung verläuft. Wenn Sie darauf geachtet haben, dass Sie den inneren Prozess an keiner Stelle forciert, gedrängt oder Ihren Vorstellungen nach fokussiert haben, wird er die Kräfte und Fähigkeiten Ihrer Klientin nicht übersteigen. **Vertrauen in Heilungspotenzial**

Insbesondere wenn es zu starken emotionalen Erregungszuständen bis hin zu Abreaktionen gekommen ist, ist es außerordentlich wichtig, *dass die Klientin erst in einem Zustand hinreichender Stabilität entlassen wird*. Es sei an dieser Stelle daher zum einen auf einen entsprechenden Abschluss der Sitzung (s. S. 142ff.), zum anderen auf Ihre Fürsorgepflicht für einen sicheren Nachhauseweg der Klientin verwiesen. **sicherer Abschluss**

Die Rolle der Therapeutin, wenn der innere Prozess der Klientin blockiert ist (E)

Während des Prozessierens kann es verschiedene Formen von Blockierungen geben, die ein aktives Intervenieren der Therapeutin notwendig machen, um den Prozess erneut in den spontanen Weiterfluss zu bringen.

Mögliche Ursachen von Blockierungen

- Die Sicherheitsbedürfnisse der Klientin sind nicht erfüllt.
- Sie hat sekundäre Gewinne durch die Symptome, die deren Auflösung im Weg stehen.
- Es existieren unaufgedeckte blockierende innere Überzeugungen, zum Beispiel: »Ich gebe nie auf.«
- Das Belastungsniveau übersteigt die (angenommenen) Kontrollfähigkeiten der Klientin und sie versucht, sich zu schützen.

Verschiedene Formen von Blockierungen

- Klientin berichtet, dass sich nichts mehr verändert, auch beim Abfragen aller Repräsentationsebenen beschreibt sie keine Veränderung.
- Klientin hängt an einem bestimmten Gedanken, Gefühl oder einer Körperempfindung fest. Beispiele:

Negative Kognition

- • unverändertes Brennen im Magen über zwei Sets, Negative Kognition (NK): »Ich fühle mich so hilflos und klein.« – »Ich bin allein.«

Kreiseln

- Klientin »kreiselt« zwischen verschiedenen Gedanken, Gefühlen oder Körperempfindungen, die sich gegenseitig immer wieder selbst erzeugen.
  - • Beispiel: auf der Körperebene treten immer wieder nacheinander auf: Brennen im Hals – Kopfdruck – flaches Atmen – Brennen im Hals ...
  - • Klientin kommt während des Prozesses an den Punkt »Ich bin schuld«. – Verbindung zu Bild mit ihrer Oma, der sie sagt, was

ihr passiert ist – Omas Verzweiflung, weil sie es nicht verhindert hat – »Ich bin schuld« – Bild der Oma …

Im Gegensatz zur sonstigen therapeutischen Zurückhaltung machen diese Blockierungen ein aktives Eingreifen der Therapeutin notwendig. Jede Form aktiver Intervention wird *therapeutisches Einweben* genannt (Shapiro 2002), da der äußere Impuls mit dem eigenen Material der Klientin verwoben werden soll.

Therapeutisches Einweben

Grundsätze des therapeutischen Einwebens

Therapeutisches Einweben sollte so sparsam wie möglich angewendet werden, da der spontane innere Prozess der Klientin vergleichsweise effektiver und selbstbestimmter ist.

so sparsam wie möglich

Ist eine aktive Intervention trotzdem nötig, ist sie, im Gegensatz zu anderen therapeutischen Techniken, nur als äußerer *Impuls* zu verstehen, als ein Angebot, die Aufmerksamkeit auf einen neuen Aspekt zu richten, diesen mit einzubeziehen und so eine neue Orientierungsreaktion zu aktivieren. Sobald dieser Impuls bei der Klientin eine Resonanz erzeugt (auch wenn dieser nur auf der kognitiven Ebene als theoretische Möglichkeit akzeptiert wird), beginnt sofort die Fortführung der bifokalen Stimulierung. Es kommt also zu keiner kognitiven Überzeugungsarbeit, keinen gemeinsamen Erarbeitungen von Einsichten oder Ähnlichem.

nur Impuls

Indikationen des therapeutischen Einwebens

Weitere Indikationen für das Einsetzen einer der Techniken des therapeutischen Einwebens sind (Shapiro 1998a):
– unzureichende Information auf Seiten der Klientin,
– Ausbleiben der Generalisierung der Positiven Kognition (PK),
– wenn sonst die Therapiezeit nicht mehr für einen runden Abschluss der Sitzung ausreicht.

Indikationen

178   Die Rolle der Therapeutin und ihr therapeutisches Werkzeug

Formen des therapeutischen Einwebens

Formen Im Folgenden sind mögliche aktive Interventionen der Therapeutin aufgelistet, wobei diejenigen zuerst stehen, deren Einwirkungsintensität am geringsten ist. Den voranstehenden Techniken ist deshalb stets der Vorrang vor nachstehenden zu geben. Sind Blockierungen im Prozess aufgetreten, ist es sinnvoll, die folgenden Alternativen von oben nach unten abzuarbeiten, bis sich eine Fortsetzung des Prozesses erkennen lässt.

Blockade

(1) Erinnern an die Beobachterperspektive

(2) Verlängern der Stimulierungsserie

(3) Verändern der Stimulierung selbst
(Tempo, Auslenkung, Richtung, Höhe, Modalität)

(4) Fokus auf Körperempfindungen lenken
(alle, nur die stärkste; ungesagte Worte)

(5) Fokus auf weitere Modalitäten lenken
(visuell, auditiv, Dialog, Bewegungsimpuls)

(6) Distanzieren und später wieder annähern
(Bild variieren, Täter ohne Handlung, Glaswand)

(7) Rückkehr zu einem Teilaspekt der Ausgangssituation

(8) PK in die Ausgangssituation hineinnehmen

(9) Überprüfen der PK

(10) Rückkehr zur Ausgangssituation

(11) Affektbrücke zu Ursprungserinnerungen schlagen

(12) Blockierende Grundüberzeugungen erfragen

(13) Sekundären Gewinn überprüfen

(14) Imaginatives Einweben von Ressourcen

(15) Kognitives Einweben
      Erwachsenen-, Lösungs- oder Zukunftsperspektive
      durch Fragen, Kommentare oder Informationen

(16) Rückkehr zur Ausgangssituation

(17) Positive Umdeutung der Blockierung

Verändern der inneren Distanz und der Stimulierung

Wenn Sie die innere Distanz der Klientin zum belastenden Ge-
dächtnisinhalt durch eine kurze verbale Erinnerung, die Beobachterperspektive einzunehmen, und durch ein Verlängern der Stimulierungsserie verändert haben und der Prozess noch immer nicht
weitergeht, ist es günstig, weitere Eigenschaften der Stimulierung
zu variieren (Tempo, Auslenkung, Richtung, Höhe, Modalität).

Beobachterrolle
Stimulierungs-
wechsel

Variieren der Wahrnehmungsmodalität

Lenken Sie die Aufmerksamkeit der Klientin auf ihre Körperempfindungen. Entweder auf alle oder auf die stärkste. Besteht die
Blockade aus einer stagnierenden Körperempfindung, kann es zu
ihrer Auflösung kommen, wenn Sie die Klientin bitten, dieser Körperempfindung eine Gestalt zu geben und in all ihren Qualitäten
(Farbe, Form, Oberfläche, Gewicht usw.) zu beschreiben. Fahren
Sie dann mit den Stimulierungen fort und bitten Sie die Klientin,
zu beobachten, was dabei mit dieser Gestalt passiert.

Körper-
empfindungen

Manchmal sagen Klientinnen, es habe sich nichts verändert, nur
weil ihnen die Veränderungen zu geringfügig, selbstverständlich
oder unbedeutend erscheinen. Eine weitere Interventionsmöglich-
keit besteht deshalb in der Aufforderung, die Klientin möge ihre

Wechsel der
Wahrnehmungs-
modalität

Aufmerksamkeit auf eine andere Modalität der inneren Wahrnehmung (Bilder, Geräusche, Worte, Gedanken, Handlungsimpuls) fokussieren.

Distanzierungstechniken

Nutzen Sie bekannte imaginative Distanzierungstechniken, um die innere Distanz zum Geschehen zu variieren: Glaswand, Film, Ton abstellen, Täter ohne Handlung, Bilder verkleinern …

Rückkehr zur Ausgangssituation, Nutzung der Positiven Kognition

Auch durch die Rückkehr zur Ausgangssituation oder Teilaspekten von ihr kann der Verarbeitungsprozess wieder in Gang kommen. Ebenso wenn die Positive Kognition mit in den Aufmerksamkeitsfokus genommen wird und geprüft wird, was geschieht, wenn sich die Klientin die Ausgangssituation gemeinsam mit der Positiven Kognition vorstellt.

Ursprungserinnerungen

Versuchen Sie über eine Affektbrücke (s. S. 166f.) eine Verbindung zu frühen Ursprungserinnerungen herzustellen und diese dann weiter zu bearbeiten.

Blockierende Grundüberzeugungen erfragen

Ursachen-hypothese Führt all das nicht zu einem Weitergehen des spontanen inneren Prozesses, suchen wir in der linken Gehirnhälfte nach Unterstützung. Oft haben die Klientinnen eine Antwort auf die Frage, was sie im Moment hindert, weiter voranzugehen. Mit dieser Antwort steigen Sie dann wieder in den Prozess ein. Erklären Sie der Klientin, dass es sich bei ihren Antworten auch um Hypothesen handeln kann, die dann im weiteren Verlauf überprüft werden.

Sekundären Gewinn überprüfen

Wie in jedem anderen Therapieprozess, ist es auch bei EMDR ratsam, bei andauernder Stagnation der emotionalen oder kognitiven Reaktionen oder Überzeugungen nach einem potenziellen sekundären Gewinn des jeweiligen Gefühls oder der jeweiligen Überzeugung zu forschen. Eine mögliche Frage könnte lauten: »Was bewirkt es in Ihrer Partnerschaft, wenn Sie sich für hilflos halten?«

Wenn die Klientin sich selbst emotional oder kognitiv blockiert, kann es notwendig sein, sie wieder in Kontakt mit ihren Ressourcen zu bringen oder ihr neue Informationen zu dem bearbeiteten Thema zu geben, was die Verarbeitung wieder in Gang setzen kann. **Kontakt mit Ressourcen**

Situationen, die ein solches Vorgehen erfordern, sind nach Shapiro (1998a, S. 309ff.) etwa:
– das Kreiseln in Endlosschleifen ohne Absinken der SUD-Werte oder
– aufgrund geringer Bildung oder Lebenserfahrung unzureichende Kenntnisse der Klientin über einen Problembereich
– oder ein Ausbleiben der Generalisierung der positiven Kognition ohne Anstieg der VoC-Werte.

Imaginatives Einweben von Ressourcen

Die Annahme heißt hier: Starke innere oder äußere Ressourcen verbessern die Möglichkeit, belastendes Material zu integrieren. Die Frage, die Sie gemeinsam mit der Klientin zu klären haben, lautet: »Was oder wer könnte in der jetzigen Situation hilfreich sein?« Fragen Sie dabei gezielt nach gewünschten therapeutischen Änderungen durch Sie selbst und gestalten Sie diese, wenn es sich umsetzen lässt. Zum Beispiel brauchen manche Klientinnen das Gefühl, dass auch wirklich genug Zeit für sie da ist, oder die Gewissheit, dass Sie sie noch akzeptieren, obwohl sie Ihnen gerade ihre Schattenseiten zeigen. Erinnern Sie ihre Klientin auch an die bereits verankerten inneren Ressourcen. Beziehen Sie diese bewusst in den Prozess ein, indem Sie die Klientin bitten, diese neben der letzten Empfindung mit in den Fokus zu nehmen. **Ressourcen systematisch einbeziehen**

182   Die Rolle der Therapeutin und ihr therapeutisches Werkzeug

Kognitives Einweben

Themen Schuld, Sicherheit, Einfluss

Nach Shapiro (1995) ist speziell das kognitive Einweben besonders in den Themenbereichen

– Schuld/Persönliche Verantwortung,
– eigene Sicherheit und
– Einfluss- beziehungsweise Wahlmöglichkeiten

notwendig, da für eine umfassende Verarbeitung diese drei Bereiche unbedingt geklärt werden sollten. Die Blockierungen treten dabei oft zeitlich nacheinander auf. Sie umfassen Vorstellung und Gefühle der Klientin, die sich darauf beziehen,

– dass sie sich selbst bisher für das Geschehene verantwortlich fühlt oder
– dass sie sich bisher nicht hinreichend sicher fühlt oder
– dass sie glaubt, sich noch immer nicht frei in ihrem Leben entscheiden zu können.

Erwachsenenperspektive

Ziel ist es dabei, ihr eine *Erwachsenenperspektive* zu vermitteln, die sie ihre heutigen Fähigkeiten und Kräfte erkennen lässt. Bezüglich der vermeintlichen *Verantwortung* der Klientin geht es um die Klärung der Frage, wer tatsächlich die Verantwortung für die vergangenen Ereignisse trägt und sie auch dem Verantwortlichen zuzuweisen. So sind Kinder nicht verantwortlich für die sexuellen Übergriffe Erwachsener, oft bleibt eine solche Vorstellung jedoch über Jahre und Jahrzehnte implizit erhalten. Sie können ihrer Klientin dabei behilflich sein, sich von Selbstbeschuldigungen zu befreien, indem Sie ihr

»Ich glaube nicht ...«

– ihre Gedanken dazu mitteilen (»Ich glaube nicht, dass ein dreijähriges Mädchen das Handeln eines erwachsenen Mannes bestimmen kann«),

»Ich bin verwirrt ...«

– zeigen, dass Sie ihre Selbstbeschuldigungen nicht nachvollziehen können (»Ich bin verwirrt, sagten Sie gerade, dass Sie in der Lage gewesen sein wollen, sich gegen einen 80-Kilo-Mann zu wehren?«),

neue Informationen

– neue sachliche Informationen geben, über die die Klientin bisher nicht verfügt hat. Als Beispiel führt Shapiro an, dass Menschen, die sexuell missbraucht wurden, sich schuldig fühlen können, weil sie in dieser Situation selbst sexuell erregt waren. In diesem Fall wäre es notwendig, dass Sie darüber aufklären, dass eine solche Erregung auch physiologisch hervorgerufen wird und nichts mit einem freien Einverständnis mit der Missbrauchshandlung zu tun hat.

Die Einfügungen müssen dem aktuellen Stand der Klientin angepasst sein, bei einer zu großen Distanz zum Wissen und Empfinden werden sie nicht integriert und die Verarbeitung stockt weiterhin. Sobald die Klientin aber beginnt, die Information für sich anzunehmen, geleiten Sie sie durch neue Stimulierungsserien.

– Verfügt die Klientin wahrscheinlich bereits über die relevanten Informationen, wendet sie aber nicht für ihren eigenen konkreten Fall an, können Sie sie bitten, ihre dysfunktionale Überzeugung laut zu äußern und diese anschließend selbst auf ihre Angemessenheit zu prüfen. Ihre Klientin wird dann meist selbst den bestehenden Widerspruch wahrnehmen. **laut äußern lassen**

– Blockaden durch anhaltende Selbstbeschuldigungen lassen sich mitunter auflösen, wenn Sie die Klientin bitten, sich vorzustellen, dass je nach der zu bearbeitenden Situation ihr Kind oder eine ihr nahe stehende Person darin verwickelt wäre. Durch einen solchen Wechsel der Perspektive fällt es leichter, das eigene Verhalten damals als dem Schutz der eigenen Person angemessen und somit funktional in diesem Augenblick zu akzeptieren. **Perspektivenwechsel**

– Hilfreich für eine Reaktivierung der Verarbeitung kann es sein, wenn Sie Ihre Klientin auffordern, sich eigene Gedanken oder Verhaltensweisen vorzustellen, die sie gern in der belastenden Situation gehabt hätte. Bitten Sie sie, diese Phantasie mit dem Vorstellungsbild in der nächsten Stimulierungsserie zu verbinden. **Phantasie**

– Die Klientin kann außerdem leichter zu neuen Einsichten gelangen, wenn ihre bestehenden dysfunktionalen Vorstellungen systematisch in einfacher Form hinterfragt werden. Ein solches Vorgehen entspricht der Mäeutik (griech. Hebammenkunst) des Sokrates, der seine Schüler durch das wiederholte Infragestellen ihrer Behauptungen zur Selbsterkenntnis führen wollte. Im therapeutischen Setting ist darauf zu achten, dass die Klientin dabei nicht das Gefühl bekommen darf, zu ihr fremden Anschauungen gedrängt zu werden. **Sokratische Fragetechnik**

erneute Stimulierung bei Veränderung	Sobald die Klientin mit Hilfe einer der genannten Techniken zu einer neuen kognitiven Einsicht gelangt oder kurz davor ist, geleiten Sie sie durch eine Serie von Stimulierungen, damit die Information integriert werden kann.
Rückkehr zur Ausgangssituation	Zum Schluss bleibt Ihnen immer noch, zur Ausgangssituation zurückzukehren und mit dem weiterzuarbeiten, was sich bei Konzentration auf die ursprüngliche Ausgangssituation jetzt zeigt. Bleibt auch das ohne Wirkung, suchen Sie nach den Vorteilen, die das momentane Stagnieren der Neuverarbeitung für die Klientin haben kann. Eine Blockierung hat ihren Sinn, auch wenn man diesen nicht finden kann, ist das beste Mittel zu ihrer Veränderung ihre Anerkennung und Akzeptanz.
positive Umdeutung	Auch die Botschaft »Ich gehe in dem mir möglichen Tempo, und das ist o. k. so« kann heilsam sein.

11. Spezielle Anwendungen von EMDR
(Oliver Schubbe, Ines Püschel und Monique Renssen)

Nach traumatischen Erlebnissen können sich neben der Symptomatik einer Posttraumatischen Belastungsstörung verschiedene klinische Störungsbilder entwickeln. Diese lassen sich in Abhängigkeit von der individuellen Bewältigungsform schematisch vereinfacht beschreiben (Tab. 12).

Tabelle 12: Klinische Störungsbilder neben PTBS

Ursache	Form der Bewältigung		klinisches Bild	Verarbeitung in Abhängigkeit von der individuellen Form der Bewältigung
Traumatisches Erleben	Trennung der Emotion von der Erinnerungsszene mit Verschiebung auf andere konkrete Auslöser	Emotionen, z. B. Ängste, werden bewusst wahrgenommen.	➥Phobien	
Traumatisches Erleben	Trennung der Emotion von der Erinnerungsszene	Emotionen, z. B. Ängste, werden bewusst wahrgenommen.	➥Panik ➥generalisierte Angststörung	
Traumatisches Erleben	Trennung der Emotion von der Erinnerungsszene	Emotionen, z. B. Ängste, werden nicht bewusst wahrgenommen.	Je nach individuellem Kompensationsmuster können entstehen: ➥Suchtverhalten ➥Zwangsstörungen ➥Essstörungen ➥...	

Die Prädisposition einer Persönlichkeit ist geprägt vom Alter bei der Traumatisierung, den Entwicklungsbedingungen und individuellen Entscheidungen, den erlernten Reaktions- und Denkmustern und ihren Fähigkeitsausprägungen. Traumatisierte Menschen sind daher in unterschiedlichem Maß in der Lage, den erlebten

Annehmen können, was ist

Situationen und deren Bedeutung für die eigenen Gefühle und Überzeugungen ins Auge zu blicken. Nur wenn es den Überlebenden gelingt, das Geschehene in seiner Existenz und seinen Folgen anzuerkennen, ist es möglich, dass Ursache und persönliche Auswirkung bewusstseinsmäßig gekoppelt bleiben. In diesem Fall kommt es zu deutlich weniger sekundären psychischen Veränderungen, die sich sonst durch die notwendig werdenden Kompensations- und Schutzprozesse entwickeln.

Im Folgenden wird die Anwendung von EMDR und einfacher bifokaler Stimulierung bei den verschiedenen posttraumatischen Störungsbildern beschrieben.

In einigen Fällen wird auch bei anderen Störungsbildern das Standardprotokoll verwendet. In den meisten Fällen existieren Sonderprotokolle, die sich hauptsächlich in dem Punkt der Behandlungsplanung vom Standardprotokoll unterscheiden.

Behandlungsplanung im Standardprotokoll Die Behandlungsplanung mit dem Standardprotokoll umfasst für jedes Ausgangsthema drei Stufen:

(1) symptomverursachende *Erinnerungen,*

(2) gegenwärtige *Auslösesituationen* und

(3) *Zukunftsvorstellungen* und *Verhaltensmuster.*

Die Variationen des Standardprotokolls in den Sonderprotokollen können Tabelle 13 entnommen werden. Die entsprechenden Sonderprotokolle finden Sie bei den Arbeitsmaterialien.

Tabelle 13: Mögliche Sonderanwendungen von EMDR

Anwendung bei	Einsatz von	Besonderheiten der Behandlungsplanung
Einmaltraumatisierungen	Standardprotokoll	
blockierenden Verhaltensmustern	Standardprotokoll	
kurz zurückliegenden Traumatisierungen	Sonderprotokoll -	(1) schlimmster Teil (wenn spontan genannt) (2) Chronologie der Ereignisse (3) jeder noch bedrohliche Teil (4) Auslösesituationen

Spezielle Anwendungen von EMDR

Anwendung bei	Einsatz von	Besonderheiten der Behandlungsplanung

Phobien/ Panikattacken	Sonder-protokoll	(1) Angst vor der Angst
		(2) Körperfokus weglassen
		(3) Erinnerungen
		  • das erste Mal
		  • das schlimmste Mal
		  • das letzte Mal
		  • zuletzt die Körperkorrelate
		(4) Auslösesituationen
		(5) Zukunftsvorstellungen
		(6) Realkonfrontation

Sucht/Zwang	Sonder-protokoll	(1) unbewusste Verhaltensmuster aufdecken (2) Vorstellung davon, was von der Abstinenz abhält (3) Vorstellung des Suchtdrucks (4) ursächliche Ängste/Denkmuster, traumatische Erfahrungen (5) gegenwärtige Auslösesituationen (6) Zukunftsvorstellungen von gewünschten Verhaltensmustern

psycho-somatischen Erkrankungen	Sonder-protokoll	(1) Erinnerungen/Auslösesituationen/ Zukunftsängste bezüglich
		  • krankheitsbedingter Einschränkungen
		  • sozialer Krankheitsfolgen
		  • Erfahrungen mit der Medizin
		(2) innerer Film der nächsten ein bis fünf Jahre

chronischem Schmerz	Sonder-protokoll	(1) aktuelle Schmerzempfindung (2) Leben ohne Schmerz
übermäßiger Trauer	Sonder-protokoll	(1) die aktuellen Vorfälle, z. B. Leiden, Tod (2) sich aufdrängende Erinnerungen (3) Auslösesituationen, Träume (4) Selbstvorwürfe, ambivalente Gefühle, Konflikte mit dem Verlorenen, falsch gerichtete Wut, unverarbeitete Verluste (5) dazugehörige traumatische Ursprungserinnerungen
Ich-Stärkung		(1) Finden notwendiger Ressourcen (2) Verankerung entwickelter innerer und äußerer Ressourcen

EMDR nach kurz zurückliegenden Traumatisierungen

Inhaltliche Besonderheiten

noch keine kognitive Verfestigung

Liegen traumatische Erfahrungen nur wenige Tage oder Wochen zurück, sind sie noch sehr sinnesnah und weniger kognitiv repräsentiert, das heißt, es sind damit auch weniger starre dysfunktionale Überzeugungen verknüpft. Die einzelnen Erlebnissequenzen (z. B. ich sehe das Auto auf mich zukommen, ich spüre, wie ich von der Fahrbahn abkomme, ich komme wieder zu mir und kann mich nicht bewegen, ich liege im Krankenwagen, ich bekomme die Narkose, ich ärgere mich über meine Krankenkasse) sind außerdem kognitiv nicht miteinander verknüpft, sondern repräsentieren jeweils einen eigenständigen Erlebnisteil. Dadurch wird eine Bearbeitung der einzelnen Sequenzen im Zusammenhang nötig.

schnell reaktivierbare Affekte

Gleichzeitig sind die Affekte nach dem Erlebnis noch dicht an der Oberfläche und damit leicht reaktivierbar. Die Überlebenden haben selber häufig ein starkes Bedürfnis, über ihr Erlebnis zu sprechen, um es fassbar und damit kontrollierbar zu machen.

noch unzureichende Schutzmechanismen

Dieses Redebedürfnis entlastet sie auf der einen Seite, auf der anderen Seite birgt es – besonders, wenn es therapeutisch mit den normalen Gesprächstechniken begleitet wird (Spiegeln, Vertiefen, Gefühle ansprechen) – die Gefahr einer emotionalen Überflutung. Die Fähigkeit zum Stoppen des Rede- und Erinnerungsflusses ist in dieser Phase oft noch ungenügend ausgebildet, ebenso wie sonstige, später gewohnheitsmäßig abrufbare Schutzmechanismen.

EMDR-spezifische Besonderheiten

belastendster Moment

(1) Den Beginn des EMDR-Prozesses stellt die Durcharbeitung des belastendsten Teils des Erlebnisses dar, wenn die Klientin diesen *spontan* erwähnt.

Gesamtablauf chronologisch durchgehen

(2) Erfolgt dies nicht, beginnt die Therapeutin mit dem inneren Prozess zum *Gesamtablauf* des traumatischen Erlebnisses. Die Vorgabe durch die Therapeutin ist dabei, dass sich die Klientin während der bilateralen Stimulierung die gesamte Sequenz möglichst chronologisch vorstellen soll.

EMDR nach kurz zurückliegenden Traumatisierungen **189**

Diese Vorgabe stellt aber nur einen Wegweiser dar. Wenn der **Belastungs-**
innere Prozess der Klientin anders verläuft, hat das natürlich **reduktion**
Vorrang. Wann immer die Klientin mit einer Assoziationskette
am Ende ist, wird wieder zum Anfang zurückgegangen, bis sich
die Klientin den gesamten Ablauf von Anfang bis Ende vorstellen kann und die Belastung dabei deutlich gesunken ist. Oft
ist es sinnvoll, ohne die Herausarbeitung der Negativen und
Positiven Selbstüberzeugung mit dem inneren Prozess zu
beginnen. Die Klientinnen sind häufig schon so schnell mitten
in ihren Erinnerungen, dass hier die anfängliche Belastungsreduktion im Vordergrund steht. Erst nach mehreren Durchgängen, wenn sich die Anfangsaffekte etwas beruhigt haben, wird
wieder das gesamte Protokoll durchgearbeitet.

(3)   Danach werden alle nun noch bedrohlichen Teile des Erlebnis-   **alle noch bedroh-**
ses erfragt und einzeln in gesonderten Protokollen durchgear-   **lichen Teile**
beitet.

(4)   Zum Abschluss werden potenzielle oder reale Auslösesituatio-   **Auslöse-**
nen identifiziert und bearbeitet, analog zum Standardprotokoll.   **situationen**

Die Herausarbeitung der Negativen und Positiven Selbstüberzeu-   **keine kognitive**
gung ist zwar Bestandteil des Behandlungsschemas, hat aber bei   **Arbeit**
weitem nicht die übergreifende Bedeutung wie bei sonstigen Trau-
mabearbeitungen.

Nutzen Sie spontan auftauchende Selbstüberzeugungen. Ansonsten gehen Sie im Protokoll einfach zum nächsten Punkt über.

Beispiel: Beginn des EMDR-Prozesses bei kurz zurückliegenden Traumatisierungen (Bearbeitung des schlimmsten Teils bei einer bereits bekannten Klientin)

Therapeutin: Woran wollen Sie heute arbeiten?   **Beispiel**
Klientin: Mir ist gestern etwas ganz Schlimmes passiert. Ich
arbeite doch in dieser Bank, und da kam dieser
Mann rein, mit einem Gewehr in der Hand. Das
hat er mir die ganze Zeit an den Kopf gehalten …

Therapeutin:	O. k. Wie fühlen Sie sich bei diesen Erinnerungen?
Klientin:	Ich sehe mich da immer noch liegen. Ich hab gedacht, jetzt ist alles vorbei und wie sollen nur die Kinder damit klarkommen. Ich hatte schreckliche Angst.
Therapeutin:	Wo spüren Sie das jetzt in Ihrem Körper?
Klientin:	Ich zittere total. Mein Herz rast und mir ist ganz schlecht.
Therapeutin:	O. k. Ich werde jetzt mit der Stimulierung beginnen. Setzen Sie sich bitte schräg vor mich. Sie kennen das ja schon. Bitte versuchen Sie alles geschehen zu lassen, was passiert, und beobachten Sie es nur. Sie können den Prozess jederzeit durch ein Handzeichen stoppen. Wollen Sie beginnen?
Klientin:	Ja.
Therapeutin:	Gut. Dann denken Sie bitte jetzt an diese Situation …
	Beginn der Augenbewegungen ……..

Nachdem sich die Belastung des schlimmsten Moments aufgelöst hat, beginnt das chronologische Durchgehen des Überfalls.

Therapeutin:	Was haben Sie kurz vor diesem Überfall gerade gemacht?
Klientin:	Ich habe gerade Geld im Kassenraum gezählt. Meine Kollegin, die Bärbel, stand hinter mir und erzählte mir von ihrem Enkel, der gerade laufen lernt.
Therapeutin:	Und als der Mann wieder weg war, was war da?
Klientin:	Ich lag ja noch mit dem Kopf auf dem Boden und hab mich gar nicht getraut, hochzusehen. Dann hat der Filialleiter gerufen: »Er ist weg. Ich rufe jetzt die Polizei.« Die kam dann auch ziemlich schnell und hat uns alle befragt. Anschließend haben wir gleich Inventur gemacht und alles überprüft. Das war wohl das Beste, einfach weiterzumachen, als sei nichts passiert. Jedenfalls hat das

EMDR nach kurz zurückliegenden Traumatisierungen 191

> der Polizist auch gesagt. Abends bin ich dann nach
> Hause und habe alles meinem Mann erzählt.
> Therapeutin: Bitte gehen Sie jetzt in Gedanken den Überfall
> noch einmal vom Moment des Geldzählens bis
> zum Abend zu Hause durch. «
> *Beginn der Augenbewegungen* ....

Es wäre unnötig und für die Klientin unnötig belastend, sich vor der
Durcharbeitung den gesamten Ablauf erzählen zu lassen. Was Sie
für eine professionelle Arbeit kennen müssen, ist ein Anfang und ein
Ende der Situation.

Im Gegensatz zur Verarbeitung länger zurückliegender Trauma- **keine emotionale**
tisierungen, bei der eine größtmögliche Vertiefung der traumati- **Vertiefung**
schen Erinnerung angestrebt wird, um einen guten gegenwärtigen
Kontakt zum belastenden Material zu bekommen, kann bei kurz
zurückliegenden traumatisierenden Erfahrungen am Anfang des
inneren Prozesses auf eine zusätzliche Fokussierung und emotionale Vertiefung verzichtet werden. Gearbeitet wird lediglich mit
dem, was die Klientin spontan berichtet, ohne nachzufragen.

Ist die affektive Belastung anfangs sehr hoch, kann es helfen, die
Klientin zu bitten, beim Durcharbeiten die Augen offen zu halten
und/oder alles laut zu erzählen.

Wann immer sich Anzeichen einer drohenden emotionalen **drohenden**
Überflutung zeigen, stoppt die Therapeutin die Klientin, lenkt ihre **Kontaktverlust**
Aufmerksamkeit wieder in die Gegenwart, auf den Kontakt zu ihr **rechtzeitig stop-**
und auf die Frage nach aktuell Hilfreichem. **pen**

Häufiger als in sonstigen Prozessen muss mit starken Abreaktio- **Vertrauen**
nen gerechnet werden. Seien Sie darauf vorbereitet, um die Klientin mit Ihrem Vertrauen und Ihrer Sicherheit hindurchführen zu
können.

Ganz besonders wichtig ist hier der konkrete sichere Abschluss, **sicherer**
zum Beispiel mit einer Besprechung des Nachhausewegs, der Akti- **Abschluss**
vitäten in den nächsten Stunden und der Aufzählung von hilfreichen Menschen und Dingen.

In Fachkreisen werden die Möglichkeiten, EMDR bei kurz zurück- **kontroverse**
liegenden Traumata einzusetzen, kontrovers diskutiert. Hier wur- **Diskussion**
den die Standpunkte der Autoren wiedergegeben.

EMDR nach einmaligen Traumatisierungen

Inhaltliche Besonderheiten

Merkmale einer Einmaltraumatisierung

Im Allgemeinen wird von einer Einmaltraumatisierung gesprochen, wenn folgende Bedingungen erfüllt sind:

– Das Ereignis tritt einmalig auf und kommt völlig unerwartet.
– Das traumatische Ereignis hat einen klaren Anfang und ein klares Ende.
– Es liegt außerhalb der normalen Alltagserfahrungen.
– Es ist mit starker Gewalteinwirkung/Einwirkung starker Stressoren verbunden (z. B. Konfrontation mit dem tatsächlichen oder drohenden Tod, mit ernsthaften Verletzungen oder Gefahren). Beispiele dafür sind lebensbedrohliche Diagnosen, Vergewaltigung, Geiselnahme, sehr schwere Verletzungen bei Unfällen. Je nach Verarbeitungsphase und Persönlichkeit können bei einer Posttraumatischen Reaktion oder Belastungsstörung bei den Klientinnen zwei grundsätzliche Reaktionsmöglichkeiten zu finden sein:

(1) stabiler, kompensierter Zustand:

Kompensation

Die Klientin hat das traumatisierende Ereignis gut »weggeschlossen«. Sie befindet sich mit ihrer Aufmerksamkeit meist im Alltag, der verschiedene kompensatorische und Energie raubende Handlungen beinhaltet. Durch das Trauma verursachte Symptome werden häufig ignoriert, bagatellisiert oder anderen Ursachen zugeschrieben. Diese Klientinnen suchen eine Psychotherapie oft nur auf, wenn in einer Überflutungsphase die Symptombelastung drastisch ansteigt oder wenn sie durch Partner/Partnerinnen oder Freunde/Freundinnen dazu gedrängt werden.

(2) instabiler, dekompensierter Zustand:

Dekompensation

Hier stehen starke unkontrollierbare Affekte/Stimmungen für die Klientin im Vordergrund. Die kompensatorischen Mechanismen versagen bei geringfügigen Anlässen.

EMDR-spezifische Besonderheiten

Vor der Anwendung des EMDR-Protokolls werden traumatische Ereignisse möglichst eindeutig vom Kontext abgegrenzt und damit besser bearbeitbar gemacht. Alle anderen Bedingungen und Verknüpfungen werden nur davor und danach miteinbezogen und finden im EMDR-Prozess nur insofern Beachtung, als sie während des inneren Prozesses der Klientin auftauchen können.

künstliche Reduktion

Für die Behandlung komplexer Traumatisierungen ist diese Segmentierung und Isolierung von Ausgangsthemen geradezu Voraussetzung für das Durcharbeiten der dann isolierten Themen. Lassen sich Ereignisse nicht voneinander trennen, werden sie durch die Zusammenfassung in *Ereignisbündeln* strukturiert.

Bündelung von zusammenhängenden Erfahrungen

Die Bearbeitung von Einmaltraumata mit einem stabilen Zustand der Klientin als Ausgangspunkt entspricht daher dem Standardprotokoll in seiner Dreiteilung: Bearbeitung der symptomverursachenden Erinnerungen, der gegenwärtigen Auslösesituationen und der Zukunftsvorstellungen bezüglich der gewünschten Gefühle oder Verhaltensmuster.

Anwendung des Standardprotokolls

Befindet sich die Klientin in einem instabilen Zustand, ist eine ausreichende emotionale Stabilität erst gemeinsam herzustellen, zum Beispiel über die folgenden Schritte:

akute Belastungsreduktion mittels bifokaler Stimulierung
Situationsklärung (eventuell mittels bifokaler Stimulierung)
Was brauche ich jetzt?

➡

Was sind die nächsten Schritte, um mich zu stabilisieren?

➡

Was brauche ich noch, um mich mit den ursächlichen
Erinnerungen konfrontieren zu können?

Ein detaillierteres Vorgehen ist im Kapitel EMDR zur Ressourcenentwicklung und Installation (S. 206ff.) beschrieben.

emotionale Stabilisierung mit EMDR

Die Wirksamkeit von EMDR ist speziell für Einmaltraumatisierungen wissenschaftlich mehrfach belegt. Werden alle beschriebenen Anwendungsgrundsätze innerhalb der Bearbeitung umgesetzt, kommt es häufig zu einer raschen Verarbeitung der ursächlichen Erinnerungen.

EMDR bei komplexen Traumatisierungen

Unterschiede zu einmaligen Traumatisierungen

Die Schwierigkeiten bei komplexen Traumatisierungen gegenüber einmaligen Extrembelastungen liegen

- zum einen in der Vielzahl, der Dichte und der Intensität der einzelnen traumatischen Erfahrungen und
- zum anderen im Ausmaß möglicher Entwicklungsdefizite hinsichtlich der emotionalen Entwicklung, der Intelligenzentwicklung, auf ich-struktureller Ebene und hinsichtlich der sozialen Kompetenz.

Im Moment des Geschlagenwerdens zum Beispiel existieren nicht nur Empfindungen des Schmerzes und der Hilflosigkeit, es fehlen auch die liebevolle Zuwendung und das Modell eines adäquaten Gefühlsausdrucks beziehungsweise einer konstruktiven Konfliktlösung.

Wozu führen die oben genannten Merkmale komplexer Traumatisierungen nun im Einzelnen? (Tab. 14).

Tabelle 14: EMDR bei komplexen Traumatisierungen

Merkmal	Auswirkung generell	Auswirkungen auf den EMDR-Prozess
Vielzahl/Dichte der traumatisierenden Einzelereignisse	• starke emotionale und handlungsspezifische Verwobenheit der Ereignisse • Vermischung der erlebten Affekte • Abspaltung der Affekte/Verlagerung in somatische Symptome • Globalisierung der Empfindungen (»Mir geht es schlecht.«) • schwierige Isolierbarkeit bei gleichzeitig generalisierter Auslösbarkeit und großer Festigkeit der zu bearbeitenden Affekte und Körperempfindungen	• Es kommt oft zu Schwierigkeiten beim Identifizieren, Abgrenzen und Fokussieren *eines* Ausgangsthemas. Eine Möglichkeit dazu finden Sie in den Arbeitsmaterialien. • Das oft auftretende gleichzeitige Antriggern mehrerer globaler Bereiche durch eine Ausgangssituation führt zu erneutem Hilflosigkeits- und Hoffnungslosigkeitserleben oder zu raschen dissoziativen Reaktionen. • Es gibt selten schnelle, emotional klar spürbare, motivierende Therapieerfolge.

EMDR bei komplexen Traumatisierungen

Merkmal	Auswirkung generell	Auswirkungen auf den EMDR-Prozess
Intensität der erlebten Emotionen/ Reaktionen	• Erlernen und Automatisieren komplexer Schutzmechanismen (Spaltung, Dissoziation, Ablenkung) • Grundlegende Erfahrungen von Vertrauen und Sicherheit können fehlen.	• Die Identifizierung und Bewusstmachung sowie Kontrolle dieser Schutzmechanismen erfordert in der Therapie viel Zeit und Aufmerksamkeit. • Ansonsten führen sie zu Blockaden im inneren Prozess und verhindern die Verarbeitung der zugrunde liegenden Erfahrungen. • Die Herstellung der notwendigen Vertrauensbasis und die abrufbare Erfahrung eines Sicheren Ortes als Voraussetzung für den Verarbeitungsprozess sind deutlich schwieriger zu erreichen. • Die Erfahrungen der Klientinnen können zu einer massiven emotionalen Überforderung der Therapeutin führen, die daraufhin ihre eigenen Schutzmechanismen entwickeln muss und so den Therapieprozess behindert.
Ausmaß möglicher Einschränkungen	• Grundlegende lebensnotwendige Fähigkeiten oder deren Wissensbasis wurden nur teilweise oder überhaupt nicht entwickelt (z. B. Durchsetzungsfähigkeit, Körperwahrnehmung, Selbstregulierungsfähigkeiten).	• Die therapieinterne Entwicklung/Förderung entsprechender Fähigkeiten kann Voraussetzung für eine mögliche Verarbeitung der traumatischen Erfahrungen sein.

Vorgehen zur Isolierung eines Ausgangsthemas bei komplexen Traumatisierungen

An dieser Stelle wird ein mögliches Vorgehen zur Isolierung eines Ausgangsthemas bei komplexen Traumatisierungen beschrieben. Die Grundidee des Isolierens von emotionalen Grundthemen und deren Zurückführung auf Ursprungserinnerungen wurde von Schubbe auf der EMDR Konferenz in Frankfurt, 2002, vorgestellt.

Ausgangspunkt ist die Situation, dass die Klientin mit einem scheinbar unauflösbaren Knäuel von belastenden Erinnerungen, Gefühlen und dysfunktionalen Verhaltensmustern vor der Therapeutin sitzt. Die Klientin hat Angst, einen beliebigen Faden aus dem Knäuel herauszugreifen, weil sie befürchtet, sofort von allen damit verbundenen Erfahrungen überflutet zu werden.

Ziel ist es, den ersten Faden hinreichend von allen anderen zu isolieren, um ihn dadurch zugänglich zu machen. Das folgende Beispiel soll zu eigenen Ideen anregen.

Isolierung eines Ausgangsthemas bei komplexen Traumatisierungen

Anleitung

Wenn Sie an all ihre belastenden Erfahrungen mit allen Auswirkungen bis heute denken würden, würden Sie es sich wahrscheinlich nur sehr schwer vorstellen können, diesen Berg jemals abarbeiten zu können. Mit solch einem Gefühl der Hoffnungslosigkeit lässt es sich jedoch nur schwer beginnen. Je länger der Weg ist, desto hilfreicher ist es, sich zunächst auf den ersten Schritt zu konzentrieren. Wir werden nie mehr tun als einen Schritt nach dem anderen – und eines Tages werden wir bemerken, dass wir den Berg überwunden haben. Damit Ihnen dafür nie die Kraft fehlt, werde ich Sie immer wieder an Ihre hilfreichen Erfahrungen erinnern, die sich gern hinter den belastenden verstecken.

Das, was wir heute gemeinsam schaffen wollen, ist, den ersten Schritt, der jetzt getan werden muss, herauszufinden.

Ich habe hier Kärtchen vorbereitet, auf die Sie bitte zunächst entscheidende belastende und hilfreiche Erfahrungen aus Ihrem Leben stichpunktartig notieren sollen.

Symbolisieren Sie diese belastenden und hilfreichen Erinnerungen nun durch Zuordnung einer Überschrift. Ordnen Sie jetzt jeder Erinnerung

EMDR bei komplexen Traumatisierungen 197

eine für Sie passende Farbe zu. Für Sie ähnliche Erfahrungen sollten dabei möglichst die gleiche Farbe erhalten.

Legen Sie jetzt alle Kärtchen mit der gleichen Farbe übereinander und fügen Sie sie zu Erfahrungspaketen zusammen (zusammenbinden, Büroklammer o. Ä.).

Stellen Sie sich mitten in den Raum und trennen Sie die einzelnen Pakete nun optisch von den anderen, zum Beispiel indem Sie sie einfach in den Raum werfen, sie zufällig verteilen oder bewusst im Raum anordnen.

Beschriften Sie jetzt die einzelnen Pakete, wenn möglich nach dem hauptsächlich mit dieser Erfahrungen verbundenem Gefühl.

Wählen Sie nun ein erstes Erfahrungspaket aus. Lassen Sie dabei Ihr Gefühl entscheiden, welches Paket sich gerade am stimmigsten anfühlt. Sie können mit einem belastenden, aber auch mit einem hilfreichen beginnen.

(Wenn die Klientin bei der Auswahl beraten werden will, können Sie ihr sagen, dass die emotionale Ladung früherer Erfahrungen jeweils spätere Erlebnisse mitbeeinflusst. Deshalb kann es günstig sein, mit den lebensgeschichtlich früheren Erinnerungen zu beginnen.)

Jetzt können Sie mit dem ersten EMDR-Prozess beginnen. Nutzen Sie dafür das Standardprotokoll.

Zum Umgang mit selbstschädigendem Verhalten

Bei der therapeutischen Arbeit mit komplex traumatisierten Klientinnen ist es notwendig, die Fähigkeit der Klientin zu Selbstschutz und Selbstberuhigung aufmerksam im Auge zu behalten. Viele von ihnen haben gelernt, mit selbstzerstörerischen und selbstverletzenden Handlungen die Phasen der Ruhe und Entspannung zu vermeiden und Phasen der Übererregtheit zu kontrollieren, um so die Gefahr von Flashbacks gering zu halten. Wenn multipel traumatisierten Menschen ihre kompensatorische Ablenkung und Außenorientierung beziehungsweise deren Funktion genommen wird (z. B. durch Erschöpfung oder körperliche Zusammenbrüche) oder die Spannungen unerträglich werden, werden vielfach selbstschädigende Handlungen zur Flashbackkontrolle eingesetzt. Dazu zählen zwanghaftes Essverhalten, verstärkte Unfallneigung und Selbstver-

selbstschädigendes Verhalten

198   Spezielle Anwendungen von EMDR

letzungen, wie sich schneiden, verbrennen, zunähen bis hin zu Ver-
stümmelungen.

suizidales
Verhalten
Oft sind diese Verhaltensweisen für die Betroffenen selbst stark
scham- und schuldbesetzt, und sie fühlen sich ihnen hilflos ausgesetzt. Deshalb sprechen sie häufig gar nicht oder aber erst sehr spät
darüber. Da selbstzerstörerische Handlungen leicht in Suizidversuche übergehen können, sollte deshalb bereits in der Anamnese
detailliert nach ihrem Vorhandensein geforscht werden.

akzeptieren
beobachten
fragen
ansprechen
Schaffen Sie ein therapeutisches Klima, in dem es für die Klientin möglich wird, sich Ihnen zu öffnen.

Stellen Sie präzise Fragen, zum Beispiel:
– Wie verhalten Sie sich bei Gefühlen von Langeweile und Ruhe?
– Wie gehen Sie mit starker Unruhe und Getriebensein um?
– Wie häufig treten solche Gefühle bei Ihnen auf?
– Haben Sie sich schon jemals durch aktive oder passive Handlun-
  gen selbst geschädigt (Rauchen, Alkohol, Drogen, Unfälle,
  Selbstverletzungen, Prostitution usw.)? Wenn ja, wie sieht das in
  der letzten Zeit damit aus?
– Haben Sie jemals Suizidversuche geplant oder durchgeführt?
  Wenn ja, wann das letzte Mal? Wie verhält es sich gegenwärtig
  damit?

Geben Sie Ihrer Klientin zu verstehen, dass Sie wissen, dass viele
traumatisierte Menschen zu solchen Handlungen greifen, und dass
Ihnen auch bewusst ist, dass sie oft nicht darüber reden können.

Machen Sie ihr deutlich, dass diese Mechanismen ihr bisher
das Überleben gesichert haben und sie deshalb Anerkennung ver-
dient.

Falls Sie Anzeichen von gegenwärtigen Selbstverletzungen oder
konkrete Suizidabsichten beobachten, sprechen Sie diese Beobachtungen konkret an. Führen Sie die Arbeit mit EMDR, falls Sie sie
schon begonnen haben, nicht weiter, bevor Sie nicht gemeinsam
mit Ihrer Klientin eine klare und wirksame Kontrolle der selbstverletzenden Handlungen erreicht haben.

Kontroll-
techniken
Folgende Kontrolltechniken können dabei hilfreich sein (Huber
1998):
– Aufstellen eines Selbstschutzvertrags (»Wenn ich den Impuls
  bekomme zu …, dann werde ich mich selbst versuchen zu schützen, indem ich …«)

EMDR bei Phobien

– gemeinsame Erarbeitung einer Hilfsliste (»Wer kann wie helfen?«),
– Erarbeitung einer individuellen Abreaktionsliste (»Was kann ich **Affekt-**
tun, wenn ich wütend, verzweifelt … bin, statt mich selbst zu ver- **management**
letzen oder umzubringen?«)

Voraussetzung für eine erfolgreiche Arbeit mit diesen Techniken
ist eine detaillierte Impulswahrnehmung und Impulseinordnung
durch die Klientin. Worauf reagiere ich wie? Was hilft mir? Was
entlastet mich? Wann habe ich noch Kontrolle? Wann kann ich
noch eingreifen? Welche anderen Reaktionen stehen mir zur Verfügung?
    Auf dem Weg nach Antworten kann die Unterstützung mit bifo-
kaler Stimulierung als Suchprozess zur Aufdeckung von dysfunktionalen Verhaltensmustern hilfreich sein.
    Weitere Besonderheiten finden Sie im Kapitel »EMDR zur Res-
sourcenentwicklung und -installation« (S. 206ff.).

EMDR bei Phobien

Inhaltliche Besonderheiten

Spezifische Phobien sind eine der häufigsten psychiatrischen Stö- **häufige Störung**
rungen. Sie sind also eine emotional starke Belastung für viele Milli-
onen Menschen weltweit. Der Begriff Phobie umfasst oft ein breites Spektrum von Ängsten und Besorgtheiten und wird in der
klinischen Praxis als Synonym für unrealistische Ängste bei relativ
spezifischen Stimuli oder Gelegenheiten (Davey 1997) benutzt.
    Viele Therapeuten, die mit EMDR bei spezifischen Phobien **positive**
gearbeitet haben, berichten von positiven Erfahrungen mit EMDR. **Erfahrungen mit**
EMDR
    Trotzdem gibt es immer noch sehr wenig spezielle Forschung zu **nur Einzelstudien**
diesem Thema, außer Einzelstudien zur Behandlung von Spinnen-
phobien mit EMDR.
    Um mit EMDR spezifische Ängste oder Phobien bearbeiten zu
können, ist es wichtig, einen Unterschied zwischen traumabezogenen Phobien und nicht traumabezogenen Phobien zu machen.

200 Spezielle Anwendungen von EMDR

traumabezogene Phobien

Eine Phobie ist dann traumabezogen, wenn die Klientin eine klare Schlüsselerfahrung finden kann. Ein Beispiel dafür ist, wenn man durch einen Hund gebissen geworden ist und seitdem panische Angst vor Hunden hat. Oder eine Frau, die, als sie 15 Jahre alt war, eine extrem schmerzvolle Erfahrung beim Zahnarzt gemacht hat und seither nicht mehr zum Zahnarzt geht. Phobien bezogen auf das Autofahren können nach mehr oder weniger schlimmen Autounfällen entstehen (Renssen 2002).

EMDR-spezifische Besonderheiten

Man kann eine traumabezogene Phobie dadurch identifizieren, dass man die Klientin bittet, an diese Schlüsselsituation mit geschlossenen Augen zu denken, und dann nachfragt, ob diese Erinnerung eine gegenwärtige emotionale Reaktion auslöst (de Jongh et al. 1999).

Unterschiede zum Standardprotokoll

Das Behandlungsprotokoll für Phobien unterscheidet sich nur in der Phase der Anamnese und Behandlungsplanung vom EMDR-Standardprotokoll.

Vorbereitung auf Konfrontation

Bei traumabezogenenen Phobien ist es extrem wichtig, die Klientin neben der Verarbeitung belastender Erinnerungen auch auf eine Konfrontation mit den angstauslösenden Stimuli in der Zukunft vorzubereiten. Es ist hier bei der Auswahl der Ausgangsthemen für die Verarbeitung noch wichtiger, den Unterschied zwischen Vergangenheit, Gegenwart und Zukunft deutlich zu machen.

Erinnerung an das schlimmste Mal

Zukunftsfilm

Man beginnt mit der Verarbeitung der zugrunde liegenden oder ersten Erfahrung als Ausgangssituation. Anschließend wird die Erinnerung an das schlimmste Mal bearbeitet. Ist der Belastungswert für alle belastenden Erinnerungen auf 0 gesunken, werden alle gegenwärtigen repräsentativen Situationen, die mit der Phobie in Verbindung stehen, nacheinander durchgearbeitet. Den Abschluss bildet die Visualisierung der Szenen in der Zukunft, die bisher in der Gegenwart Auslöser für Angstreaktionen waren (Zukunftsfilm). Während der Visualisierung erfolgt die bifokale Stimulierung so lange, bis keinerlei Belastungserleben mehr auftritt und somit Angstfreiheit spürbar wird und funktionale Handlungen möglich erscheinen. Nach der Bearbeitung der Zukunftsvorstellungen empfiehlt es sich, die Klientin zur realen Erprobung der bearbeiteten Situationen innerhalb von 14 Tagen zu ermutigen. Damit wird der

EMDR bei Phobien

Erfolg der Therapiesitzungen in der Realität erlebbar, und der Effekt kann sich besser verfestigen und generalisieren. Tauchen bei der Realkonfrontation neue Angstreaktionen auf, werden diese in einem neuen Protokoll als Ausgangssituation bearbeitet.

Realkonfrontation

Eine weitere Besonderheit zwischen normaler Traumaverarbeitung und der Verarbeitung traumabezogener Phobien ist, dass man bei der Verarbeitung der Phobien häufiger mit mehreren inkompletten Sitzungen rechnen muss. Die Angst vor der Angst erzeugt häufig über längere Zeit körperliche Symptome, die als Belastung erlebt werden. Eine Fokussierung auf Körperempfindungen ist in diesem Stadium kontraindiziert, da durch die intensive Wahrnehmung der körperlichen Angstsymptome unter Umständen eine Panikattacke provoziert werden kann. Wie auch im Standardprotokoll wird der abschließende Körpertest erst bei einem Belastungswert von 0 durchgeführt (= komplette Sitzung).

Angst vor der Angst

Grundsätzlich sollte man, wenn eine Klientin von der situativen Erinnerung weggeht und anfängt in Körperempfindungen zu kreiseln, darauf achten, den Fokus wieder auf die Bilder zu lenken oder zur Ausgangssituation zurückzugehen.

Bei Ängsten oder Phobien ohne traumatischen Hintergrund ist es oft so, dass diese eher allmählich entstanden sind (de Jongh et al. 1999). Wenn die Klientin sich bei einer nicht traumabezogenen Phobie an das erste Mal ihres Auftretens erinnern kann (wenn überhaupt möglich), dann ist die Erinnerung bei diesem Typ Phobie meistens ohne Affekt (ohne gegenwärtige emotionale Belastung). De Jongh et al. (1999) beschreiben als Beispiel die Spinnenphobie. Sie erklären, dass viele Klienten sich nicht an das *erste* Mal erinnern können, als sie diese Angst bei der Begegnung mit einer Spinne erlebt haben. Oft haben sie die Reaktion auch von anderen gelernt und irgendwann gesehen, dass jemand ängstlich oder angeekelt auf eine Spinne reagiert hat. Es ist nicht ungewöhnlich, dass die Klientin auf die Frage, wann diese Ängste entstanden seien, mit »die sind immer da gewesen« oder »daran kann ich mich nicht erinnern« antwortet. Sie beschreiben, dass bei diesen Klientinnen möglicherweise die Rede von »prepared fears« sein kann, von einer angeborenen Sensibilität. Neben der Spinnenphobie kann man auch Wasserphobie, Injektionsphobie, Phobie vor Höhen, Klaustrophobie und Schlangenphobie zu dieser Gruppe rechnen.

nicht traumabezogene Phobien

»angeborene Sensibilität«

EMDR funktioniert am besten bei der ersten Gruppe von

**Angstbewälti-
gungsstrategien**

Phobien, bei der traumatische Erinnerungen gefunden werden
können.

Dem oben beschriebenen Verarbeitungsziel vorangestellt soll
die Klientin zuerst Bewältigungsstrategien lernen, um die Angst
besser kontrollieren zu können, zum Beispiel mit Atem- und
Entspannungsübungen, mit der Sicherer-Ort-Übung, mit der
5-4-3-2-1-Methode.

Ein Beispiel

**Beispiel
Autofahren**

Ein neunjähriges Kind hat, seit es einen Verkehrsunfall miterlebt
hat, eine Phobie in Bezug auf Autofahren entwickelt. Es will gar
nicht mehr in einem Wagen fahren, aber auch nicht im Zug oder
Bus. Zuerst lernt es Bewältigungsstrategien. Es hat einen sicheren
Ort, der für die anderen geheim bleiben soll. Außerdem hat es
gelernt, sich selbst abzulenken, wenn es Angst hat, indem es an Rol-
lerskaten oder Fußballspielen denkt. Es hat daneben, gemeinsam
mit seiner Mutter, die 5-4-3-2-1-Methode gelernt. Seine schlimmste und erste Erfahrung mit dieser Phobie ist bei einem Autounfall
entstanden, bei dem das Auto zweimal über das Dach gerollt ist. Das
Schrecklichste war für das Kind das Geschrei seiner Mutter. Es hat
auch ein deutliches Bild vor Augen, während seine Mutter schrie.
Zuerst ist die Verarbeitung dieser Erinnerung Ziel der Behandlung.
Nach einer anderthalbstündigen Sitzung ist diese Erinnerung verarbeitet. Neben dieser Erfahrung hat es keine anderen belastenden
Erinnerungen, die mit dieser Phobie zu tun haben.

**Erinnerung
an das Schlimmste
und Bild dazu**

**positive Vorstel-
lung installieren**

Das Kind wurde nun gefragt, welche Stimuli bei ihm Angst auslösen: »Hast du in den letzten Tagen oder heute noch Angst
gehabt?« Es sagte, dass es belastend ist zu denken, dass es wieder bei
seinem Vater im Wagen fahren muss. Nun wurde nach dem
Schlimmsten daran gefragt und nach dem Bild dabei. Dieses neue
Ausgangsbild wurde auch verarbeitet, bis die Belastung 1 war und
sein positiver Gedanke »ich bin stark« glaubwürdig gefühlt wurde.
Der Körpertest wurde nicht durchgeführt. Der nächste Schritt war
das Installieren eines »positive template«. Das Kind wurde gebeten
sich vorzustellen, morgen ein Stückchen mit seinem Vater im Auto
zu fahren, und zu imaginieren, dass es sich dabei wohl fühlt, kom-
biniert mit dem positiven Gedanken »ich bin stark«. Für diese posi-

EMDR bei Phobien 203

tive Verankerung mit Augenbewegungen waren vier langsame Serien nötig, bis das maximale positive Gefühl erreicht geworden war. Danach wurde das Kind gebeten, sich eine Aufeinanderfolge von Autofahrten (eine ganze Reise nach Italien mit Wohnwagen von Beginn bis Ende) vorzustellen, ebenfalls mit Augenbewegungen. Es stellte sich die Vorbereitung der Reise vor, wobei Vater und Mutter Sachen packten und den Wohnwagen an den Wagen hängten. Danach folgte das Einsteigen in den Wagen mit den Eltern und dem Bruder. Wenn es Angst spürte, wurde das mit Augenbewegungen verarbeitet, bis die Belastung auf 0 gesunken war. Die Grenze von Holland nach Deutschland wurde gedanklich passiert, und sie mussten ab und zu in Deutschland tanken. Das alles konnte sich das Kind ohne Belastung vorstellen, während es der Hand der Therapeutin folgte. Danach fuhren sie durch die Alpen. Das Wetter wurde etwas schlechter, das Kind konnte sich das auf Vorschlag der Therapeutin vorstellen, und der Wohnwagen schwankte manchmal. Erst hat es etwas Angst gespürt, aber später schwächte sich das ab, und es konnte es aushalten. Die Reise ging weiter, bis sie auf dem Campingplatz in Italien angekommen waren. Auch die Rückreise wurde so vorbereitet.

positive Verankerung mit Augenbewegungen

In der nächsten Sitzung wurde das Kind gebeten, sich die Erinnerung an den Unfall wieder vorzustellen, gemeinsam mit »ich bin stark«, und dazu wurde jetzt der Körpertest erfragt. Es konnte sich das alles gut ohne Belastung vorstellen, ohne Körperreaktionen. Danach wurden die Bewältigungsstrategien wieder geübt, und das Kind wurde gebeten, mit seinem Vater (Mutter fährt nicht) anzufangen mitzufahren (Konfrontation in vivo) und dabei die Bewältigungsstrategien zu üben und seine positiven Gedanken zu wiederholen. Im Sommer ist es mit seiner Familie nach Frankreich gefahren.

Konfrontation in vivo

Bei Phobien, die keinen deutlichen Anlass haben, ist EMDR nicht immer die erste Wahl bei der Behandlung. Will man trotzdem EMDR einsetzen, kann man die Klientin mit der Aufforderung beginnen lassen, sich vorzustellen, was für sie beispielsweise das Schlimmste am Fliegen ist, ein Bild dazu, negative Gedanken und so weiter – wie im Standardprotokoll.

Vorstellung des Schlimmsten

Auch darf man nicht vergessen, dass viele Leute mit Ängsten durch ihre Gedanken und Vorstellungen stark beeinflusst werden und sich selbst manchmal in eine Angsttrance bringen. Sie stellen

204   Spezielle Anwendungen von EMDR

positive imaginative Übungen

sich oft das Schlimmste vom Schlimmsten vor und durch die daraus entstehenden Körperempfindungen verstärken sich die Vorstellungen wiederum. Auch aus diesem Grund ist es wichtig, der Klientin Angstbewältigungsstrategien zu vermitteln. Genau bei dieser Gruppe kann man gut mit positiven imaginären Übungen als Ablenkungsstrategie arbeiten. Gerade weil sie gut imaginativ beeinflussbar sind, können sie sich oft auch gut positive imaginäre Bilder vorstellen und zu Hause oder auf der Straße nutzen, um sich zu beruhigen.

Literatur

Zur weiteren Lektüre empfehlen wir den Artikel über EMDR bei Phobien von de Jongh et al. (1999).

EMDR bei Zwangsstörungen

Inhaltliche Besonderheiten

Kennzeichen

Zwang wird gekennzeichnet durch hartnäckige Obsessionen (Zwangsgedanken) oder Zwangshandlungen. Im ICD-10 werden Zwangsgedanken beschrieben als Ideen, Vorstellungen oder Impulse, die den Klienten stereotyp beschäftigen und von der Person meist als quälend und sinnlos erlebt werden. Der Mann oder die Frau versucht, diese Gedanken mit anderen Gedanken oder anderem Verhalten zu neutralisieren. Zwangsverhalten wird gekennzeichnet durch wiederholte zielgerichtete Handlungen oder mentale Aktivitäten, die nach bestimmten strikten Regeln durchgeführt werden. Diese Zwangsgedanken oder dieses Zwangsverhalten sind unrealistisch, sehr belastend für die Klientin, beanspruchen viel Zeit und intervenieren mit dem Alltag (van Oppen u. van Balkom 1996).

EMDR-spezifische Besonderheiten

Therapeuten, die mit EMDR und Zwang regelmäßig gearbeitet haben, sind M. Whisman aus den USA und N. Bekkers aus den Niederlanden. Ihre Erfahrungen sind hoffnungsvoll, aber nicht hochjauchzend für EMDR, wenn es auch bei dieser Gruppe eingesetzt wird. Bekkers Schlussfolgerung am Ende seines Artikels ist, dass man EMDR »mit Vorsicht« einsetzen kann, obwohl »nur im Ausnahmefall eine schnelle Symptomreduktion auftritt«. Auch beschreibt er, dass »EMDR meistens nur eingesetzt werden kann, wenn es Bestandteil eines großen Behandlungsplans ist«. Die »alten« Therapieinstrumente sowie Reaktionsprävention und Überflutung müssen dabei weiter genutzt werden. »EMDR ist hilfreich, um die Klienten auf ein freundliche Weise in Kontakt mit ihren Gefühlen zu bringen und um auf emotionaler Ebene Einsichten im Zusammenhang mit ursächlichen Faktoren zu bekommen« (Bekkers 1999). Daneben haben diese Zwangsklienten, außer dass sie unter Zwängen leiden, auch traumatische Ereignisse erlebt, die möglicherweise von Einfluss auf das Entstehen und Anhalten des Zwangs sein können.

keine schnelle Symptomreduktion mit EMDR

EMDR bei traumatischer Ursache

Als Ausgangsthema kann man deswegen die traumatischen Erinnerungen nehmen und verarbeiten (Vergangenheit). Wenn die Klientin entweder keine belastenden Erinnerungen hat oder diese Erinnerungen bereits verarbeitet worden sind, dann kann EMDR im Kontext von imaginierter Reaktionsprävention genutzt werden (Zukunft und Gegenwart).

Reaktionsprävention

Als Ausgangssituation wird die Klientin dann gebeten, sich eine zukünftige Situation vorzustellen, auf die normalerweise eine Zwangsreaktion folgen würde. Aber jetzt soll die Reaktion ausbleiben, die Klientin und Therapeutin kommen überein, dass die Klientin kein Zwangsverhalten und keine Zwangsgedanken haben wird (Bekkers 1999). Danach kann das normale Protokoll mit Bild, Negativer Kognition und so weiter genutzt werden, und die Verarbeitung läuft, bis sich die Belastung nach 0 und der VoC nach 7 verändert haben.

schlimmstes Szenario

Eine zweite Möglichkeit, die man als Ausgangssituation nehmen kann, ist, die Klientin zu bitten, sich das schlimmste Szenario vorzustellen und dabei zu fragen, was das Schlimmste ist, das in diesem Moment passieren kann (Bekkers 1999). Nach Bekkers ist es dabei wichtig, alles vollständig zu erfragen: »Und was ist daran das Schlimmste, und was daran?« und so weiter. Die Klientin soll das ganze Szenario erzählen, und die Therapeutin soll aufmerksam sein für alarmierende Bilder (Bekkers 1999).

Stopp der Zwangsreaktion Als dritte Möglichkeit, eine Ausgangssituation zu finden, kann man die Zwangsreaktion imaginär blockieren (Whisman 2000). Die Klientin wird gebeten, sich eine Situation in der Zukunft vorzustellen, in der sie normalerweise mit einer Zwangsreaktion reagieren würde. Anschließend nutzt die Therapeutin *imaginatives Einweben*. Die Klientin stellt sich vor, dass sie den Zwang nicht ausführen kann: »Du kannst deine Hände nicht waschen, weil der Wasserhahn kaputt ist, wie würde das für dich sein, was wäre das Schlimmste daran? Hast du ein Bild dazu?« (Whisman 2000).

EMDR zur Ressourcenentwicklung und -installation

Der Aufmerksamkeitsfokus der weitaus meisten Klientinnen liegt überwiegend auf schmerzhaften, einschränkenden und selbstabwertenden Aspekten ihres Lebens. Diese Seite benötigt keine Unterstützung seitens der Therapeutin, so dass wir ihr nicht mehr Zeit und Aufmerksamkeit entgegenbringen sollten, als zur Erfassung der Gesamtsituation und ihrer lebensgeschichtlichen Quellen und zum Gelingen von klar begrenzten Verarbeitungssequenzen unbedingt nötig ist.

innere Gegenwelt aufbauen Eine entscheidend wichtigere Rolle spielt die Therapeutin beim Aufbau einer inneren Gegenwelt, wie Reddemann (2001) es ausdrückt. Gilt es doch, gemeinsam mit der Klientin ein wirksames Gegengewicht zu schaffen zur täglich sich neu aufdrängenden traumatischen Erlebniswelt. Diese innere Gegenwelt ist neben der verstärkten oder erlernten Kontrollfähigkeit die Basis jeden Hinsehens und jeder Verarbeitung.

Therapeutisches Ziel ist es dabei, die notwendigen inneren und äußeren Ressourcen der Klientin zu identifizieren, weiterzuentwickeln und so zu verankern, dass sie bei Bedarf leicht reaktivierbar sind.

Auch wenn nicht bei allen Klientinnen problemlos innere Res-

EMDR zur Ressourcenentwicklung und -installation 207

sourcen geborgen werden können, so tragen doch fast alle starke **Bergen innerer** Selbstheilungsimpulse tief in sich. Unsere Aufgabe als Therapeutin **Ressourcen** ist es deshalb, diese gemeinsam freizulegen und emotional spürbar werden zu lassen. Erste Schritte dahin sind (nach Reddemann)
– das Wahrnehmen einschränkender gedanklicher Automatismen,
– ihr Stoppen,
– das bewusste Erschaffen hilfreicher Gegengedanken,
– das Pendeln zwischen beiden,
– das bewusste Wiederentdecken von gegenwärtigem Sein durch bewusstes Tun und
– die Wahrnehmung und Berücksichtigung körperlicher und seelischer Bedürfnisse.

Zahlreiche Imaginationsübungen können den Prozess der Bergung innerer Ressourcen unterstützen und werden in vielen Therapierichtungen wirksam eingesetzt.

Nutzen Sie Ihre eigene Erfahrungsbasis oder eine der unten genannten Übungen. Lernen Sie diese zunächst selbst kennen. Spüren Sie, zu welcher Sie sich hingezogen fühlen, und probieren Sie sie selbst aus. Bieten Sie die Übungen ihrer Wahl dann ihren Klientinnen an und lassen Sie zunächst die auswählen, die sich für sie stimmig anfühlt.

Hier ist eine Auswahl von wirksamen Imaginationsübungen zur **Imaginations-** Ressourceninstallation (Reddemann 2001): **übungen**
– Achtsamkeitsübung
– Innerer Beobachter
– Innerer sicherer Ort*
– Innere hilfreiche Wesen
– Inneres Team
– Baumübung*
– Gepäck ablegen
– Tresorübung*
– Bildschirmtechnik
– Beobachtertechnik …

Die mit einem Stern (*) gekennzeichneten Übungen finden sich mit einer ausführlichen Beschreibung im Arbeitsmaterialienteil. Die anderen können nachgelesen werden im Buch von Reddemann »Imagination als heilsame Kraft« (2001).

Vorgehen

Grundsätzlich können diese Übungen folgendermaßen eingebettet werden:

Auswahl der benötigten Ressourcen
(z. B. Glücksfähigkeit, Kontrollfähigkeit,
Stärke, Genährtsein,
Abstand schaffen können, Grenzen spüren können)

→

Durchführen der entsprechenden Ressourcenübung

→

erreichten Körper- und Gefühlszustand
bewusst wahrnehmen

→

Verankerung durch gleichzeitige bifokale
Stimulierung

Heilung geschieht dann, wenn wir »das, was ist« sehen, akzeptieren und da sein lassen können. Manchmal ist es jedoch selbst zum Anschauen der Gegenwart zu früh.

Gerade bei komplex traumatisierten Menschen bedarf es oftmals erst einer Zeit des Aufbaus von Fähigkeiten, hoffnungsvollem Denken und einer Idee davon, dass Glück, Energie und Gesundheit auch für sie in Frage kommen.

Zeitpunkt zum Installieren von Ressourcen

Bei ihnen kann der Zeitpunkt zum Installieren der Ressourcen entscheidend für deren Wirksamkeit sein. In Momenten erhöhter Erregung sind hilfreiche Gedanken, Vorstellungen oder Fähigkeiten nicht (mehr) verfügbar und können auch nicht erzeugt oder verankert werden.

Deshalb schlägt Leeds (2001) für Klientinnen, bei denen die Fähigkeiten zur Selbstberuhigung und Affektkontrolle noch unzureichend verfügbar sind, vor, unabhängig von jeglichen Verarbeitungswünschen Ressourcen zu suchen und zu verstärken.

Ein mögliches Vorgehen zur Ressourcenentwicklung und -installation könnte Folgendes sein (nach Leeds 2001):

Suche nach Fähigkeiten oder Qualitäten, die der Klientin
für den Verarbeitungsprozess notwendig erscheinen, oder
Nutzung spontan aufgetretener Ressourcen

→

Suche nach einer inneren Vorstellung oder einer äußeren

EMDR zur Ressourcenentwicklung und -installation **209**

Gegebenheit, die die gewünschte Fähigkeit
oder Qualität repräsentiert
→

Suche nach einer zugehörigen, positiven Selbstüberzeugung
(Schlüsselwort oder Schlüsselsatz)
→

Wahrnehmen der Körperempfindungen,
die mit der inneren Vorstellung in Resonanz treten
→

bewusste Konzentration auf die Vorstellung,
die positive Selbstüberzeugung und die zugehörigen
Körperempfindungen bei gleichzeitiger bifokaler
Stimulierung
(wenige, kurze Sets)

**Vorgehen zur
Ressourcen-
entwicklung und
-installation**

Die Klientin sollte dabei in der Lage sein, die erzeugte Vorstellung über die Sets konstant positiv zu halten und zu verstärken. Ist das nicht der Fall, ist es notwendig, zum Schritt 2 (Suche nach einer inneren Vorstellung …) zurückzugehen.

Fragen Sie auch immer nach bereits praktizierten Techniken zur Selbstkontrolle. Die Klientinnen sind in der Regel sehr kreativ, und wir können dies dann einfach aufgreifen.

Für den erfolgreichen Abschluss einer Therapie werden meist mehrere Ressourcen und Fähigkeiten benötigt, die sich auf analoge Weise entwickeln und verankern lassen. Vor jeder belastenden Verarbeitungsphase ist es sinnvoll, diese zu aktualisieren, indem der letzte Schritt (Konzentration auf alle Ebenen bei gleichzeitiger bifokaler Stimulation) durchgeführt wird.

Treten Blockierungen beim Durcharbeiten auf, kann, nach den Erfahrungen von Leeds, der Informationsverarbeitungsprozess wieder in Fluss kommen, indem an die verankerten Fähigkeiten oder Qualitäten erinnert wird.

Popky (1977) beschrieb ähnliche Interventionen bei der Behandlung von Suchterkrankungen (»point of power«).

12. Arbeitsmaterialien

Die folgenden Arbeitsmaterialien sind alphabetisch geordnet und nicht gesondert nummeriert, damit sie auch gut als Kopiervorlagen genutzt werden können.

Übersicht

Arbeitsmaterial	Nutzungsmöglichkeit
Checkliste zur Arbeit mit EMDR	Phase 1 Behandlungsplanung und Phase 2 Vorbereitung von EMDR
EMDR-Standardprotokoll	EMDR-Sitzung
EMDR-Standardprotokoll – Kurzfassung	wenn EMDR zur Routine geworden ist
EMDR-Sonderprotokolle bei • kurz zurückliegendem Ereignis • aktueller Angst/Verhaltensmuster • Phobie • komplizierter Trauer • Schmerzbehandlung	Durchführung des EMDR-Prozesses bei den jeweiligen psychischen Störungen

Arbeitsmaterialien

EMDR-Vorbereitung	Phase 2 Vorbereitung
EMDR-Evaluations-bogen	Fortgeschrittenenkurs
Fehlerquellen	Phase 2 Vorbereitung und Phase 8 Überprüfung
Gruppenübung	Grundkurs
Impact of Event Scale/R	Verlaufsdiagnostik
Lichtstrahlmethode	Schmerzbeobachtung
Sicherer Ort	zur Stabilisierung oder Entspannung
5-4-3-2-1- und 1-2-3-4-5-Methode	Stabilisierung, Flashback-Kontrolle
Techniken zur Distanzierung und Flashback-Kontrolle	Distanzierung, Flashback-Kontrolle
Techniken zur Erdung	Erdung, Herstellen eines Gegenwartsbezugs

Checkliste zur Arbeit mit EMDR

Besteht eine stabile, vertrauensvolle Klientin-
Therapeutin-Beziehung?

↓

Bin ich bereit, den gesamten Prozess zu begleiten?

↓

Sind die aktuellen Belastungen/Ängste gegenwärtig
angemessen oder real?

↓

Sind die Belastungen bzw. Angstauslöser
objektiv gesehen vorbei?

↓

Haben die belastenden Erinnerungen/Ängste eine
gegenwärtige sinnliche Resonanz?

↓

Kann eine ausreichende körperliche Belastbarkeit
angenommen werden?
(Herz/Kreislauf, Schwangerschaft,
neurologische Gesundheit)

↓

Besteht eine ausreichende psychische Stabilität/Fähigkeit
zur Selbstregulation? Distanzierungsfähigkeit?
Emotionale Selbstkontrolle? Fähigkeit zur Selbst-
beruhigung/Entspannungsfähigkeit? Integrationsfähigkeit?
Sicherheitsbedürfnisse erfüllt?/Aktuelle Unterstützung?

↓

Steht im Alltag genug Energie für tief greifende
emotionale Prozesse zur Verfügung?

↓

Ist ein sekundärer Gewinn durch
die belastenden Symptome auszuschließen?

↓

Ist die Festlegung/Auswahl der Bearbeitungsziele erfolgt?

↓

Ist ausreichend Zeit, um die Sitzung in Ruhe
zum Abschluss zu bringen?

Checkliste zur Arbeit mit EMDR

↓

Start mit der EMDR-Sitzung

Muss eine dieser Fragen mit Nein beantwortet werden, ist dieser
Punkt zunächst vorrangig zu bearbeiten. Liegen körperliche Kontraindikationen vor, ist von einer EMDR-Behandlung Abstand zu
nehmen.

EMDR-Standardprotokoll

1. Anamnese und Behandlungsplanung – siehe Checkliste und Kontraindikation
(A) belastende Erinnerungen (B) aktuelle Auslöser oder (C) belastende Erwartungen

2. Stabilisierung und Vorbereitung für EMDR
1) Ressourcen (z. B. Innere Helfer, Grounding, 5-4-3-2-1-Methode, Lichtstrahlmethode)
2) Sicherer Ort – Stichwort:

3) Erklärung von EMDR, 4) Metapher, 5) Sitzposition, 6) Stimulierung, 7) Stopp-Signal, 8) Beobachterrolle

3. Einschätzung

Ausgangssituation
»An welcher Erinnerung [aktuellem Auslöser/belastender Erwartung] möchten Sie heute arbeiten?«

Ausgangsbild – Intrusiver Sinneseindruck
»Was ist der schlimmste Moment des Vorfalls? Welches Bild taucht auf, wenn Sie daran denken?«

Negative Selbstüberzeugung (NK) – »Ich ...«, generalisiert, dysfunktional, ohne Verneinung, mit Affekt
»Welche negative Überzeugung über Sie selbst löst dieses Bild bei Ihnen aus?«

Positive Selbstüberzeugung (PK) – Positiv, generalisierbar, realisierbar, ohne Verneinung, mit Affekt
»Wenn Sie sich [intrusives Bild] vorstellen, was würden Sie heute lieber über sich denken?«

Stimmigkeit der PK (VoC) – vom Gefühl her in der Gegenwart
»Auf der Skala zwischen 1 (völlig falsch) und 7 (völlig zutreffend), wie stimmig fühlt sich ›[PK]‹ an?«
1 – 2 – 3 – 4 – 5 – 6 – 7

Emotionen
»Wenn Sie sich [Ausgangsbild] vorstellen und denken: ›[NK]‹, welche Gefühle tauchen dann jetzt auf?«

EMDR-Standardprotokoll 215

Belastungsgrad (SUD)
»Auf der Skala zwischen 0 (keine Belastung) und 10 (maximale), wie belastend fühlt sich das jetzt an?«
0 – 1 – 2 – 3 – 4 – 5 – 6 – 7 – 8 – 9 – 10

Lokalisieren der Körperempfindungen
»Wo spüren Sie das in Ihrem Körper?«

4. Durcharbeiten – Einstieg mit Bild und NK
»Blenden Sie aus, atmen Sie tief durch. Was ist zuletzt aufgetaucht?« –
»Gehen Sie damit weiter!«

Komplette Sitzung beenden	*Inkomplette Sitzung beenden*
SUD (Belastungsgrad) = 0	SUD (Belastungsgrad) > 0
Überprüfen der PK, ggf. neue PK VoC (Stimmigkeit der PK)	»Was ist das Positivste, das Sie jetzt über sich sagen können?« – … – »Sie haben gut mitgearbeitet und wichtige Fortschritte gemacht.«

5. Verankerung
»Halten Sie [Ausgangssituation] und >[PK]< zusammen.«
Neue kurze Serie mit langsamen Augenbewegungen

6. Körpertest
»Schließen Sie die Augen, stellen Sie sich die [Ausgangssituation] vor und sagen Sie sich [PK]. Tauchen irgendwo Körperempfindungen auf?«
Ja → Durcharbeiten (**4.**) oder Lichtstrahlmethode
Nein→ Abschluss (**7.**)

Entspannung, Distanzierung (Sicherer Ort, Tresor) »Die Entwicklung, die wir heute begonnen haben, kann sich nach der Sitzung fortsetzen. Es können neue Einsichten, Gedanken, Erinnerungen oder Träume auftreten. Wenn das geschehen sollte, nehmen Sie es einfach nur wahr, machen Sie eine innere Momentaufnahme,und schreiben Sie es in ein Tagebuch. Mit diesem Material können wir das nächste Mal gut weiterarbeiten.«

7. Abschluss in einem ausgeglichenen Zustand

8. Überprüfung in der nächsten Sitzung

VoC _____ , SUD _____

EMDR-Standardprotokoll – Kurzfassung

1. Anamnese und Behandlungsplanung

2. Stabilisierung und Vorbereitung für EMDR
1) Ressourcen
2) Sicherer Ort

3) Erklärung

3. Einschätzung
Ausgangssituation

Ausgangsbild – Intrusiver Sinneseindruck zum schlimmsten Moment

Negative Selbstüberzeugung (NK)

Positive Selbstüberzeugung (PK)

Stimmigkeit der PK (VoC)   1 – 2 – 3 – 4 – 5 – 6 – 7

Emotionen

Belastungsgrad (SUD)   0 – 1 – 2 – 3 – 4 – 5 – 6 – 7 – 8 – 9 – 10

Lokalisieren der Körperempfindungen

EMDR-Standardprotokoll – Kurzfassung   **217**

4. Durcharbeiten

Komplette Sitzung beenden	*Inkomplette Sitzung beenden*
SUD (Belastungsgrad) = 0	SUD (Belastungsgrad) > 0
VoC (Stimmigkeit der PK) ggf. neue PK	»Was ist das Positivste, das Sie jetzt über sich sagen können?« – ... – »Sie haben gut mitgearbeitet und wichtige Fortschritte gemacht.«
5. Verankerung	Entspannung, Distanzierung
6. Körpertest _____	

7. Abschluss in einem ausgeglichenen Zustand

8. Überprüfung in der nächsten Sitzung

VoC _____ , SUD _____

218   Arbeitsmaterialien

EMDR-Sonderprotokolle

Sonderprotokoll: Kurz zurückliegendes Ereignis

1. **Anamnese und Behandlungsplanung** – siehe Checkliste und Kontraindikation
   (A) Chronischer Ablauf (B) bedrohlichster Teil der Erinnerung (C) übrige Teile der Erinnerung (D) Visualisieren des chronologischen Ablaufs (E) Körperreste (F) aktuelle Auslösesituationen

2. **Stabilisierung und Vorbereitung für EMDR**
   1) Ressourcen (z. B. Innere Helfer, Grounding, 5-4-3-2-1-Methode, Lichtstrahlmethode)
   2) Sicherer Ort – Stichwort:

   3) Erklärung von EMDR, 4) Metapher, 5) Sitzposition, 6) Stimulierung, 7) Stopp-Signal, 8) Beobachterrolle

3. **Einschätzung**

Ausgangssituation
   »An welcher Erinnerung [aktuellem Auslöser/belastender Erwartung] möchten Sie heute arbeiten?«

Ausgangsbild – Intrusiver Sinneseindruck
   »Was ist der schlimmste Moment des Vorfalls? Welches Bild taucht auf, wenn Sie daran denken?«

Negative Selbstüberzeugung (NK) – »Ich ...«, generalisiert, dysfunktional, ohne Verneinung, mit Affekt
   »Welche negative Überzeugung über Sie selbst löst dieses Bild bei Ihnen aus?«

Positive Selbstüberzeugung (PK) – positiv, generalisierbar, realisierbar, ohne Verneinung, mit Affekt
   »Wenn Sie sich [intrusives Bild] vorstellen, was würden Sie heute lieber über sich denken?«

Stimmigkeit der PK (VoC) – vom Gefühl her in der Gegenwart
   »Auf der Skala zwischen 1 (völlig falsch) und 7 (völlig zutreffend), wie stimmig fühlt sich ›[PK]‹ an?«
   1 – 2 – 3 – 4 – 5 – 6 – 7

EMDR-Sonderprotokolle

Emotionen
»Wenn Sie sich [Ausgangsbild] vorstellen und denken: ›[NK]‹, welche Gefühle tauchen dann jetzt auf?«

Belastungsgrad (SUD)
»Auf der Skala zwischen 0 (keine Belastung) und 10 (maximale), wie belastend fühlt sich das jetzt an?«
0 – 1 – 2 – 3 – 4 – 5 – 6 – 7 – 8 – 9 – 10

Lokalisieren der Körperempfindungen
»Wo spüren Sie das in Ihrem Körper?«

4. Durcharbeiten – Einstieg mit Bild und NK
»Blenden Sie aus, atmen Sie tief durch. Was ist zuletzt aufgetaucht?« –
»Gehen Sie damit weiter!«

Komplette Sitzung beenden	*Inkomplette Sitzung beenden*
SUD (Belastungsgrad) = 0	SUD (Belastungsgrad) > 0
Überprüfen der PK, ggf. neue PK VoC (Stimmigkeit der PK)	»Was ist das Positivste, das Sie jetzt über sich sagen können?« – … – »Sie haben gut mitgearbeitet und wichtige Fortschritte gemacht.« Entspannung, Distanzierung (Sicherer Ort, Tresor) »Die Entwicklung, die wir heute begonnen haben, kann sich nach der Sitzung fortsetzen. Es können neue Einsichten, Gedanken, Erinnerungen oder Träume auftreten. Wenn das geschehen sollte, nehmen Sie es einfach nur wahr, machen Sie eine innere Momentaufnahme und schreiben Sie es in ein Tagebuch. Mit diesem Material können wir das nächste Mal gut weiterarbeiten.«
5. Verankerung »Halten Sie [Ausgangssituation] und ›[PK]‹ zusammen.« Neue kurze Serie mit langsamen Augenbewegungen	
6. Körpertest _____ »Schließen Sie die Augen, stellen Sie sich die [Ausgangssituation] vor und sagen Sie sich [PK]. Tauchen irgendwo Körperempfindungen auf?« Ja → Durcharbeiten (**4.**) oder Lichtstrahlmethode Nein→ Abschluss (**7.**)	

7. Abschluss in einem ausgeglichenen Zustand

8. Überprüfung in der nächsten Sitzung

VoC _____ , SUD _____

Sonderprotokoll: Aktuelle Angst/Verhaltensmuster

1. **Anamnese und Behandlungsplanung** – siehe Checkliste und Kontraindikation
   (A) zugrunde liegende oder erste Erfahrung (B) repräsentative Situation (C) Visualisieren der zukünftig angstfreien oder mit funktionalen Handlungen verbundenen Szene

2. **Stabilisierung und Vorbereitung für EMDR**
   1) Ressourcen (z. B. Innere Helfer, Grounding, 5-4-3-2-1-Methode, Lichtstrahlmethode)
   2) Sicherer Ort – Stichwort:

   3) Erklärung von EMDR, 4) Metapher, 5) Sitzposition, 6) Stimulierung, 7) Stopp-Signal, 8) Beobachterrolle

3. **Einschätzung**

Ausgangssituation
»An welcher Erinnerung [aktuellem Auslöser/belastender Erwartung] möchten Sie heute arbeiten?«

Ausgangsbild – Intrusiver Sinneseindruck
»Was ist der schlimmste Moment des Vorfalls? Welches Bild taucht auf, wenn Sie daran denken?«

Negative Selbstüberzeugung (NK) – »Ich ...«, generalisiert, dysfunktional, ohne Verneinung, mit Affekt
»Welche negative Überzeugung über Sie selbst löst dieses Bild bei Ihnen aus?«

Positive Selbstüberzeugung (PK) – positiv, generalisierbar, realisierbar, ohne Verneinung, mit Affekt
»Wenn Sie sich [intrusives Bild] vorstellen, was würden Sie heute lieber über sich denken?«

Stimmigkeit der PK (VoC) – vom Gefühl her in der Gegenwart
»Auf der Skala zwischen 1 (völlig falsch) und 7 (völlig zutreffend), wie stimmig fühlt sich ›[PK]‹ an?«
1 – 2 – 3 – 4 – 5 – 6 – 7

EMDR-Sonderprotokolle   **221**

Emotionen
»Wenn Sie sich [Ausgangsbild] vorstellen und denken: >[NK]<, welche
Gefühle tauchen dann jetzt auf?«

Belastungsgrad (SUD)
»Auf der Skala zwischen 0 (keine Belastung) und 10 (maximale), wie
belastend fühlt sich das jetzt an?«
0 – 1 – 2 – 3 – 4 – 5 – 6 – 7 – 8 – 9 – 10

Lokalisieren der Körperempfindungen
»Wo spüren Sie das in Ihrem Körper?«

4. Durcharbeiten – Einstieg mit Bild und NK
»Blenden Sie aus, atmen Sie tief durch. Was ist zuletzt aufgetaucht?« –
»Gehen Sie damit weiter!«

Komplette Sitzung beenden	*Inkomplette Sitzung beenden*
SUD (Belastungsgrad) = 0	SUD (Belastungsgrad) > 0
Überprüfen der PK, ggf. neue PK VoC (Stimmigkeit der PK)	»Was ist das Positivste, das Sie jetzt über sich sagen können?« – … – »Sie haben gut mitgearbeitet und wichtige Fortschritte gemacht.«
5. Verankerung »Halten Sie [Ausgangssituation] und >[PK]< zusammen.« Neue kurze Serie mit langsamen Augenbewegungen	Entspannung, Distanzierung (Sicherer Ort, Tresor) »Die Entwicklung, die wir heute begonnen haben, kann sich nach der Sitzung fortsetzen. Es können neue Einsichten, Gedanken, Erinnerungen oder Träume auftreten. Wenn das
6. Körpertest _____ »Schließen Sie die Augen, stellen Sie sich die [Ausgangssituation] vor und sagen Sie sich [PK]. Tauchen irgendwo Körperempfindungen auf?« Ja → Durcharbeiten (**4.**) oder Lichtstrahlmethode Nein→ Abschluss (**7.**)	geschehen sollte, nehmen Sie es einfach nur wahr, machen Sie eine innere Momentaufnahme und schreiben Sie es in ein Tagebuch. Mit diesem Material können wir das nächste Mal gut weiterarbeiten.«

7. Abschluss in einem ausgeglichenen Zustand

8. Überprüfung in der nächsten Sitzung

VoC _____ , SUD _____

Sonderprotokoll: Phobie

1. Anamnese und Behandlungsplanung – siehe Checkliste und Kontraindikation

(A) Methoden zum Umgang mit der Angst vor der Angst (B) Ursprungs-erfahrung (C) erste Erfahrung (D) belastendste Angsterfahrung (E) letzte Erfahrung (F) aktuelle Auslöser (G) Erwartungen (H) Körperkorrelate (I) Visualisierung der angstfreien Szene (K) Vertrag, die Realsituation aufzusuchen (L) Durcharbeiten der Visualisierung des Aufsuchens der Realsituation (M) Aufsuchen der Realsituation

2. Stabilisierung und Vorbereitung für EMDR

1) Ressourcen (z. B. Innere Helfer, Grounding, 5-4-3-2-1-Methode, Lichtstrahlmethode)
2) Sicherer Ort – Stichwort:

3) Erklärung von EMDR, 4) Metapher, 5) Sitzposition, 6) Stimulierung, 7) Stopp-Signal, 8) Beobachterrolle

3. Einschätzung

Ausgangssituation
»An welcher Erinnerung [aktuellem Auslöser/belastender Erwartung] möchten Sie heute arbeiten?«

Ausgangsbild – Intrusiver Sinneseindruck
»Was ist der schlimmste Moment des Vorfalls? Welches Bild taucht auf, wenn Sie daran denken?«

Negative Selbstüberzeugung (NK) – »Ich ...«, generalisiert, dysfunktional, ohne Verneinung, mit Affekt
»Welche negative Überzeugung über Sie selbst löst dieses Bild bei Ihnen aus?«

Positive Selbstüberzeugung (PK) – positiv, generalisierbar, realisierbar, ohne Verneinung, mit Affekt
»Wenn Sie sich [intrusives Bild] vorstellen, was würden Sie heute lieber über sich denken?«

Stimmigkeit der PK (VoC) – vom Gefühl her in der Gegenwart
»Auf der Skala zwischen 1 (völlig falsch) und 7 (völlig zutreffend), wie stimmig fühlt sich ›[PK]‹ an?«
1 – 2 – 3 – 4 – 5 – 6 – 7

EMDR-Sonderprotokolle   223

Emotionen
»Wenn Sie sich [Ausgangsbild] vorstellen und denken: ›[NK]‹, welche
Gefühle tauchen dann jetzt auf?«

Belastungsgrad (SUD)
»Auf der Skala zwischen 0 (keine Belastung) und 10 (maximale), wie
belastend fühlt sich das jetzt an?«
$0 - 1 - 2 - 3 - 4 - 5 - 6 - 7 - 8 - 9 - 10$

Fokussieren der Körperempfindungen zunächst vermeiden, erst zur letz-
ten Bearbeitung hinzunehmen

4. Durcharbeiten – Einstieg mit Bild und NK
»Blenden Sie aus, atmen Sie tief durch. Was ist zuletzt aufgetaucht?« –
»Gehen Sie damit weiter!«

Komplette Sitzung beenden	*Inkomplette Sitzung beenden*
SUD (Belastungsgrad) = 0	SUD (Belastungsgrad) > 0
Überprüfen der PK, ggf. neue PK VoC (Stimmigkeit der PK)	»Was ist das Positivste, das Sie jetzt über sich sagen können?« – … – »Sie haben gut mitgearbeitet und wichtige Fortschritte gemacht.« Entspannung, Distanzierung (Sicherer Ort, Tresor) »Die Entwicklung, die wir heute begonnen haben, kann sich nach der Sitzung fortsetzen. Es können neue Einsichten, Gedanken, Erinnerungen oder Träume auftreten. Wenn das geschehen sollte, nehmen Sie es einfach nur wahr, machen Sie eine innere Momentaufnahme und schreiben Sie es in ein Tagebuch. Mit diesem Material können wir das nächste Mal gut weiterarbeiten.«
5. Verankerung »Halten Sie [Ausgangssituation] und ›[PK]‹ zusammen.« Neue kurze Serie mit langsamen Augenbewegungen	
6. Körpertest _____ »Schließen Sie die Augen, stellen Sie sich die [Ausgangssituation] vor und sagen Sie sich [PK]. Tauchen irgendwo Körperempfindungen auf?« Ja → Durcharbeiten (**4.**) oder Lichtstrahlmethode Nein→ Abschluss (**7.**)	

7. Abschluss in einem ausgeglichenen Zustand

8. Überprüfung in der nächsten Sitzung

VoC _____ , SUD _____

Sonderprotokoll: Komplizierte Trauer

1. Anamnese und Behandlungsplanung – siehe Checkliste und Kontraindikation

(A) die aktuellen Vorfälle, z. B. Leiden und Tod (B) sich aufdrängende Erinnerungsbilder (C) Albträume (D) noch übrige Auslöser (E) Selbstvorwürfe, ambivalente Gefühle, Konflikte mit dem Verlorenen, falsch gerichtete Wut (F) dazugehörige traumatische Ursprungserinnerungen

2. Stabilisierung und Vorbereitung für EMDR

1) Normalisieren von Gefühlen, Gedanken, Verhaltensweisen, Änderungen, Geburtstagsreaktionen, starken Reaktionen auf bestimmte Orte, transpersonalen Erfahrungen, Reaktionen anderer
2) Vermitteln von Strategien wie Tagebuch, Briefe, Trauergruppe, Literatur, körperliche Aktivitäten
3) Konfrontieren von Mythen (Trauer nimmt gleichmäßig ab, man muss sich die Person aus dem Kopf schlagen, mangelnde Trauer beweist mangelnde Liebe, nach Jahren noch zu weinen bedeutet mangelnde Verarbeitung, Kontakt mit Toten zu haben ist verrückt, Trauer ist in einem Jahr vorbei, es gibt eine richtige Form der Trauer)
4) Ressourcen (z. B. Innere Helfer, Grounding, 5-4-3-2-1-Methode, Lichtstrahlmethode
5) Sicherer Ort – Stichwort:
6) Erklärung von EMDR, 7) Metapher, 8) Sitzposition, 9) Stimulierung, 10) Stopp-Signal, 11) Beobachterrolle

3. Einschätzung

Ausgangssituation
»An welcher Erinnerung [aktuellem Auslöser/belastender Erwartung] möchten Sie heute arbeiten?«

Ausgangsbild – Intrusiver Sinneseindruck
»Was ist der schlimmste Moment des Vorfalls? Welches Bild taucht auf, wenn Sie daran denken?« oder »Was möchten Sie von dem, was geschehen ist, behalten?« – ... – »Und was möchten Sie loslassen?«

Negative Selbstüberzeugung (NK) – »Ich ...«, generalisiert, dysfunktional, ohne Verneinung, mit Affekt
»Welche negative Überzeugung über Sie selbst löst dieses Bild bei Ihnen aus?«

Positive Selbstüberzeugung (PK) – positiv, generalisierbar, realisierbar, ohne Verneinung, mit Affekt
»Wenn Sie sich [intrusives Bild] vorstellen, was würden Sie heute lieber über sich denken?«

EMDR-Sonderprotokolle   225

Stimmigkeit der PK (VoC) – vom Gefühl her in der Gegenwart
»Auf der Skala zwischen 1 (völlig falsch) und 7 (völlig zutreffend), wie
stimmig fühlt sich ›[PK]‹ an?«   1 – 2 – 3 – 4 – 5 – 6 – 7

Emotionen
»Wenn Sie sich [Ausgangsbild] vorstellen und denken: ›[NK]‹, welche
Gefühle tauchen dann jetzt auf?«

Belastungsgrad (SUD)
»Auf der Skala zwischen 0 (Ihrem Gefühl nach angemessen oder keine
Belastung) und 10 (maximale), wie belastend fühlt sich das jetzt an?«
0 – 1 – 2 – 3 – 4 – 5 – 6 – 7 – 8 – 9 – 10

Lokalisieren der Körperempfindungen (bei somatisierter Traueraktion
anfangs weglassen)
»Wo spüren Sie das in Ihrem Körper?«

4. Durcharbeiten – Einstieg mit Bild und NK
»Blenden Sie aus, atmen Sie tief durch. Was ist zuletzt aufgetaucht?« –
»Gehen Sie damit weiter!«

Komplette Sitzung beenden	*Inkomplette Sitzung beenden*
SUD (Belastungsgrad) = 0	SUD (Belastungsgrad) > 0
Überprüfen der PK, ggf. neue PK VoC (Stimmigkeit der PK)	»Was ist das Positivste, das Sie jetzt über sich sagen können?« –
5. Verankerung »Halten Sie [Ausgangssituation] und ›[PK]‹ zusammen.« Neue kurze Serie mit langsamen Augenbewegungen	… – »Sie haben gut mitgearbeitet und wichtige Fortschritte gemacht.« Entspannung, Distanzierung (Sicherer Ort, Tresor) »Die Ent-
6. Körpertest _____ »Schließen Sie die Augen, stellen Sie sich die [Ausgangssituation] vor und sagen Sie sich [PK]. Tauchen irgendwo Körperempfindungen auf?« Ja → Durcharbeiten (**4.**) oder Lichtstrahlmethode Nein→ Abschluss (**7.**)	wicklung, die wir heute begonnen haben, kann sich nach der Sitzung fortsetzen. Es können neue Einsichten, Gedanken, Erinnerungen oder Träume auftreten. Wenn das geschehen sollte, nehmen Sie es einfach nur wahr, machen Sie eine innere Momentaufnahme und schreiben Sie es in ein Tagebuch. Mit diesem Material können wir das nächste Mal gut weiterarbeiten.«

7. Abschluss in einem ausgeglichenen Zustand

8. Überprüfung in der nächsten Sitzung

VoC _____ , SUD _____

Schmerzbehandlung*

Vorbereitung

Erklären Sie chronischen Schmerz mit dem Modell der psychischen Verarbeitung von Informationen. Dies kann zum Beispiel so formuliert werden:

»Schmerz kann aus vielen unterschiedlichen Gründen auftreten. Normalerweise ist Schmerz ein Signal dafür, dass etwas nicht stimmt. Manchmal kann Schmerz jedoch länger anhalten als erwartet. Lange Zeit anhaltender Schmerz kann zu Veränderungen des Nervensystems führen, die wiederum den Schmerz aufrechterhalten. Auf diese Weise wird der Schmerz vom Nervensystem ›festgehalten‹. EMDR ist ein Mittel, das Nervensystem so zu stimulieren, dass sich die Schmerzreaktion verändert.

Wir wissen beide nicht, wie Ihr Nervensystem auf EMDR reagieren wird. Behalten Sie also eine offene und neutrale innere Haltung und beobachten Sie die sinnlichen Qualitäten des Schmerzes. Anfangs mag es sein, dass sich die Intensität des Schmerzes nicht verändert oder dass sie sogar steigt. Dies ist dann wahrscheinlich eine Reaktion auf die bilaterale Stimulation. Wenn der Schmerz zu stark werden sollte, geben Sie bitte das Stopp-Signal, indem Sie Ihre Hand heben. Ihr Nervensystem wird ganz von selbst reagieren, so dass Sie selbst nur zu beobachten und es geschehen zu lassen brauchen.

Wir werden zusammen einfach überprüfen, was Sie erleben. Ich brauche von Ihnen so genau wie möglich Rückmeldungen darüber, wie sich der Schmerz anfühlt. Manchmal wird es Veränderungen geben, manchmal nicht. Es muss nichts Bestimmtes dabei herauskommen. Es geht zunächst nur darum, die Beobachtung zu schulen und zuzulassen, was auch immer geschieht.«

(Mögliche zusätzliche Metapher: »Im Moment möchte ich, dass Sie Ihren Schmerz ganz genau beobachten, sowohl die Intensität als auch die Qualität, ungefähr so, als ob Sie eine wissenschaftliche Beobachtung durchführen würden.«)

---

* EMDR Chronic Pain Protocol by Mark Grant (s. Grant u. Threlfo 2002)

EMDR-Sonderprotokolle 227

1. Wahl des Ausgangsthemas in der Schmerzbehandlung

»Bitte beschreiben Sie den Schmerz, wie Sie ihn jetzt fühlen.«
(Ungenaue Beschreibungen sind kein günstiges Ausgangsthema.
Schlagen Sie beschreibende Kategorien wie »Größe«, »Form«,
»Farbe«, »Temperatur«, »Beschaffenheit« oder auch die »emotio-
nale Beziehung zum Schmerz« vor. Setzen Sie jedoch an dieser
Stelle keine Imaginationsübung ein. Es kann für den Klienten hilf-
reich sein, den Schmerz in einer Zeichnung darzustellen.)

A: _____.

2. Negative Selbstkognition

»Beobachten Sie irgendwelche Gedanken über sich selbst, die den
Schmerz begleiten?«

N: _____.

3. Positive Selbstkognition

»Was möchten Sie idealerweise über sich denken können, wenn Sie
an Ihre Schmerzen denken?« (Die positive Selbstmitteilung kann
auch noch im Verlauf des Durcharbeitens erhoben werden.)

P: _____.

4. Stimmigkeit der Positiven Selbstkognition

»Wenn Sie an Ihren Schmerz denken, wie wahr fühlt sich dann die
Aussage (Positive Selbstmitteilung) an, auf einer Skala von 1 bis 7,
wobei 1 ganz falsch und 7 ganz wahr bedeutet?«

VOC_1 ___ (Validity of Cognition, 1 = ganz falsch, 7 = ganz wahr)

5. Emotionale Befindlichkeit

» Gibt es ein Gefühl, das den Schmerz begleitet?«

E: _____.

6. Grad der emotionalen Belastung

»Wie stark ist der Schmerz für Sie im Moment zu spüren, wenn Sie ihn auf einer Skala von 0 bis 10 einstufen, wobei 0 gar keine und 10 die höchste Intensität bedeutet?«

SUD_1: ___ (0 = gar nicht belastend, 10 = total belastend)

7. Durchtasten des Körpers

»Wo im Körper fühlen Sie den Schmerz? Wie fühlt er sich genau an?«

K_1: _____.

8. Desensitivieren (Vorstellung des Ausgangsthemas mit Augenbewegungen)

»Jetzt bitte ich Sie, den Schmerz so genau zu beobachten, wie Sie ihn mir gerade beschrieben haben.«

(Achten Sie darauf, dass der Klient nicht nur die Intensität, sondern vor allem die Qualität des Schmerzes wahrnimmt. Geben Sie sich nicht mit Antworten wie »nichts« oder »alles geblieben« zufrieden. Sagen Sie dann: »Ja, gut, und was genau nehmen Sie dabei wahr, so genau wie Sie vorhin die Qualität des Schmerzes beschrieben haben?«)

9. Neustrukturieren (nur wenn nötig, mit Hilfe eingeflochtener Gedanken)

10. Verankerung (abschließendes Set Augenbewegungen bei positiver Selbstbeschreibung)

a) Wenn der Klient Veränderungen berichtet hat, verfestigen Sie nun diese Veränderungen durch Fragen wie: »Was hat sich jetzt zurechtgerückt?« oder: »Was ist nun an die Stelle des Schmerzes getreten?«

b) Wenn der Klient von sich aus keine Veränderungen wahrnimmt, kann eine ausdrückliche Anleitung helfen: »Denken Sie an etwas, das den Schmerz wegnehmen oder lindern könnte. Es darf auch unrealistisch sein. Lassen Sie Ihrer Phantasie freien Lauf.«

c) Setzen Sie die bilaterale Stimulation fort, sobald der Klient

EMDR-Sonderprotokolle 229

eine veränderte Qualität der Schmerzwahrnehmung herausfindet.

d) Verankern Sie die neue Qualität und Intensität mit einem Wort: »Gibt es ein Wort, das den neuen Zustand beschreibt?«

11. Neue Stimmigkeit

VOC_2 ___ (1 = ganz falsch, 7 = ganz wahr)
Wenn der Wahrheitsgrad noch unter 7 liegt, fragen Sie: »Was ist noch im Weg, so dass die positive Selbstbeschreibung noch nicht ganz wahr ist?« Die Antwort bildet ein neues Ausgangsthema (→ Punkt 1).

12. Neuer Belastungsgrad

SUD_2: ___ (0 = gar nicht belastend, 10 = total belastend)

13. Erneutes inneres Durchtasten des Körpers

K_1: _____.

14. Rückführung in einen ausgeglichenen Zustand
1) Abschluss-Feedback
2) Nur wenn nötig: Sicherer-Ort-Übung, Lichtstrahlmethode oder Fünf-Dinge-Übung

15. Erinnerungen
1) Nach der Sitzung können Symptome stärker werden. Dies ist Ausdruck der Verarbeitung;
2) bitten Sie den Klienten, ein Tagebuch zu führen,
3) bitten Sie den Klienten, nicht sofort ins Auto zu steigen.

EMDR-Vorbereitung

Klientin: **Datum:**

EMDR-spezifische Anamnese:
Symptome:

Behandlungsziel/Ausgangsthema:

Auslöser:

Krankheiten oder ausschließende Gründe
(Epilepsie, Netzhautablösung, Herzprobleme, Drogen, dissoziative Störungen, akute Stressbelastung, bevorstehende Entscheidung, juristische Probleme)

Innere und äußere Ressourcen:

Vorbereitung:
- **Erklären der Theorie** (neurologische Speicherung, Hemisphärenstimulation, beschleunigte Wahrnehmungsverarbeitung)
- **Länge der Sitzung und »Nachzeit«**
- **bipolare Stimulierungsart festlegen**
- **Stopp-Signal, Beobachterrolle**
- **Sicherer Ort**
- Übergang zur **Einschätzung** (Ausgangssituation, belastendster Aspekt, NK, PK, gegenwärtige Emotionen, Belastungsgrad, Körperempfindungen, innerer Prozess)

EMDR-Evaluationsbogen

Therapeutin: Datum:

Folgende Punkte sind mit + oder – zu bewerten, je nachdem, ob sie vorge-
kommen sind oder nicht.

Allgemeines
Therapeutin:
——— Verfügt über fundierte Kenntnisse in der Anwendung von
EMDR (indem sie die Fragen der Klientin korrekt und ange-
messen beantworten und die Klientin unterstützen kann)
——— Führt das Protokoll in der angemessenen Reihenfolge durch.
——— Kennt und verwendet die geeigneten Formulierungen (z. B.
die Zug-Metapher)

Vor der Videoaufzeichnung:
1. Anamnese und Behandlungsplanung
Therapeutin:
——— Macht eine korrekte formelle (DSM/ICD) Diagnose (z. B.
PTBS)
——— Überprüft Indikation und Kontraindikation für EMDR und
EMDR-Sonderprotokolle

Während der Videoaufzeichnung:
2. Stabilisierung und Vorbereitung für EMDR
Therapeutin:
——— Bietet eine angemessene Erklärung für EMDR und eine
Metapher für den Prozess
——— Bereitet die Klientin angemessen auf die Behandlung mit
EMDR vor, bespricht und übt mindestens eine Stabilisie-
rungstechnik (z. B. Sicherer Ort)
——— Holt das Einverständnis für die Behandlung mit EMDR von
der Klientin ein
——— Lässt die Klientin die geeignete Sitzposition und Entfernung
wählen
——— Vereinbart mit der Klientin ein geeignetes Stopp-Signal

3. Einschätzung des Ausgangsthemas

Therapeutin:

___ Unterstützt die Klientin bei der Wahl eines geeigneten Ausgangsthemas

___ Unterstützt eine lebhafte sinnliche Erinnerung

___ Hilft der Klientin beim Finden einer Negativen Selbstüberzeugung (NK)

___ Hilft der Klientin beim Finden einer Positiven Selbstüberzeugung (PK)

___ Erfragt und notiert den Grad der Stimmigkeit der PK (VoC) in der momentanen Situation

___ Erfragt und notiert das Gefühl, das mit Ausgangsbild und NK einhergeht

___ Erfragt und notiert den Belastungsgrad SUD (Subjective Units of Disturbance)

___ Erfragt und notiert die entsprechenden Körperempfindungen

4. Durcharbeiten

Therapeutin:

___ Beginnt, indem sie die mit dem Ausgangsthema verbundenen Vorstellungen und Gedanken fokussiert und somit Zugang zum belastenden Material herstellt (Ausgangsbild, NK)

___ Führt Stimulation in angemessenem Tempo durch (redet nicht dazwischen)

___ Führt Stimulation angemessenen lange durch (in der Regel mindestens 24 Takte, bis eine neue Ebene der Verarbeitung erreicht ist)

___ Fokussiert die Aufmerksamkeit auf die auftretenden Assoziationen der Klientin und hält den Prozess im Fluss, unterbricht nicht, indem sie die auftretenden Assoziationen kommentiert oder weiterbearbeitet, und kehrt nach einer von der Klientin gewünschten Entspannung zum Ausgangthema zurück

___ Kann mit Blockaden der Klientin umgehen und sie überwinden helfen, z. B. durch therapeutisches Einweben

___ Ist in der Lage, mit Abreaktionen der Klientin umzugehen

EMDR-Evaluationsbogen   **233**

5. Verankerung
Therapeutin:
—— Verankert die PK nur, wenn SUD 0 erreicht ist oder wenn aus-
nahmsweise SUD 1 für das innere Gleichgewicht der Klientin den kleinsten Wert darstellt (z. B. die Klientin die Restbe-
lastung als Motiv für notwendige Handlungen benötigt)
—— Überprüft, ob sich die PK während des Durcharbeitens verändert hat und ggf. optimiert werden kann
—— Kann die PK angemessen mit dem Ausgangsthema verankern, ohne neue Assoziationen anzuregen (z. B. fragt nicht
noch einmal: »Was taucht jetzt auf?«)
—— Fährt mit der Stimulierung zur Verankerung fort, bis VoC
von 7 erreicht wird

6. Körpertest
Therapeutin:
—— Überprüft die Körperempfindung bei der Vergegenwärti-
gung der Ausgangsituation und der PK

7. Abschluss
Therapeutin:
—— Beendet Sitzung angemessen, indem sie z. B. erneut Sicher-
heitstechniken bespricht
—— Beendet eine unvollständige Sitzung angemessen

Nach der Videoaufzeichnung
8. Überprüfung
Therapeutin:
—— Überprüft die Verarbeitung des Ausgangsthemas in der auf
eine EMDR-Sitzung folgenden Sitzung, z. B. erfragt SUD,
VoC und ob in der Zwischenzeit bei der Klientin noch belastendes Material aufgetaucht ist oder ob sie positive Veränderungen ihres Verhaltens beobachtet hat

Bemerkungen: . . . .
. . . .
. . . .
. . . .
. . . .

Fehlerquellen bei der Anwendung von EMDR

Bei der Durchführung des EMDR-Protokolls gibt es ein paar Punkte, die das Ergebnis wesentlich mitbestimmen und leicht übersehen werden können. Sie sind deshalb hier noch einmal besonders aufgelistet (in Frageform und positiv formuliert). Wenn Sie alle Fragen mit einem lockeren »Ja« beantworten können, kann die Sitzung losgehen!

1. Vor Beginn der bifokalen Stimulation

- Liegt die differenzierte Anamnese von traumatischen Erinnerungen und deren Auslösesituationen vor?
- Existieren Arbeitshypothesen über Genese und Aufrechterhaltung der Symptome?
- Wurde die Methode einfach genug und sachlich richtig erklärt?
- Wurden vor der Neuverarbeitung ausreichend wirksame Entspannungsverfahren und Imaginationsverfahren zur Flashback-kontrolle vermittelt?

2. Bei der Vorbereitung der Neuverarbeitung

- Trifft das Ausgangsbild emotional den Kern der Traumatisierung?
- Wurde die negative Selbstmitteilung ausreichend spezifisch formuliert?
- Stellt die positive Selbstmitteilung für die Klientin eine uneingeschränkte Idealvorstellung dar?
- Haben Ausgangsbild, negative und positive Selbstmitteilung das gleiche emotionale Thema?
- Ist geklärt, ob sich das Material auf Gegenwart oder Vergangenheit bezieht?
- Weiß die Klientin, wie sie den Prozess kontrollieren kann?
- Wurde ein Stopp-Signal vereinbart?
- Wurde die Klientin über die Vor- und Nachteile der Arbeit informiert?
- Findet das Wohlbefinden der Klientin genügend Beachtung, vor

Fehlerquellen bei der Anwendung von EMDR   **235**

allem bezüglich Sitzposition, Entfernung und Modalität der bifokalen Stimulierung (Blickbewegungen, Händetippen, Paddeln, Schnippen)?

3. Bifokale Stimulation

Geschwindigkeit
*   Ist sie schnell genug, so dass die Klientin gerade noch mitkommt?
*   Kann die Klientin noch kontinuierlich folgen?

Richtung – bei Schwierigkeiten der Klientin, dem Finger nachzukommen, und bei Blockierungen
   ... wird die Richtung der Blickbewegungen gewechselt
   ... wird die Modalität gewechselt (z. B. von Händetippen auf Augenbewegungen)
   ... werden die Ängste der Klientin bezüglich der Methode erfragt.

Kontinuität
*   Hat die Klientin jederzeit die Möglichkeit, etwas zu sagen?
*   Setzt die Therapeutin der Klientin adäquate Grenzen, wenn sie rationalisiert?
*   Verhindert die Therapeutin Versuche der Klientin, durch Sprechen den Prozess der Neuverarbeitung zu erschweren?
*   Hat die Klientin Zeit, spontane Abreaktionen ohne Störung zu Ende zu führen?

4. In der Beendigungsphase

*   Wurde der Belastungsgrad am Ende angesichts der Ausgangssituation überprüft?
*   Wurde die positive Selbstmitteilung zum Schluss gemeinsam mit der Ausgangssituation verankert?
*   Wurden Sitzungen mit unvollständigen Prozessen am Ende besonders achtsam abgeschlossen?
*   Erfolgte eine vollständige Aufklärung über mögliche Wirkungen der Behandlung?

Gruppenübung (für Dreier-Gruppen innerhalb der Ausbildung)

Person A ist Klientin und stellt eine alte, mäßig belastende Erinnerung zur Bearbeitung vor.

Person B ist Therapeutin und hilft A bei der Verarbeitung der Erinnerung. B hilft A,
1. das Vorstellungsbild,
2. die gegenwärtige und die gewünschte Kognition,
3. zugehörige Emotion und Körpergefühl und
4. den Belastungsgrad und den Stimmigkeitswert
zu identifizieren.

Die Therapeutin gibt die Instruktionen und führt EMDR durch.
Person C nimmt als Beobachterin teil. Achten Sie besonders auf
- die Qualität des interpersonellen Rapports, das Timing und die Körpersprache,
- welche Aktivitäten der Therapeutin hilfreich und effektiv sind,
- die Handhabung der Methode (Flüssigkeit, Erklärungen, Klientenzentrierung, Arbeit mit NK und PK, Messungen, Handbewegung, Installation, Abschluss) und
- auf die Reaktionen der Klientin, wie nonverbale Signale, Augenbewegungen und das verbale Feedback.

Beachten Sie bei der Arbeit folgende Hinweise:
1. Lassen Sie die Klientin bei ihrer Erinnerung und gestatten Sie ihr ihren eigenen Prozess.
2. Beantworten Sie die Äußerungen der Klientin nicht.
3. Keine Vertiefungen, Wiederholungen, Bewertungen von Äußerungen der Klientin!
4. NK und PK sollen angemessen (Kriterien siehe Protokoll) sein.
5. Variieren Sie die Stimulierungsart oder Richtung und Geschwindigkeit der Augenbewegungen, wenn die Verarbeitung stillsteht.
6. Achten Sie auf optische, akustische und sensorische Veränderungen in den Vorstellungen der Klientin.
7. Gehen Sie stets noch einmal in die Ausgangssituation der Klientin zurück, wenn ein Ziel bearbeitet wurde.

Gruppenübung (für Dreier-Gruppen innerhalb der Ausbildung)   237

8. Folgen Sie den Schritten im Protokoll.
9. Überprüfen Sie die Ergebnisse durch Erfragen des neuen Belastungsgrads und Stimmigkeitswerts.

Nach dem Abschluss der Übung geben sich die Gruppenmitglieder ein konstruktiv helfendes Feedback ihrer subjektiven Eindrücke.

Wechseln Sie jetzt die Positionen innerhalb der Gruppe und beginnen Sie die nächste Sitzung!

Impact of Event Scale (IES)
(Horowitz et al. 1979, Übersetzung von O. Schubbe)

Hier finden Sie Aussagen, die Menschen nach einem besonders belastenden Lebensereignis gemacht haben. Bitte kreuzen Sie an, wie oft die jeweiligen Aussagen *innerhalb der letzten sieben Tage* für Sie zugetroffen haben. Sollten sie in diesem Zeitraum nie zugetroffen haben, kreuzen Sie bitte »gar nicht« an.

Aussage   **Häufigkeit**

	gar nicht	selten	manch-mal	oft
1. Ich habe an das Ereignis denken müssen, obwohl ich es nicht wollte.				
2. Wenn ich daran gedacht habe oder erinnert wurde, habe ich versucht, mich nicht darüber aufzuregen.				
3. Ich habe versucht, es ganz zu vergessen.				
4. Ich habe Schwierigkeiten gehabt einzuschlafen, da mir Bilder oder Gedanken darüber in den Sinn kamen.				
5. Ich habe starke Gefühlswellen erlebt, die sich auf das Ereignis bezogen.				
6. Ich habe davon geträumt.				
7. Ich bin Dingen ferngeblieben, die mich daran erinnern können.				
8. Es ist mir vorgekommen, als sei alles doch nicht passiert oder unwirklich.				
9. Ich habe versucht, nicht darüber zu sprechen.				

Impact of Event Scale (IES)   **239**

10. Es sind mir unvermittelt Bilder davon in den Sinn gekommen.

11. Andere Dinge oder Situationen haben mich immer wieder daran erinnert.

12. Es ist mir bewusst gewesen, dass ich dazu noch viele Gefühle habe, die ich aber nicht an mich heranlasse.

13. Ich habe versucht, nicht daran zu denken.

14. Erinnerungen daran sind immer wieder mit starken Gefühlen verbunden gewesen.

15. Meine Gefühle dazu sind wie betäubt gewesen.

Impact of Event Scale Revised (IES-R)
(Maercker u. Schützwohl 1998)

	Item	gar nicht	selten	manch-mal	oft
1	Immer wenn ich an das Ereignis erinnert wurde, kehrten die Gefühle wieder.				
2	Ich hatte Schwierigkeiten, nachts durchzuschlafen.				
3	Andere Dinge erinnerten mich immer wieder daran.				
4	Ich fühlte mich reizbar und ärgerlich.				
5	Ich versuchte, mich nicht aufzuregen, wenn ich daran dachte oder daran erinnert wurde.				
6	Auch ohne es zu beabsichtigen, musste ich daran denken.				
7	Es kam mir so vor, als ob es gar nicht geschehen wäre oder irgendwie unwirklich war.				
8	Ich versuchte, Erinnerungen daran aus dem Weg zu gehen.				
9	Bilder, die mit dem Ereignis zu tun hatten, kamen mir plötzlich in den Sinn.				
10	Ich war leicht reizbar und schreckhaft.				
11	Ich versuchte, nicht daran zu denken.				

Impact of Event Scale Revised (IES-R)

12	Ich merkte zwar, dass meine Gefühle durch das Ereignis noch sehr aufgewühlt waren, aber ich beschäftigte mich nicht mit ihnen.				
13	Die Gefühle, die das Ereignis in mir auslösten, waren ein bisschen wie abgestumpft.				
14	Ich stellte fest, dass ich handelte oder fühlte, als ob ich in die Zeit des Ereignisses zurückversetzt sei.				
15	Ich konnte nicht einschlafen.				
16	Es kam vor, dass die Gefühle, die mit dem Ereignis zusammenhingen, plötzlich für kurze Zeit viel heftiger wurden.				
17	Ich versuchte, das Ereignis aus meiner Erinnerung zu streichen.				
18	Es fiel mir schwer, mich zu konzentrieren.				
19	Die Erinnerungen daran lösten bei mir körperliche Reaktionen aus, wie Schwitzen, Atemnot, Schwindel oder Herzklopfen.				
20	Ich träumte davon.				
21	Ich empfand mich selbst als sehr vorsichtig, aufmerksam oder hellhörig.				
22	Ich versuchte, nicht darüber zu sprechen.				

Impact of Event-Scale und Impact of Event Scale Revised – Auswertung

Die Antworten auf den vierstufigen Skalen werden folgendermaßen verrechnet:

gar nicht = 0
selten = 1
manchmal = 3
oft = 5

Impact of Event Scale

Es wird eine Gesamtsumme gebildet. Nach Horowitz et al. (1979) zeigten Menschen, die durch ein traumatisches Erlebnis belastet waren, einen durchschnittlichen Punktwert von 44. Für die Auswertung können folgende Kategorien der Beeinträchtigung verwendet werden:

Bereich   0–8   unterhalb klinischer Bedeutsamkeit
Bereich   9–25   gering beeinträchtigt
Bereich   26–43   mittelmäßig beeinträchtigt
Bereich   ab 44   schwer beeinträchtigt

Es können außerdem Summen der Subskalen ermittelt werden:
Intrusion (Items 1, 4, 5, 6, 10, 11, 14) und
Vermeidung (Items 2, 3, 7, 8, 9, 12, 13, 15).

Eine Diagnose kann mit den Ergebnissen der IES nicht vergeben werden.

Impact of Event Scale Revised

Es wird keine Gesamtsumme gebildet, sondern nur Summen innerhalb der Subskalen:
Intrusion (Items 1, 3, 6, 9, 14, 16, 20),
Vermeidung (Items 5, 7, 8, 11, 12, 13, 17, 22) und
Übererregung (Items 2, 4, 10, 15, 18, 19, 21).

Die Teilsummen werden folgendermaßen verrechnet (Maercker u. Schützwohl 1998):

Lichtstrahlmethode 243

Diagnostischer Testwert:

$$X = (-0.02 \times \text{Intrusion}) + (0.07 \times \text{Vermeidung})$$
$$+ (0.15 \times \text{Übererregung}) - 4.36$$

Die IES-R hilft »nur« eine Verdachtsdiagnose auf Posttraumatische Belastungsstörung zu vergeben. Wenn die Größe des Testwertes $X > 0$ beträgt, ist die Diagnose »Posttraumatische Belastungsstörung« wahrscheinlich.

Lichtstrahlmethode

Die Lichtstrahlmethode kommt aus dem Vipassana-Yoga und eignet sich im Rahmen der Traumatherapie zur Erleichterung von psychischen Belastungen aufgrund von akutem oder chronischem Schmerz. Sie soll nicht als Methode zur Schmerzbehandlung bezeichnet werden, um keinen Erwartungsdruck zu erzeugen, sondern eher als Methode zur Beobachtung von Missempfindungen.

Anleitung (durch die Therapeutin)

Während Sie sich nun langsam Ihrer Sitzhaltung bewusst werden, achten Sie bitte darauf, dass sich Ihre Wirbelsäule im Gleichgewicht befindet und Ihre Schultern locker herabhängen ..., [hier evtl. den gesamten Köper systematisch von oben nach unten erspüren lassen]
... und es kann sein, dass Sie irgendeine Missempfindung wahrnehmen können. Wenn Sie eine solche Missempfindung finden sollten, können Sie an der folgenden Übung voll teilnehmen. Ansonsten bitte ich Sie, beim Zuhören nur denjenigen Instruktionen zu folgen, die für Sie passen.

Konzentrieren Sie sich nun ganz auf die Empfindung im Körper, die gerade im Vordergrund steht
... und wählen Sie einen *Gegenstand*, der diese Empfindung symbolisieren könnte.

... Wenn diese Empfindung eine *Form* hätte, wie sähe diese dann aus?
... Und wenn dieser Gegenstand eine *Größe* hätte, wie groß wäre er dann?
... Und hätte er eine *Farbe*, welche wäre es?
... Und beobachten Sie nun genau die *Beschaffenheit der Oberfläche*
... die *Beschaffenheit des Materials*
... die *Höhe des Tons* dieses Gegenstands
... seine *Temperatur* und
... sein *Gewicht*.

Während Sie nun immer noch Ihren Körper spüren, beobachten Sie bitte, welche Farbe Ihrem Körper am besten tut, ihn heilen und ihm wohl tun könnte, vielleicht Ihre Lieblingsfarbe oder eine andere. Und während Sie innerlich diese Farbe betrachten, wird daraus ein ganz genauso heilsames farbiges Licht, das mit unendlicher und wohltuender Kraft auf Ihren Körper scheint. Stellen Sie sich vor, diese heilsame Farbe würde von oben in einem ganz breiten Lichtstrahl wie eine Dusche auf Ihren Körper strahlen und durch die Oberfläche Ihres Kopfes in Sie hinein und zu jener Form in Ihrem Körper strömen.

Nehmen wir einmal an, die Quelle dieses Lichts ist das Universum: Je mehr Sie davon verbrauchen, umso mehr steht Ihnen zur Verfügung. Das Licht strömt auf die Form zu, durchdringt und erfüllt sie, schwingt und pulsiert in ihr und um sie herum. Und durch die unendliche Energie dieses Lichts kann es vorkommen, dass der Gegenstand sich verändert oder verschwindet.

Was geschieht währenddessen mit dem Gegenstand, seiner Form ..., seiner Größe ..., seiner Farbe ..., der Beschaffenheit der Oberfläche ..., der Beschaffenheit des Materials ..., der Tonhöhe seines Klangs ..., seiner Temperatur ... und mit seinem Gewicht?

Und während Sie sich nun wieder auf das heilsame Licht konzentrieren, diese breite Lichtdusche aus dem Universum, beobachten Sie bitte die unendliche heilsame Energie, den breiten Lichtstrahl, die kraftvolle Lichtdusche, diese warme Hülle aus Licht und Energie, in die Ihr Körper gehüllt ist. Und lassen Sie alles überflüssige

Lichtstrahlmethode

Licht durch die Füße in den Boden abfließen oder füllen Sie damit Ihren Körper an, so, wie es sich für Sie gut anfühlt.

Was ist nun von dem Gegenstand im Moment wahrzunehmen, von seiner Form ..., seiner Größe ..., seiner Farbe ..., der Beschaffenheit der Oberfläche ..., der Beschaffenheit des Materials ..., der Tonhöhe seines Klangs ..., seiner Temperatur ... und von seinem Gewicht? Und was ist von der ursprünglichen Empfindung an dieser Stelle geblieben? Spüren Sie Ihren Körper ...

Genießen Sie den momentanen Zustand von Ruhe und Frieden und speichern Sie dieses Gefühl für die nächste Zeit.

Kommen Sie jetzt langsam mit Ihrer gesamten Aufmerksamkeit wieder zurück in diesen Raum. Ich werde dazu von fünf bis eins zählen. Bei jeder Zahl werden Sie ein wenig wacher werden. Bei eins werden Sie mit ihrem vollen Bewusstsein wieder in der Gegenwart sein. 5 ... 4 ... 3 ... 2 ... 1
    Atmen Sie tief durch, strecken Sie sich und blicken Sie sich wieder im Raum um.

Siehe hierzu auch Shapiro (1998a) sowie Levine (1991).

Sicherer Ort*

Lesen Sie zunächst das gesamte Arbeitsblatt durch und beginnen Sie erst danach mit dem Üben!

Absolvieren Sie diese Übung mit einer Kursteilnehmerin und wechseln Sie jeweils die Position von Klientin und Therapeutin!

Schritt 1: **Bild** Suchen Sie gemeinsam mit der Klientin nach einem Bild von einem sicheren Ort, das in ihr ein Gefühl von Ruhe und Sicherheit hervorruft. Die Klientin soll sich das Bild gut vorstellen können. Notieren Sie sich das Bild stichpunktartig.

Schritt 2: **Emotionen** Bitten Sie die Klientin, sich auf das Bild zu konzentrieren und die damit verbundenen Emotionen zu fühlen. Fragen Sie nach etwaigen angenehmen körperlichen Empfindungen und deren Lokalisation. Machen Sie sich stichpunktartige Notizen.

Schritt 3: **Induktion** Ihre Klientin soll sich das Bild vorstellen. Versuchen Sie, durch beruhigende hypnotische Induktionen, das Gefühl der Sicherheit und Geborgenheit zu stärken. Falls an dieser Stelle entsprechende neue Emotionen auftauchen, notieren Sie diese.

Schritt 4: **Körper + Stimulierung** Fordern Sie die Klientin auf, sich das Bild vor ihrem inneren Auge vorzustellen. Sie soll sich auf die zugehörigen Körperempfindungen konzentrieren und die

---

* Nach Shapiro 1998a, S. 164ff.

Sicherer Ort 247

angenehmen Gefühle genießen. Führen Sie jetzt zur Verstärkung eine Serie geleiteter Augenbewegungen durch.
Fragen Sie im Anschluss nach dem jetzigen Gefühl.

↙ ↘

Wenn sich die positiven Gefühle verstärken, führen Sie weitere 4–6 Serien durch.

Stellt sich keine Veränderung ein, können Sie Richtung und Geschwindigkeit der Bewegungen variieren.

Schritt 5: **Schlüsselwort** Bitten Sie die Klientin, ein einzelnes Wort, das stellvertretend für den »Sicheren Ort« stehen kann, zu nennen. Notieren Sie sich dieses Stichwort.

Die Klientin soll sich nun nochmals das Bild, das Gefühl und die zugehörige Empfindung vergegenwärtigen. Während Sie sie durch 4–6 Augenbewegungsserien leiten, soll sie außerdem mental das Stichwort wiederholen.

Schritt 6: **Selbstanwendung** Nun fordern Sie die Klientin auf, sich auf das Bild und das Stichwort zu konzentrieren, um so ohne fremde Hilfe und ohne Augenbewegungen einen Zustand der Entspannung zu erreichen. Wenn der Klientin dies gelingt, gehen Sie zum nächsten Schritt über.

Schritt 7: **Belastung** Bitten Sie die Klientin, sich an eine mäßig belastende Situation der jüngeren Vergangenheit und die damit verbundenen unangenehmen Gefühle zu erinnern und Schritt 6 selbstständig durchzuführen.
Geleiten Sie sie nun durch mehrere Augenbewegungsserien, bis sich die negativen Gefühle weitgehend aufgelöst haben.

Schritt 8: **Selbstanwendung + Belastung** Nach dieser Erfahrung bitten Sie die Klientin, sich eine weitere mäßig belastende Situation der jüngeren Vergangenheit und die damit verbundenen unangenehmen Gefühle vorzustellen. Fordern Sie sie auf, sich auf diese Erinnerung zu konzentrieren und eigenständig mittels der erlernten Übung wieder einen entspannten Zustand zu erreichen.

5-4-3-2-1-Methode
(Steffen Bambach)

Die außenorientierte 5-4-3-2-1-Übung von Yvonne Dolan (1991) ist eine Abwandlung der 5-4-3-2-1-Selbsthypnosetechnik von Betty Erickson. Das Besondere dieser Methode besteht darin, dass keine inneren Bilder, sondern konkrete Wahrnehmungen im Hier und Jetzt beschrieben werden. Yvonne Dolan entwickelte die Übung speziell als Hilfe für Überlebende von sexuellem Missbrauch.

Durch die Orientierung der Wahrnehmung nach außen unterscheidet sich die Übung grundlegend von der Mehrzahl anderer Entspannungs- und Stabilisierungstechniken. Sie eignet sich durch die Außenorientierung besonders gut für Klientinnen, die dazu neigen, bei einer Fokussierung des inneren Erlebens in Gedanken oder Erinnerungen abzuschweifen, die mit negativen Emotionen verbunden sind. Dies gilt besonders für depressive Klientinnen und für Menschen mit traumatischen Erfahrungen.

Indikationen

- *Reorientierung aus Albträumen und Flashbacks:* Die Übung hilft vielen Klientinnen, sich nach kurzer Übungszeit effektiv aus Albträumen und Flashbacks reorientieren zu können.
- *Gedankenstopp:* Die Übung hilft Klientinnen, Grübeln und sich aufdrängende Gedanken zu unterbinden und diese dadurch zu kontrollieren.
- *Einschlafhilfe:* Die Übung hilft Klientinnen, mit hartnäckigen Schlafstörungen besser einschlafen zu können. Manchen gelingt es mit der Übung sogar, auf vorher regelmäßig eingenommene Schlaf-/Beruhigungsmittel zu verzichten.
- *Impulskontrolle:* Die Übung stellt eine Hilfe zur Bewältigung von akuten Spannungszuständen mit drohendem selbstschädigendem Verhalten dar (Selbstverletzung, Alkohol, Erbrechen ...).
- *Entspannung:* Die Übung bewirkt eine effektive Entspannung, und zwar häufig auch bei Klientinnen, die mit anderen Entspannungsverfahren wie autogenem Training oder Progressiver Muskelentspannung keine Erfolge hatten.
- *Unterbrechung von Angst- und Panikattacken:* Da Angst- und Pa-

nikattacken häufig durch bewusstes oder unbewusstes inneres Erleben ausgelöst werden, erleben viele Klientinnen die Übung auch bei dieser Symptomatik als sehr hilfreich.

Außenorientierte 5-4-3-2-1-Übung nach Yvonne Dolan

Finden Sie eine angenehme Position für Ihren Körper und einen Punkt im Raum, auf dem Sie Ihren Blick ruhen lassen. Die Augen sind dabei zunächst geöffnet!

Am Ende der Übung nehmen Sie sich entweder wie bei einem Ihnen schon vertrauten Entspannungstraining zurück oder zählen einfach rückwärts von 4 bis 1. Bei der Zahl 4 bewegen Sie die Füße und Beine wieder, bei der Zahl 3 nehmen Sie die Hände und Arme hinzu, bei der Zahl 2 räkeln und strecken Sie den ganzen Körper mit Rumpf und Kopf, atmen wieder tief und erst bei der Zahl 1 öffnen Sie erfrischt und hellwach die Augen.

Sie wissen, dass Sie sich während der ganzen Übung erlauben können, jede körperliche Veränderung durchzuführen, die wichtig ist, um Ihr Wohlbefinden zu erhalten. Natürlich können Sie sich auch jederzeit vorher in der oben beschriebenen Weise zurücknehmen oder die Übung bewusst zum Einschlafen nutzen!

Sagen Sie sich laut oder in Gedanken, was Sie mit Ihren Sinnen im Moment gerade wahrnehmen!

5-mal: **Ich sehe ...!** →	5-mal: **Ich höre ...!** →	5-mal: **Ich spüre ...!** →
4-mal: **Ich sehe ...!** →	4-mal: **Ich höre ...!** →	4-mal: **Ich spüre ...!** →
3-mal: **Ich sehe ...!** →	3-mal: **Ich höre ...!** →	3-mal: **Ich spüre ...!** →
2-mal: **Ich sehe ...!** →	2-mal: **Ich höre ...!** →	2-mal: **Ich spüre ...!** →

Zuletzt, einige Zeit lang mehrmals
1-mal: **Ich sehe ...!** →   1-mal: **Ich höre ...!** →   1-mal: **Ich spüre ...!**

Hinweise, damit es funktioniert:
1. Es ist in Ordnung, immer wieder dieselben Wahrnehmungen zu benennen!
2. Wenn zum Beispiel während der Phase des Sehens Geräusche stören, wechseln Sie einfach zum Hören und integrieren Sie die Geräusche auf diese Weise in Ihre Wahrnehmung.

250   Arbeitsmaterialien

3. Wenn Sie mit der Abfolge der Übung durcheinander geraten, ist dies ein Zeichen, dass Sie es gut machen und besonders schnell entspannen. Sie können dann entweder in diesem Zustand verweilen oder »raten«, wo Sie waren, und fortfahren.

4. Wenn Sie während der Übung merken, wie sich die Augen schließen wollen, lassen Sie die Augen sich schließen! Sie können entweder die konkreten Wahrnehmungen der geschlossenen Augen beschreiben oder nur noch hören und spüren.

5. Bei manchen verstärkt es den positiven Effekt der Übung, wenn sie die Wahrnehmung laut aussprechen und dabei die eigene Stimme hören!

Vermittlung der Übung

Die im Abschnitt zuvor beschriebene Übungsanleitung ist so gestaltet, dass sie den Klientinnen als Arbeitsblatt und Erinnerung mit nach Hause gegeben werden kann. Dennoch hat es sich bewährt, einige zusätzliche Erklärungen zum Verständnis der Übung zu geben. Hierzu ein Beispiel:

Stress und Verspannung entstehen häufig durch das Erinnern von negativen Erlebnissen aus der nahen oder fernen Vergangenheit und/oder durch das Denken an bevorstehende unangenehme oder bedrohliche Situationen in der nahen oder fernen Zukunft. Für viele Menschen ist der einzige sichere Ort für Entspannung und Wohlbefinden der schmale Grat der absoluten Gegenwart, in anderen Worten: das Hier und Jetzt. Die 5-4-3-2-1-Übung hilft, genau diesen so wichtigen Kontakt zur Gegenwart herzustellen und zu stärken.

Um eine Vorstellung von der Wirkweise der Übung zu bekommen, hilft manchen Klientinnen auch die Computer-Metapher: Wenn ein Computer mit einem begrenzten Arbeitsspeicher mit einer bestimmten Aufgabe voll ausgenutzt ist, können keine weiteren Programme mehr aktiviert und keine weiteren Informationen von der Festplatte geholt werden. Genauso ist es mit dem Gehirn. Wenn wir aus drei Sinnessystemen, in einer ausreichenden Geschwindigkeit abwechselnd unsere aktuellen Sinneswahrnehmungen in der Gegenwart benennen, dann hat unser Gehirn keine Kapazität mehr frei, noch über Vergangenes oder Zukünftiges nachzudenken.

5-4-3-2-1-Methode

Viele Klientinnen erlernen die Übung schnell und haben schon nach einmaliger Anleitung große Erfolge in der Bewältigung ihrer Symptome. Dennoch ist es empfehlenswert, positive Erfahrungen und Misserfolge gemeinsam auszuwerten und die Übung gegebenenfalls noch einige Male unter Anleitung zu wiederholen.

Anleitung im Einzelsetting

Im Einzelsetting wird die Übung zunächst erklärt und gegebenenfalls von der Therapeutin demonstriert. Letzteres kann bei gutem Kontakt und vertrauensvoller Beziehung auch ausgelassen werden. Die Klientin wird dann gebeten, sich einen Punkt im Raum zu suchen, auf dem es ihr angenehm ist, die Augen ruhen zu lassen. Dann wird sie aufgefordert, laut 5 Dinge zu benennen, die sie hier und jetzt sieht. Die Antworten werden durch ein bestätigendes »hmm« oder »ja« oder »sehr gut« bestärkt. Nachdem die Antworten erfolgt sind, wird die Klientin entsprechend aufgefordert, laut fünf Dinge zu beschreiben, die hier und jetzt zu hören sind. Auf diese Weise wird die Klientin durch die Übung geführt und am Ende aufgefordert, noch einen Moment allein laut oder auch leise mit der Übung fortzufahren.

Anleitung im Gruppensetting

Die Übung kann auch im Gruppensetting an mehrere Klientinnen gleichzeitig weitergegeben werden. Dazu sollte die Übung zuerst ausführlich erklärt werden. Das Ausmaß an Erklärungen und Vorbereitung ist abhängig davon, wie gut der Kontakt zu den ängstlichen und misstrauischen Mitgliedern der Gruppe ist. Insbesondere hat es sich bewährt, explizit auf die »Hinweise, damit es funktioniert« (s. S. 249f.) einzugehen beziehungsweise spielerisch auch auf Möglichkeiten, wie man es schafft, dass die Übung keine Wirkung zeigt!

Um die Gruppe zunehmend zu involvieren, sind kleine Vorübungen hilfreich. Zum Beispiel: »Testen Sie einmal, wie viel Sie sehen können, wenn Sie die Augen auf einem Punkt ruhen lassen. Nehmen Sie dazu einmal beide Hände seitlich neben dem Kopf in

Augenhöhe. Wie weit zur Seite nehmen Sie die Hände noch wahr, während Sie die Augen auf einen Punkt richten? Probieren Sie auch einmal, die Finger dabei zu bewegen, und Sie werden feststellen, dass ein Teil von Ihnen fast bis 180 Grad zur Seite noch Bewegungen wahrnehmen kann.«

Um den Teilnehmern noch mehr die Angst vor etwaigem Kontrollverlust zu nehmen, kann man die Übung einmal selbst vor der Gruppe durchführen, mit folgendem Hinweis: »Achten Sie genau darauf, was passiert, und gehen Sie bitte noch nicht mit in Entspannung!« (Bei einem Teil der Gruppe führt diese negierte Aufforderung regelmäßig dazu, schon beim ersten Mal in den angestrebten inneren Prozess zu gehen.)

Bereits vor der Demonstration wird die Gruppe darauf vorbereitet, dass direkt nach der Demonstration die Übung noch einmal durchgeführt wird, mit der Möglichkeit, dann eigene Erfahrungen mit der Übung zu machen.

Mit dem folgenden Beispieltext kann eine Gruppe dann angeleitet werden: »Nachdem ich mich dann in der schon erklärten Weise aus der Übung zurückgenommen habe, werde ich die Übung direkt noch einmal mit nur ›begonnenen Halbsätzen‹ durchführen. Die, die Lust haben, können dann mitmachen und eigene Erfahrungen sammeln, die anderen können einfach noch einmal zusehen. Ich werde beim zweiten Mal nur noch halbe Sätze sagen, zum Beispiel fünfmal sagen ›Ich sehe …‹, ›Ich sehe …‹, ›Ich sehe …‹, ›Ich sehe …‹, ›Ich sehe …‹, und Sie vervollständigen sich den Satz mit dem, was Sie gerade sehen. Dabei kann es sein, dass ich für einige von Ihnen nicht das optimale Tempo habe. Wenn ich zu schnell für Sie bin, was Sie daran merken, dass Sie sich durch mich gedrängt fühlen, dann lassen Sie einfach etwas aus. Wenn ich zu langsam für Sie bin, was Sie daran merken, dass sich andere Gedanken dazwischenschieben, dann beschreiben Sie sich einfach ein paar Empfindungen mehr.«

Bei der Demonstration und Anleitung der Gruppe sollten sehr strukturierte Kolleginnen darauf achten, absichtlich Fehler in der Anwendung der Struktur der Übung einzubauen. Auf diese Weise lernen die zu Perfektionismus neigenden Gruppenteilnehmer am Modell der Therapeutin die Regel 3 der »Hinweise, damit es funktioniert«.

Anleitung als Krisenintervention

Das Prinzip der Anleitung der Übung im Einzelsetting kann auch zur akuten Krisenintervention verwendet werden. Am Anfang einer Traumatherapie sind Klientinnen oft noch nicht in der Lage, die Übung auch in akuten Krisen mit Flashbacks oder sich aufdrängenden destruktiven Gedanken anzuwenden. Dies ist auch der Fall, wenn Klientinnen unter der Traumakonfrontation mit EMDR von Emotionen überflutet werden und der Kontakt abbricht. Krisenintervention bedeutet in solchen Situationen, die Klientin effektiv darin zu unterstützen, wieder den Kontakt zur gegenwärtigen Situation herzustellen. Dafür kann das Prinzip der 5-4-3-2-1-Übung, jedoch in einer deutlich direktiveren Vorgehensweise genutzt werden. Wenn die Klientin nicht in der Lage ist, auf die Frage nach konkreten Hier-und-Jetzt-Wahrnehmungen zu antworten, können nach entschiedener Aufforderung, die Augen zu öffnen und sich im Raum umzuschauen, offensichtlich vorhandene Wahrnehmungen zur Verifikation angeboten werden. Beispiel: »Sie sehen den Therapieraum (bzw. Einzelheiten im Raum, die einen Unterschied zum Traumakontext markieren)! Ja? Sie sehen die Falten auf ihrer erwachsenen Hand! Ja? O. k.! Was sehen sie noch? Sie hören meine Stimme, die Stimme von (Name)! Ja? Sie hören …! Sie spüren, den Kontakt zum Stuhl! … Ich werde Sie gleich an der Hand berühren! Sie spüren die Berührung meiner Hand! Ja?« Und so weiter.

Auf diese Weise können Klientinnen auch aus schweren Flashbacks mit maligner Regression sicher wieder herausgeführt werden.

1-2-3-4-5-Methode*

Diese Methode kann zur Stabilisierung/Außenorientierung angewendet werden. Die umgekehrte Reihenfolge im Vergleich zur 5-4-3-2-1-Methode verstärkt die Hinwendung zum Außen. Sie ist sowohl in angeleiteter Form als auch zur Selbstanwendung gedacht.

Anleitung durch die Therapeutin: Bitte atmen Sie tief durch und lassen Sie Ihren Blick entspannt im Raum umherschweifen.

Sagen Sie mir bitte laut, was Sie mit Ihren Sinnen im Raum gerade wahrnehmen.

Zuerst, was Sie *sehen*: Ich sehe …
Jetzt, was Sie *hören*: Ich höre …
Und nun, was Sie *auf Ihrer Haut spüren*:
      Ich spüre auf meiner Haut …
Bitte nennen Sie mir jetzt *zwei Dinge*, die Sie im Raum sehen:
      Ich sehe …
      Ich sehe …
Bitte nennen Sie mir jetzt *zwei Geräusche*, die Sie hören:
      Ich höre …
      Ich höre …
Bitte nennen Sie mir jetzt *zwei Empfindungen, die Sie auf Ihrer Haut spüren*:
      Ich spüre …
      Ich spüre …
Bitte nennen Sie mir jetzt *drei Dinge*, die Sie im Raum sehen:
      Ich sehe …
      Ich sehe …
      Ich sehe …
Bitte nennen Sie mir jetzt *drei Geräusche*, die Sie hören:
      Ich höre …
      Ich höre …
      Ich höre …
Bitte nennen Sie mir jetzt *drei Empfindungen, die Sie auf Ihrer Haut spüren*:
      Ich spüre …

---

* Ines Püschel in Anlehnung an Betty Erickson und Yvonne Dolan.

Lehrmodul »Einstellen der optimalen inneren Distanz«   **255**

Ich spüre …

Ich spüre …

Lassen Sie sich auf analoge Weise jeweils vier und dann fünf Dinge nennen.

Atmen Sie jetzt noch einmal tief durch, dehnen und strecken Sie sich, und wenn Sie möchten, können Sie auch gern aufstehen und etwas im Raum umhergehen.

Lehrmodul »Einstellen der optimalen inneren Distanz«*

Der Einstieg in den EMDR-Prozess erfordert die Beobachtung des inneren Geschehens. Die Beobachtung erfordert ein Mindestmaß an innerer Distanz. Die Aktualisierung des inneren Geschehens erfordert ein Mindestmaß an emotionaler Assoziation. Reicht die innere Distanz nicht aus, ist eine therapeutische Distanzierung angezeigt.

1. Imagination der Szene aus der Beobachterrolle
   a. Leere-Stuhl-Technik
   b. Teile-Arbeit
   c. Innere-Kind-Arbeit
   d. Beobachtung einer bedeutsamen anderen Person
   e. Beobachtung der Szene mit fremden Personen
   f. Beobachtung in Form einer Zeichentrickszene

2. Vergegenständlichung der Szene
   a. Zeichnen mit Bleistift oder Buntstiften
   b. Einsatz von selbst gefertigten Figuren
   c. Einsatz von vorgefertigten menschlichen Figuren
   d. Einsatz von vorgefertigten Tierfiguren

3. Imagination von Ressourcen
   a. Ein Rucksack voller hilfreicher Gegenstände

---

* Nach Schubbe 2001.

b. Ein heilsames Licht
c. Ein Gebet
d. Ein stärkendes Lied
e. Ein Kraftschrei
f. Eine Kraftgestalt

Techniken zur Distanzierung und Flashback-Kontrolle

Festhalten an der Realität

• Winken Sie mit der Hand vor den Augen der Klientin und sprechen Sie sie beständig an. Sprechen Sie sie mit ihrem Namen an (am besten dem Vornamen) und bitten Sie sie, Blickkontakt zu Ihnen aufzunehmen.

• Ist das nicht (mehr) möglich, machen Sie ihr verbal mit einer klaren, ruhigen, angemessen lauten Stimme deutlich, dass Sie von ihr erwarten, wieder in der Gegenwart präsent zu sein. Bitten Sie sie, Ihnen durch Kopfnicken zu signalisieren, ob sie Sie hören kann. Wenn diese Reaktion erfolgt ist, bitten Sie sie, Ihnen die Hand zu drücken und dann mit Ihnen Blickkontakt aufzunehmen.

• Fordern Sie sie auf, sich auf Dinge, die sich im Raum befinden, zu konzentrieren (Gegenstände, Geräusche, Gerüche, Temperatur etc.). Um auch den Tastsinn anzusprechen, bitten Sie sie, die Armlehnen oder einen kleinen Gegenstand fest zu umfassen und sich auf diese Wahrnehmung zu konzentrieren, beispielsweise durch eine verbale Beschreibung der Empfindungen.

• Sie können die Klientin auch berühren (Arm, Hand, Schultern), um den Kontakt zu halten. Dazu sollten Sie sich vor Beginn der Therapie jedoch ausdrücklich eine Erlaubnis geben lassen und die Berührung unmittelbar vorher ankündigen.

• Auch kann es hilfreich sein, aufzustehen, sich zu bewegen oder im Raum umherzugehen.

Tresorübung

- Bitten Sie die Klientin, sich einen sicheren Behälter oder Tresor vorzustellen, der eine ausreichende Größe hat, stabiles Material und einen sicheren Verschluss, der nur durch sie selbst geöffnet werden kann.
- Fordern Sie sie auf, nun alles, was sie im Moment nicht aushalten kann, mit dem sie im Moment nicht fertig werden kann, dort abzulegen.
- Dort liegt es sicher verwahrt, bis es an der Zeit ist, neu zu sortieren, es sich noch einmal anzuschauen oder wegzuwerfen.
- Gelingt das Wegpacken nur für eine kurze Zeit, ist es sinnvoll, die Übung zu wiederholen. Auch die Erfahrung einer kurzzeitigen Entlastung ist schon ein Gewinn.

Die Übungen können innerhalb der Sitzungen eingesetzt werden, wenn die Gefahr von Flashbacks oder Dissoziationen besteht, sie können aber ebenso von der Klientin allein zu Hause zur Flashback-Kontrolle genutzt werden.

Techniken zur Erdung (Grounding)

Grounding ist eine zusammenfassende Bezeichnung für erdende körperbezogene Übungen, die vor allem im Rahmen der Gestalttherapie und der Bioenergetik entwickelt wurden. Das übergreifende Charakteristikum besteht in der Herstellung und Stärkung der Verbindung von Ich, Körper und realer Umwelt im Hier und Jetzt. Der Verlust von Körpergefühl ist typisch für Zustände der Depersonalisation (vgl. Lowen 1998). Im Rahmen der Therapie der PTBS können immer wieder Situationen eintreten, in denen die Klientin durch Flashbacks oder dissoziative Zustände den Kontakt zur realen Gegenwart verliert. Um dies zu verhindern, kann Grounding eingesetzt werden. Die Motivation der Klientin kann sich aus ihrem Ziel ergeben, wieder »die Füße auf den Boden zu bekommen« und »mit beiden Beinen fest im Leben zu stehen«. Hier sind einige kurze Übungen.

Baumübung

Fordern Sie Ihre Klientin auf, sich frei in den Raum zu stellen. Die Füße sollen etwa schulterbreit parallel fest auf dem Boden stehen, der Körper soll gerade sein und der Atem gleichmäßig. Führen Sie nun mit ihr eine Visualisierung durch, bei der Sie mit eigenen Worten der Klientin das Bild eines fest verwurzelten, lebendigen Baumes vermitteln, der seine strömende Kraft aus der Erde schöpft. Dabei kann sie je nach ihrem Bedürfnis die Augen offen oder geschlossen halten.

Bogen

Die Klientin steht frei im Raum. Die Füße stehen parallel und schulterbreit fest auf dem Boden. Die zur Faust geballten Hände werden in Nierenhöhe auf den Rücken gestützt, der Körper nach hinten gebogen. Die Ellenbogen werden leicht nach hinten gedrückt, um den Brustraum zu dehnen. Der Kopf bleibt gerade, und durch den geöffneten Mund soll die Klientin gleichmäßig tief ein- und ausatmen. Während der Übung soll sie sich voll und ganz auf das Strömen ihres Atems konzentrieren.

Spüren der Wand

Bitten Sie Ihre Klientin, sich mit dem Rücken an eine Wand zu stellen. Nun soll sie sich mit den Zehenspitzen nach oben drücken und sich auf die Empfindung der Fläche, mit der die Wand sie stützt, konzentrieren.

Literatur

Allen, J. G.; Keller, M. W.; Console, D. A. (1999): EMDR: A Closer Look. New York.

Andrade, J.; Kavanagh, D.; Baddeley, A. (1997): Eye-movements and visual imagery: A working memory approach to the treatment of posttraumatic stress disorder. British Journal of Clinical Psychology 36: 209–223.

Aristoteles: Die Poetik. Stuttgart, 1996.

Bauer, M.; Priebe, S. (1997): Psychopharmakotherapie. In: Maercker, A. (Hg.), Therapie der posttraumatischen Belastungsstörungen. Berlin, S. 179–190.

Bekkers, N. (1999): Enige ervaringen met EMDR bij dwang. In: Haaijman, W.; Diepstraten, P. H.; Schevikhoven, R. van (Hg.), Ongewoon en anders. 25 jaar kliniek Overwaal. Nijmegen.

Birck, A.; Winter, D.; Koch, D. F. (2001): Diagnostik psychischer Folgen. In: Richtlinien für die psychologische und medizinische Untersuchung von traumatisierten Flüchtlingen und Folteropfern. Bonn, S. 39–54.

Blake, D. D.; Weathers, F. W.; Nagy, L. M.; et al. (1990): A clinical rating scale for assessing current and lifetime PTSD: the CAPS-1. Behavior Therapist 18: 187–188. Blake, D. D.; Weathers, F. W.; Nagy, L. M.; Kaloupek, D. G.; Gusman, F. D.; Charney, D. S.; et al. (1995): The development of a Clinician-Administered PTSD Scale. Journal of Traumatic Stress 8 (1): 75–90.

Boudewyns, P. A.; Hyer, L. A. (1996): Eye movement desensitization and reprocessing (EMDR) as treatment for post-traumatic stress disorder (PTSD). Clinical Psychology and Psychotherapy 3: 185–195.

Bremner, J. D.; Randall, P.; Scott, T. M.; Bronen, R. A.; Seibyl, J. P.; Southwick, S. M.; Delaney, R. C.; McCarthy, G.; Charney, D. S.; Innis, R. B. (1995): MRI-based measurement of hippocampal volume in patients with combat-related post-traumatic stress disorder. American Journal of Psychiatry 152 (7): 973–981.

Breslau, I. N.; Davis, G. C.; Andreski, P.; Peterson, E. (1991): Traumatic events and post-traumatic stress disorder in an urban population of young adults. Archives of General Psychiatry 48: 216–222.

Breuer, J.; Freud, S. (1895): Studien über Hysterie. Frankfurt a. M., 1996.

Brink, A. (2001): Kombinierte Traumatherapie mit EMDR und Hypnotherapie. Tagungsbeitrag. Online: www.traumatherapie.de

Brom, D.; Kleber, R. J.; Defares, P. B. (1989): Brief psychotherapy for posttraumatic stress disorder. Journal of Consulting and Clinical Psychology 57: 607–612.

Butollo, W.; Krüsmann, M.; Hagl, M. (1998): Leben nach dem Trauma: Über den therapeutischen Umgang mit dem Entsetzen. München.

Carlson, J. G.; Chemtob, C. M.; Rusnak, K.; Hedlund, N. L.; Muraoka, M. Y. (1998): Eye movement desensitization and reprocessing (EMDR) treatment for combat-related posttraumatic stress disorder. Journal of Traumatic Stress 11(1): 3–24.

Chambless, D. L.; Baker, M. J.; Baucom, D. H.; Beutler, L. E.; Calhoun, K. S.; Crits-Christoph, P.; Daiuto, A.; DeRubeis, R.; Detweiler, J.; Haaga, D. A. F.; Bennett Johnson, S.; McCurry, S.; Mueser, K. T.; Pope, K. S.; Sanderson, W. C.; Shoham, V.; Stickle, T, Williams, D. A.; Woody, S. R. (1998): Update on empirically validated therapies, II. Clinical Psychologist 51: 3–16.

Cooper, N. A.; Clum, G. A. (1989): Imaginal flooding as supplementary treatment for PTSD in combat veterans: A controlled study. Behavior Therapy 20 (3): 381–391.

Corbetta, M.; Akbudak, E. Conturo, T. E.; Snyder, A. Z.; Ollinger, J. M.; Drury, H. A.; Linenweber, M. R.; Petersen, S. E.; Raichle, M. E.; Van Essen, D. C.; Shulman, G. L. (1998): A common network of functional areas for attention and eye movements. Neuron 21 (4): 761–773.

Davey, G. C. L. (1997): Phobias: A Handbook of Theory, Research and Treatment. Chichester.

de Jongh, A.; Ten Broeke, E.; Renssen, M. R. (1999): Treatment of specific phobias with eye movement desensitization and reprocessing (EMDR): Protocol, empirical status, and conceptual issues. Journal of Anxiety Disorders 13 (1–2): 69–85.

Devilly, G. J.; Spence, S.H. (1999): The relative efficacy and treatment distress of EMDR and a cognitive-behavior trauma treatment protocol in the amelioration of post traumatic stress disorder. Journal of Anxiety Disorders 13 (1–2): 131–157.

DSM-IV – Diagnostisches und statistisches Manual psychischer Störungen DSM-IV (1998). Dt. Bearb. u. Einl. von Saß, H.; Wittchen, H.-U.; Zaudig, M. 2. Aufl. Göttingen.

Dolan, Y. (1991): Resolving Sexual Abuse. New York.

Edmond, T.; Sloan, L.; McCarty, D. (2004): Sexual abuse survivors' perceptions of the effectiveness of EMDR and eclectic therapy. Research on Social Work Practice 14 (4): 259–272.

Egle, U. T.; Hoffmann, S. O.; Joraschky, P. (Hg.) (1997): Sexueller Missbrauch, Misshandlung, Vernachlässigung: Erkennung und Therapie psychischer und psychosomatischer Folgen früher Traumatisierung. Stuttgart.

Ehlert, U. (1999): Posttraumatische Belastungsstörung: Zum Stand der Forschung. Psychomed 11 (1): 4–9.

Erickson, M. H.; Rossi, E. L. (1999): Hypnotherapie: Aufbau – Beispiele – Forschungen. Stuttgart.

Eschenröder, C. (Hg.) (1997): EMDR, eine neue Methode zur Verarbeitung traumatischer Erinnerungen. Tübingen.

Everly, G. S. Jr. (1993): Psychotraumatology: A two-factor formulation of post-traumatic stress. Integrative Physiological and Behavior Science 28 (3): 270–278.

Literatur   261

Ferring, D.; Filipp, S.-H. (1994): Teststatistische Überprüfung der Impact of Event-Skala: Befunde zur Reliabilität und Stabilität. Diagnostica 40: 344–362.

Fiedler, P. (2002): Dissoziative Störungen. Göttingen.

Fischer, G.; Riedesser, P. (1998): Lehrbuch der Psychotraumatologie. München.

Foa, E. B.; Kozak, M. J. (1986): Emotional processing of fear: Exposure to corrective information. Psychological Bulletin 99 (1): 20–35.

Foa, E. B.; Rothbaum, B. O.; Riggs, D.; Murdock, T. B. (1991): Treatment of post traumatic stress disorder in rape victims: A comparison between cognitive-behavioral procedures and counselling. Journal of Consulting and Clinical Psychology, 59 (5): 715–723.

Foa, E. B.; Dancu, C. V.; Hembree, E. A.; Jaycox, L. H.; Meadows, E. A.; Street, G. P. (1999): A comparison of exposure therapy, stress inoculation training, and their combination in reducing posttraumatic stress disorder in female assault victims. Journal of Consulting and Clinical Psychology 67 (2): 194–200.

Freud, S. (1920): Jenseits des Lustprinzips. Gesammelte Werke Band 13. Frankfurt a. M., 1987.

Freyberger, H. J.; Spitzer, C.; Stieglitz, R. D. (1998): Fragebogen zu Dissoziativen Symptomen (FDS): Deutsche Adaptation, Reliabilität und Validität der Dissociative Experience Scale (DES). Bern.

Frommberger, U.; Stieglitz, R.-D.; Nyberg, E.; Straub, S.; Berger, M. (1998): Der Einfluss des Kohärenzgefühls auf die Entwicklung posttraumatischer Belastungsstörungen nach Verkehrsunfällen. In: Schüffel, W.; Brucks, U.; Johnen, K.; Köllner, V.; Lamprecht, F.; Schnyder, U. (Hg.), Handbuch der Salutogenese. Konzept und Praxis. Wiesbaden, S. 337–340.

Galley, N.; Hofmann, A. (1999): Eye Movement Desensitization and Reprocessing (EMDR) als Behandlungsmethode bei psycho-traumatischen Hyper- und Amnesien. In: Calabrese, P. (Hg.), Gedächtnis und Gedächtnisstörungen. Klinisch-neuropsychologische Aspekte aus Forschung und Praxis. Lengerich, S. 217–240.

Glynn, S. M.; Eth, S.; Randolph, E. T.; Foy, D. W.; Urbaitis, M.; Boxer, L.; Paz, G. G.; Leong, G. B.; Firman, G.; Salk, J. D.; Katzman, J. W.; Crothers, J. (1999): A test of behavioral family therapy to augment exposure for combat-related posttraumatic stress disorder. Journal of Consulting and Clinical Psychology 67(2): 243–251.

Grant, M.; Threlfo, C. (2002): EMDR in the treatment of chronic pain. Journal of Clinical Psychology 58: 1505–1520.

Grawe, K.; Donati, R.; Bernauer, F. (1994): Psychotherapie im Wandel. Von der Konfession zur Profession. Göttingen.

Greenwald, R. (1994): Eye movement desensitization and reprocessing (EMDR): An overview. Journal of Contemporary Psychotherapy 24 (1): 15–34.

Greenwald, R. (1995): Evaluating Shapiro's stance on EMDR training. OnLine Journal of Psychology 1 (1): 130–134. Modem 209-271-9025.

Greenwald, R. (1996): The information gap in the EMDR controversy. Professional Psychology: Research and Practice 27 (1): 67–72.

Greenwald, R. (2001): Eye Movement Desensitization and Reprocessing (EMDR) in Child and Adolescent Psychotherapy. Northvale, NJ.

Herbert, J. D.; Mueser, K. T. (1992): Eye movement desensitization: A critique of the evidence. Journal of Behavior Therapy and Experimental Psychiatry 23 (3): 169–174.

Herman, J. L. (1992): Complex PTSD: A syndrome in survivors of prolonged and repeated trauma. Journal of Traumatic Stress 5 (3): 377–391.

Hofmann, A. (1996): EMDR – eine neue Methode zur Behandlung posttraumatischer Belastungsstörungen. Psychotherapeut 41: 368–372.

Hofmann, A. (1999): EMDR in der Therapie psychotraumatischer Belastungssyndrome. Stuttgart.

Horowitz, M. J. (1997): Persönlichkeitsstile und Belastungsfolgen. Integrative psychodynamisch-kognitive Psychotherapie. In: Maercker, A. (Hg.), Therapie der posttraumatischen Belastungsstörungen. Berlin, S. 145–177.

Horowitz, M. J.; Wilner, N.; Alvarez, W. (1979): Impact of Event Scale: A measure of subjective stress. Psychosomatic Medicine 41 (3): 209–218.

Huber, M. (1998): Arbeit mit schweren dissoziativen Störungen. (Seminarreihe, unveröffentlicht)

ICD-10 – Dilling, H.; Mombour, W.; Schmidt, M. H. (1994): Internationale Klassifikation psychischer Störungen: ICD-10, Kapitel V (F): Bern.

Igl, A.; Müller-Lange, J. (Hg.) (1998): Stressverarbeitung nach belastenden Ereignissen (SBE): Ein Handbuch zur Prävention psychischer Traumatisierung in Feuerwehr, Rettungsdienst und Polizei. Edewecht. Dt. Ausgabe von J. T. Mitchell u. G. S. Everly.

Ironson, G. I.; Freund, B.; Strauss, J. L.; Williams, J. (2002): A comparison of two treatments for traumatic stress: A community-based study of EMDR and prolonged exposure. Journal of Clinical Psychology 58 (1): 113–128.

Jensen, J. A. (1994): An investigation of eye movement densensitization and reprocessing (EMD/R) as a treatment for posttraumatic stress disorder (PTSD) symptoms of Vietnam combat veterans. Behavior Therapy 25 (2): 311–325.

Kazak, A. E.; Stuber, M. L.; Barakat, L. P.; Meeske, K.; Guthrie, D.; Meadows, A. T. (1998): Predicting posttraumatic stress symptoms in mothers and fathers of survivors of childhood cancers. Journal of the American Academy of Childhood and Adolescent Psychiatry 37: 823–831.

Keane, T. M.; Fairbank, J. A.; Cadell, J. M.; Zimering, R. T. (1989): Implosive (flooding) therapy reduces symptoms of PTSD in Vietnam combat veterans. Behavior Therapy 20: 245–260.

Keilson, H. (1979): Sequentielle Traumatisierung bei Kindern. Stuttgart.

Kessler, R. C.; Sonnega, A.; Bromet, E.; Hughes, M.; Nelson, C. B. (1995): Posttraumatic stress disorders in the National Comorbidity Survey. Archives of General Psychiatry 52 (12): 1048–1060.

Literatur   263

Khan, M. M. R. (1997): Selbsterfahrung in der Therapie. Theorie und Praxis. Eschborn.

Kolb, L. C. (1987): A neuropsychological hypothesis explaining posttraumatic stress disorders. American Journal of Psychiatry 144 (8): 989–995.

Krystal, S.; Prendergast, J. J.; Krystal, P.; Fenner, P.; Shapiro, I.; Shapiro, K. (2002): Transpersonal psychology, Eastern nondual philosophy, and EMDR. In: Shapiro, F. (Hg.), EMDR as an integrative psychotherapy approach. Experts of diverse orientations explore the paradigm prism. Washington, DC, S. 319–339.

Lamprecht, F.; Lempa, W. (1997): Psychoanalyse und EMDR. In: Eschenröder, C. T. (Hg.), EMDR – eine neue Methode zur Verarbeitung traumatischer Erinnerungen. Tübingen, S. 161–177.

Lazarus, R. S.; Launier, R. (1981): Streßbezogene Transaktionen zwischen Person und Umwelt. In: Nitsch, J. R. (Hg.), Stress – Theorien, Untersuchungen, Maßnahmen. Bern, S. 213–258.

Lee, C.; Gavriel, H. (1998): Treatment of post-traumatic stress disorder: A comparison of stress inoculation training with prolonged exposure and eye movement desensitization and reprocessing. Proceedings of the World Congress of Behavioral and Cognitive Therapies. Acapulco.

Leeds, A. M. (2001): Strengthening the Self. Principles and procedures for creating successful treatment outcomes for adult survivors of neglect and abuse. Unveröffentlichtes Ausbildungsmanual. Santa Rosa.

Linden, M.; Hautzinger, M. (Hg.) (2000): Verhaltenstherapiemanual. Techniken, Einzelverfahren und Behandlungsanleitungen. 4. Auflage. Berlin.

Lindy, J. D. (1993): Focal psychoanalytic psychotherapy of post-traumatic stress disorder. In: Wilson, J. P.; Raphael, B. (Hg.), International Handbook of Traumatic Stress Syndromes. New York, S. 803–810.

Lohr, J. M.; Tolin, D. F.; Kleinknecht, R. A. (1995): Eye movement desensitization of medical phobias: Two case studies. Journal of Behavior Therapy and Experimental Psychiatry 26 (2): 141–151.

Lovett, J. (1999): Small Wonders: Healing Childhood Trauma with EMDR. New York.

Lowen, A. (1998): Bioenergetik als Körpertherapie. Der Verrat am Körper und wie er wiedergutzumachen ist. Reinbek.

Maercker, A. (Hg.) (1997): Therapie der posttraumatischen Belastungsstörungen. Berlin.

Maercker, A.; Schützwohl, M. (1998): Erfassung von psychischen Belastungsfaktoren: Impact of Event-Skala – revidierte Version (IES-R). Diagnostica 44: 130–141.

Marcus, S. V.; Marquis, P.; Sakai, C. (1997): Controlled study of treatment of PTSD using EMDR in an HMO setting. Psychotherapy 34 (3): 307–315.

Margraf, J. (1994): Diagnostisches Kurzinterview bei psychischen Störungen: Mini-DIPS. Berlin.

Margraf, J.; Schneider, S.; Ehlers, A. (1991): Diagnostisches Interview bei psychischen Störungen. Berlin.

Markowitsch, H. J. (1999): Das »mnestische Blockadesyndrom«. In: Cala-brese, P. (Hg.), Gedächtnis und Gedächtnisstörungen. Klinisch-neurologische Aspekte aus Forschung und Praxis. Lengerich, S. 175-192.

Marks, I. M.; Lovell, K.; Noshirvani, H.; Livanou, M.; Thrasher, S. (1998): Treatment of posttraumatic stress disorder by exposure and/or cognitive restructuring: A controlled study. Archives of General Psychiatry 55 (4): 317-325.

Maxfield, L.; Hyer, L. A. (2002): The relationship between efficacy and methodology in studies investigating EMDR treatment of PTSD with EMDR. Journal of Clinical Psychology 58 (1): 23-41.

Meichenbaum, D. (1991): Intervention bei Stress. Bern.

Nisnith, P.; Resick, P. A. (1997): Kognitive Verarbeitungstherapie für Opfer sexuellen Missbrauchs. In: Maercker, A. (Hg.), Therapie der posttraumatischen Belastungsstörungen. Berlin, S. 193-228.

Pelcovitz, D.; van der Kolk, B. A.; Roth, S. H.; Mandel, F. S.; Kaplan, S.; Resick, P. A. (1997): Development of a criteria set and a structured interview for disorders of extreme stress (SIDES). Journal of Traumatic Stress 10: 3-16.

Peniston, E. G. (1986): EMG biofeedback-assisted desensitization treatment for Vietnam combat veterans post-traumatic stress disorder. Clinical Biofeedback and Health 9 (1): 35-41.

Perkonigg, A.; Wittchen, H.-U. (1999): Prevalence and comorbidity of traumatic events and posttraumatic stress disorder in adolescents and young adults. In: Maercker, A.; Schützwohl, M.; Solomon, Z. (Hg.), Posttraumatic Stress Disorder: A Lifespan Developmental Perspective. Seattle, S. 113-133.

Perkonigg, A.; Kessler, R. C.; Storz, S.; Wittchen, H.-U. (2000): Traumatic events and post-traumatic stress disorder in the community: prevalence, risk factors and comorbidity. Acta Psychiatrica Scandinavica 101 (1): 46-59.

Pitman, R. K. (1989): Post-traumatic stress disorder, hormones, and memory. Biological Psychiatry 26 (3): 221-223.

Pitman, R. K.; Orr, S. P.; Altman, B.; Longpre, R. E.; Poire, R. E.; Macklin, M. L. (1996): Emotional processing during eye movement desensitization and reprocessing therapy of Vietnam veterans with chronic posttraumatic stress disorder. Comprehensive Psychiatry 37 (6): 419-429.

Popky, A. J. (1997): Integrative addiction treatment model. EMDR Institute: Level 2 Speciality Presentation. San Francisco.

Rauch, S. L.; van der Kolk, B. A.; Fisler, R. E.; Alpert, N. M.; Orr, S. P.; Savage, C. R.; Fischman, A. J.; Jenike, M. A.; Pitman, R. K. (1996): A symptom provocation study of Posttraumatic Stress Disorder using positron emission tomography and script-driven imagery. Archives of General Psychiatry 53 (5): 380-387.

Reddemann, L. (2001): Imagination als heilsame Kraft. Stuttgart.

Literatur 265

Renssen, M. (2002): Traumatherapie na verkeersongevallen. Eye Movement Desentisation and Reprocessing bij verkeersslachtoffers. Amsterdam.

Resick, P. A.; Schnicke, M. K. (1992): Cognitive processing therapy for sexual assault victims. Journal of Consulting and Psychology 60 (5): 748–756.

Richards, D. A.; Lovell, K.; Marks, I. M. (1994): Post-traumatic stress disorder: Evaluation of a behavioral treatment program. Journal of Traumatic Stress 7 (4): 669–680.

Rogers, S.; Silver, S.; Goss, J.; Obenchain, J.; Willis, A.; Whitney, R. (1999): A single session, group study of flooding and eye movement desensitization and reprocessing in treating posttraumatic stress disorder among Vietnam war veterans: Preliminary data. Journal of Anxiety Disorder 13 (1-2): 119–130.

Rogers, S.; Greenwald, R. (2005): CBT vs. EMDR: A comparison of effect size and treatment time. (Manuscript submitted for publication)

Rothbaum, B. O. (1997): A controlled study of eye movement desensitization and reprocessing for posttraumatic stress disordered sexual assault victims. Bulletin of the Menninger Clinic 61 (3): 317–334.

Rothbaum, B. O.; Foa, E. B. (1997): Kognitive Verhaltenstherapie für posttraumatische Belastungsstörungen. Formen und Wirksamkeit. In: Maercker, A. (Hg.), Therapie der posttraumatischen Belastungsstörungen. Berlin, S. 103–121.

Sack, M.; Hofmann, A. (2001): Interview zur Komplexen Posttraumatischen Belastungsstörung (IK-PTBS). Hannover. (unveröffentlicht)

Scheck, M. M.; Schaeffer, J. A.; Gillette, C. (1998): Brief psychological intervention with traumatized young women: The efficacy of eye movement desensitization and reprocessing. Journal of Traumatic Stress 11 (1): 25–44.

Schnyder, U.; Moergeli, H. (2002): German version of Clinician-Administered PTDS-Scale Journal of Traumatic Stress 15 (6): 487–492.

Schubbe, O. (1997): EMDR in der Therapie psychisch traumatisierter Kinder. In: Eschenröder, C. (Hg.), EMDR – eine neue Methode zur Verarbeitung traumatischer Erinnerungen. Tübingen, S. 135–145.

Schubbe, O. (1999): Verfahren zur psychischen Stabilisierung nach Extremerfahrungen. Online: www.traumatherapie.de/users/schubbe/ stabilisierung.html

Schubbe, O. (2001): EMDR-Supervision. Online: www.traumatherapie. de/users/schubbe/maltatext.html

Schubbe, O. (2002): EMDR in der Therapie mit psychisch traumatisierten Jugendlichen. In: Viele Seelen wohnen doch in meiner Brust. Wissenschaftliche Schriftenreihe des Berufsverbandes der Kinder- und Jugendlichenpsychotherapeutinnen und der Kinder- und Jugendlichenpsychotherapeuten, Band 1. München, S. 181–194.

Schubbe, O. (2006): EMDR. In: Zobel, M. (Hg.), Traumatherapie. Eine Einführung. Bonn, S. 84–111.

Selye, H. (1988): Stress. Bewältigung und Lebensgewinn. München.

Selye, H. (1991): Stress beherrscht unser Leben. München.

Shalev, A. Y.; Friedman, M. J.; Foa, E. B.; Keane, T. M. (2000): Integration and summary. In: Foa, E. A; Keane, T. M.; Friedman, M. J. (Hg.), Effective Treatments for PTSD: Practice Guidelines from the International Society for Traumatic Stress Studies. New York, S. 359–379.

Shapiro, F. (1989a): Eye movement desensitization: A new treatment for posttraumatic stress disorder. Journal of Behavior Therapy and Experimental Psychiatry 20: 211–217.

Shapiro, F. (1989b): Efficacy of the eye movement desensitization procedure in the treatment of traumatic memories. Journal of Traumatic Stress 2 (2): 199–223.

Shapiro, F. (1991): Stray thoughts. EMDR Network Newsletter 1: 1–3.

Shapiro, F. (1995): Eye Movement Desensitization and Reprocessing: Basic Principles, Protocols, and Procedures. New York.

Shapiro; F. (1998a): EMDR – Grundlagen und Praxis: Handbuch zur Behandlung traumatisierter Menschen. Paderborn.

Shapiro, F. (1998b): Eye movement desensitization and reprocessing (EMDR): Historical context, recent research, and future directions. In: van de Creek, L.; Jackson, T. L.; et al. (Hg.), Innovations in Clinical Practice: A Source Book. Vol. 16. Sarasota, FL, S. 143–162.

Shapiro, F. (2001): Eye Movement Desensitization and Reprocessing: Basic Principles, Protocols, and Procedures. 2. Auflage. New York/London.

Shapiro, F. (Hg.) (2002): EMDR as an Integrative Psychotherapy Approach: Experts of Diverse Orientations Explore the Paradigm Prism. Washington, DC.

Solomon, S. D.; Gerrity, E. T.; Muff, A. M. (1992): Efficacy of treatments for posttraumatic stress disorder: An empirical review. Journal of the American Medical Association 268 (5): 633–638.

Spector, J.; Read, J. (1999): The current status of eye movement desensitization and reprocessing (EMDR). Clinical Psychology and Psychotherapy 6 (3): 165–174.

Tarrier, N.; Pilgrim, H.; Sommerfield, C.; Faragher, B.; Reynolds, M.; Graham, E.; Barrowclough, C. (1999): A randomized trial of cognitive therapy and imaginal exposure in the treatment of chronic posttraumatic stress disorder. Journal of Consulting and Clinical Psychology 67 (1): 13–18.

Teegen, F.; Domnick, A.; Heerdegen, M. (1997): Hochbelastende Erfahrungen im Berufsalltag von Polizei und Feuerwehr: Traumaexposition, Belastungsstörungen, Bewältigungsstrategien. Verhaltenstherapie und psychosoziale Praxis 4: 583–599.

Uexküll T. von; Wesiack, W. (1998): Theorie der Humanmedizin. Grundlagen ärztlichen Denkens und Handelns. München.

van der Kolk, B. A. (1997): The psychobiology of posttraumatic stress disorder. Journal of Clinical Psychiatry, 58 (9): 16–24.

van der Kolk, B. A.; Fisler, R. (1995): Dissociation and the fragmentary nature of traumatic memories: Overview and exploratory study. Journal of Traumatic Stress 8: 505–525.

Literatur 267

van der Kolk, B. A.; Saporta, J. (1993): Biological response to psychic trauma. In: Wilson, J. P.; Raphael, B. (Hg.), International Handbook of Traumatic Stress Syndromes. New York, S. 25–33.

van der Kolk, B. A.; Burbridge, J. A.; Suzuki J. (1998): Die Psychologie traumatischer Erinnerungen. Klinische Folgerungen aus Untersuchungen mit bildgebenden Verfahren bei Patienten mit Posttraumatischer Belastungsstörung. In: Streeck-Fischer, A. (Hg.), Adoleszenz und Trauma. Göttingen, S. 57–78.

van Etten, M. L.; Taylor, S. (1998): Comparative efficacy of treatments for post-traumatic stress disorder: A meta-analysis. Clinical Psychology and Psychotherapy 5 (2): 126–144.

van Oppen, P.; van Balkom, A. (1996): Obsessieve-compulsieve stoornis. In: van Dyck, R.; van Balkom, P.; van Oppen, P. (Eds.), Behandelingsstrategieën bij angststoornissen. Houten, S. 39–49.

Vaughan, K.; Armstrong, M. S.; Gold, R.; O'Connor, N.; Jenneke, W.; Tarrier, N. (1994): A trial of eye movement desensitization compared to image habituation training and applied muscle relaxation in post-traumatic stress disorder. Journal of Behavior Therapy and Experimental Psychiatry 25 (4): 283–291.

Wagner, D.; Heinrichs, M.; Ehlert, U. (1999): Primäre und sekundäre Posttraumatische Belastungsstörung: Untersuchungsbefunde bei Hochrisikopopulationen und Implikationen für die Prävention. Psychomed 11 (1): 31–39.

Weiss, D. S.; Marmar, C. R. (1996): The Impact of Event Scale-revised. In: Wilson, J. P.; Keane, T. M. (Hg.), Assessing Psychological Trauma and PTSD: A Handbook for Practioners. New York.

Whisman, M. (2000): Paper on EMDR and OCD presented at the annual European Conference on EMDR. Utrecht.

Wilson, S. A.; Becker, L. A.; Tinker, R. H. (1995): Eye movement desensitization and reprocessing (EMDR) treatment for psychologically traumatized individuals. Journal of Consulting and Clinical Psychology 63: 928–937.

Wilson, S. A.; Becker, L. A.; Tinker, R. H. (1997): Fifteen-month follow-up of eye movement desensitization and reprocessing (EMDR) treatment for PTSD and psychological trauma. Journal of Consulting and Clinical Psychology 65: 1047–1056.

Wittchen, H.-U.; Pfister, H. (1997): DIA-X-Expertensystem zur Diagnostik psychischer Störungen. Frankfurt a. M.

Wöller, W.; Kruse, J. (Hg.) (2001): Tiefenpsychologisch fundierte Psychotherapie. Stuttgart.

Wolpe, J.; Abrams, J. (1991): Post-traumatic stress disorder overcome by eye movement desensitization: A case report. Journal of Behaviour Therapy and Experimental Psychiatry 22: 39–43.

Yehuda, R.; Kahana, B.; Binder-Brynes, K.; Southwick, S. M.; Mason, J. W.; Giller, E. L. (1995): Low urinary cortisol excretion in Holocaust survivers with posttraumatic stress disorder. American Journal of Psychiatry 152: 982–986.

Traumatherapie

V&R

Oliver Schubbe
EMDR – Der Lehrfilm des Instituts für Traumatherapie Berlin
DVD zum Lehrbuch mit beiliegendem Booklet
Konzeption und Realisation: Ullrich Menges. Gestaltet von Ullrich Menges.
2005. Booklet mit 12 Seiten; 45 Min. Laufzeit, DVD-Box
ISBN 10: 3-525-49080-1
ISBN 13: 978-3-525-49080-8

Dieser Lehrfilm ergänzt das Trainingsmanual *Traumatherapie mit EMDR*. Der Film beantwortet grundlegende Fragen zum Traumaverarbeitungsprozess bei Anwendung von EMDR. Die spezielle Vorgehensweise mit acht Therapieschritten wird anhand eines eindrücklichen Fallbeispiels demonstriert.
Eine im Anschluss vorgestellte Studie zeigt Veränderungen der Gehirnwellen bei Anwendung von EMDR und untermauert so die Wirksamkeit des Therapieansatzes.

Ulrich Sachsse / Ibrahim Özkan / Annette Streeck-Fischer (Hg.)
Traumatherapie – Was ist erfolgreich?
2., durchgesehene Auflage 2004. 210 Seiten mit 7 Abb. und 6 Tab., kartoniert
ISBN 10: 3-525-45892-4
ISBN 13: 978-3-525-45892-1

Die neuesten Ergebnisse aus Forschung und Praxis zur Traumatherapie.

Ulrike Schäfer / Eckart Rüther / Ulrich Sachsse
Hilfe und Selbsthilfe nach einem Trauma
Ein Ratgeber für seelisch schwer belastete Menschen und ihre Angehörigen
2006. 89 Seiten mit 6 Abb., kartoniert
ISBN 10: 3-525-46250-6
ISBN 13: 978-3-525-46250-8

Ein übersichtlicher Ratgeber für traumatisierte Menschen und ihre Angehörige, der die Auswirkungen eines Traumas erklärt und Wege zu seiner Überwindung zeigt.

Marianne Leuzinger-Bohleber / Rolf Haubl / Micha Brumlik (Hg.)
Bindung, Trauma und soziale Gewalt
Psychoanalyse, Sozial- und Neurowissenschaften im Dialog
Schriften des Sigmund-Freud-Instituts. Reihe 2: Psychoanalyse im interdisziplinären Dialog, Band 3.
2006. 295 Seiten mit 5 Abb. und 1 Tab., kartoniert
ISBN 10: 3-525-45177-6
ISBN 13: 978-3-525-45177-9

Nur durch das Zusammenarbeiten von Experten unterschiedlicher Fachgebiete kann das Phänomen zunehmender Aggressivität und Gewaltbereitschaft bei Kindern in seinen komplexen Ursachen analysiert werden und Prävention erfolgreich sein.

Vandenhoeck & Ruprecht